创未来——大学生创业基础知能训练教程（第二版）

顾　问　李家华

主　编　徐俊祥　徐焕然

副主编　洪　文　杨　辉　张　琪

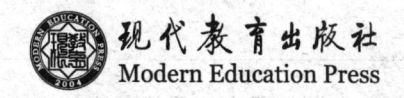

现代教育出版社
Modern Education Press

图书在版编目(CIP)数据

创未来:大学生创业基础知能训练教程/徐俊祥,徐焕然主编.—2版.—北京:现代教育出版社,2017.5(2021.9重印)

ISBN 978-7-5106-5223-3

Ⅰ.①创…　Ⅱ.①徐…②徐…　Ⅲ.①大学生—创业—高等学校—教材　Ⅳ.①G647.38

中国版本图书馆 CIP 数据核字(2017)第 086831 号

创未来——大学生创业基础知能训练教程(第二版)
徐俊祥　徐焕然/主编

责任编辑	魏　星
封面设计	王玉峰
出版发行	现代教育出版社
地　　址	北京市朝阳区安华里 504 号 E 座
邮　　编	100011
电　　话	010-64251036
印　　刷	廊坊市海翔印刷有限公司
开　　本	787mm×1092mm　1/16
印　　张	18.5
字　　数	470 千字
版　　次	2017 年 5 月第 1 版
印　　次	2021 年 9 月第 3 次印刷
书　　号	ISBN 978-7-5106-5223-3
定　　价	39.80 元

版权所有　侵权必究

前 言

教育部全国高等学校学生信息咨询与就业指导中心主任雷朝滋说：高校创新创业教育改革已取得显著成效，大力推进双创教育已成为全社会的共识，已有20个省以省政府名义，11个省以教育部门名义，制订并向社会公布了创新创业教育改革实施方案，部分省市高校普遍成立了创新创业学院，一些地方和高校建设了一批大学生创业园、创业孵化基地和实践基地，各地面向大学生开展的创新创业赛事已达百余项，通过各有关部门和各有关高校的共同努力，初步建设形成了创新创业教育组织、体系、机制和教育教学条件，为进一步深化创新创业教育奠定了良好的基础，并初步形成了一批可复制、可推广的制度成果和先进经验。不久前，慕尼黑大学所做的2015全球创业报告显示，中国人创业意愿达85%，远远高于全球的55%以及亚洲的76%的水平。与该报告形成呼应的是，日前，中国人民大学发布我国首份《中国大学生创业报告》，报告显示，在国家"双创政策"的引导下，随着社会各方对于大学生创业实践的支持力度不断加强，大学生创业意向高涨，89.8%的在校大学生曾考虑过创业，18.2%的学生有强烈的创业意向。

距2012年8月1日教育部高教司下发《普通本科学校创业教育教学基本要求（试行）》的通知（教高厅[2012]4号）文件已经过去5年。在教育部、地方政府和高校"双创"教育同仁的积极推动下，高校纷纷通过各种形式开设多种内容的创新创业课程。据有关统计，我国高校创新创业课程开课率已达八成，创业基础必修课开课率已达三成多。中国人民大学校长刘伟说：经历了我国创新创业井喷式发展之后的2016年，新的一年，是需要我们回溯总结创新创业政策，思考创新创业方式，升级创新创业教育的关键一年。

目前，我国高等学校在大学生创业教育课程建设方面虽然进行了一些理论研究和实践探索，形成了一些共识，摸索了一些经验。但整体上看，大学生创新创业教育课程存在着课程内容不规范、教育模式落后、教学方法和教学评价传统和课程教学效果不好等诸多问题。中青创想教育科技（北京）有限公司（以下简称"中创教育"）在全国30多所高校进行为期4年的创业基础课程实验与调查结果显示：当前创业基础课程存在以下几个突出问题：

1. 作为基础启蒙课程，创业基础课程内容显得过于"系统专业"；

2. 作为大学生全员必修课，尤其是低年级大学生感觉"创业比较遥远"；

3. 作为创业基础课程，课程理念与教学模式偏"商科"和"管理"严重。

中创教育在课程实验与全国近百所使用《大学生创业基础知能训练教程》调研反馈后，结合高校开设与实施创业基础课程的实际情况，充分考虑学时分配、面授内容与实践课程的操作性，大幅修订了《大学生创业基础知能训练教程》教材，第二版的修订主要体现在以下几个方面：

1. 强化"基础"，突出"四基"

精简大纲中创业学与创业管理的部分专业课程理论，由原来的十二章内容，减少到目前的八章。教材框架设计突出课程目标的"四基"：基础知识、基础理论、基本方法和基本流程。比如将【基础知识与理论】和【基本方法和流程】分开来阐述，前者重点交代"是什么"和"为什么"，后者重在"做什么"和"如何做"，教给学生实操方法与技能。

2. 完善"训练"，优化"实践"

教材开发充分考虑到创业基础课程的"实践性"特征，提出"参与互动"、"技能训练"和"实训实践"体验理念，一方面有助于互动体验式课堂的实施，另一方面要达到"以过程参与感悟创新创业，以实训活动内化知识技能"学习目标。比如每章内容都配套有单独的【课堂活动】，以方便教师组织互动体验式课堂教学，促进学生知识掌握和技能提升；再比如教材八章都设有【课外实践与作业反馈】，且这些实践作业构成一个系统完整的实践体系，与八章内容的8次16学时的面授课程形成互补8次16学分【课外实践】，方便教师组织教学与实践课程。

3. 重构"知识"，贴近"前沿"

创新创业无论在理论研究领域，还是在实践实战领域发展都很快。本教材在梳理筛选经典知识理论的基础上，尽可能搜集创新创业的最新认知理念、学术理论和实践方法，以贴近时代，满足未来发展趋势。比如在案例、训练活动等资料的甄选上，尽可能多地贴近创业行业的新发展和新模式，比如ofo共享单车等大学生创业的典范。

4. 创新"阅读界面"，塑造"立体"学习

该教材在章节架构方面，既兼顾了传统教材的系统性和理论性，又创新构建了模块化的新"阅读界面"。我们把【课堂活动】与【课外实践与作业反馈】栏目做成"活页"形式，即学生可以将其撕下来，以满足课堂学习和实训实践记录反馈的需要。另外，本教材在顶层设计上并不是单一的"读本"，而是将其定位发展为"多维立体"的一个学习资源平台。比如【网上精品视频课程】栏目，通过手机扫描即可通过在线实现不受时空限制的自主学习；也可以根据学校实际开展翻转课堂教学模式。

结合本教材，教学内容、课程安排与学时分配建议如下：

教学内容	课时	课程安排
第一章 创业与创业精神	4学时	课堂讲授＋课外实践与分享评比
第二章 创业机会识别与评估	4学时	课堂讲授＋课外实践与分享评比
第三章 创业风险识别与防范	4学时	课堂讲授＋课外实践与分享评比
第四章 创业团队组建与管理	4学时	课堂讲授＋课外实践与分享评比
第五章 创业资源整合与融资	4学时	课堂讲授＋课外实践与分享评比
第六章 商业模式及其设计评价	4学时	课堂讲授＋课外实践与分享评比
第七章 创业计划与路演展示	4学时	课堂讲授＋课外实践与分享评比
第八章 企业创办与初创企业管理	4学时	课堂讲授＋课外实践与分享评比

中创教育专门针对本教材还特别开发了配套课件与教案、FET创业基础师资培训课程（截止2017年1月已培训66期，计3286名师资）和精品视频课程。

本教材共分为八章，具体分工如下：第一章由北京体育大学杨辉负责编写，第二章由湖北师范大学洪文负责编写，第三章由首都师范大学张琪负责编写，第四章由湖北师范大学洪文负责编写，第五章由首都师范大学张琪负责编写，第六章由长春光华学院徐焕然负责编写，第七章由湖北师范大学洪文负责编写，第八章由长春光华学院徐焕然负责编写。最后，由中青创想教育科技（北京）有限责任公司董事长徐俊祥负责统稿和审稿。

本书在编写过程中借鉴、参考了国内外大量创业指导与创业教育研究方面的文献资料以及一些专家教授的理论和观点，书中引用的案例与材料部分来自期刊、网络，在此，一并表示感谢。

由于编者水平有限，书中难免有疏漏、不当之处，敬请读者指正。

编者
2017年5月

目 录

第一章 创业与创业精神 ... 1

【本章地图】 ... 2
【案例故事】创业实践助力快速成长 ... 2
【基础知识与理论】 ... 3
    主题一 创业概述 ... 3
        一、创业的意义与价值 ... 3
        二、创业的定义及内涵 ... 5
        三、创业核心要素 ... 7
        四、创业分类与创业过程 ... 9
    主题二 创业精神与创业素质 ... 14
        一、创业四大核心精神 ... 14
        二、创业者应具备的素质与能力 ... 15
    主题三 创业动机与创业选择 ... 20
        一、创业动机及其分类 ... 20
        二、大学生创业模式选择 ... 22
        三、大学生创业应做的准备 ... 26
        四、影响创业成功的关键因素 ... 30
【基本流程与方法】 ... 30
    一、创业梦想变成现实的十个步骤 ... 30
    二、大学生创业精神培育的三个途径 ... 32
    三、大学生创业素质的培养方法 ... 33
    四、做出理性的创业决策 ... 34
【课堂活动】 ... 35
    活动一 相识有创造力的我 ... 35
    活动二 从《中国合伙人》看创业的价值 ... 37
    活动三 创业精神测试 ... 37
    活动四 创业知识检测 ... 38
【课外实践与作业反馈】创业企业考察及青年创业者调研 ... 42
【延伸阅读】 ... 44
    一、大众创业万众创新时代 ... 44

二、创业基础教育不是为了办公司 ……………………………………… 45
【专家视点】俞敏洪：为什么人一辈子一定要有一次创业 ……………… 46
【网上精品视频课程】创业基本认知 ……………………………………… 47

第二章 创业机会识别与评估 …………………………………………… 48

【本章地图】……………………………………………………………… 49
【案例故事】机会垂青有心人 …………………………………………… 49
【基础知识与理论】……………………………………………………… 50
  主题一 创业机会及其来源 ………………………………………… 50
    一、创意≠机会 ……………………………………………… 50
    二、创业机会及其内涵 ……………………………………… 52
    三、创业机会的来源 ………………………………………… 53
  主题二 创业机会识别与开发 ……………………………………… 57
    一、机会识别与开发的内容 ………………………………… 57
    二、创业机会识别的影响因素 ……………………………… 59
    三、创业机会识别的四大环节 ……………………………… 60
  主题三 创业机会的评估与评价 …………………………………… 61
    一、有价值创业机会的特征 ………………………………… 61
    二、创业机会的评价标准 …………………………………… 62
【基本流程与方法】……………………………………………………… 63
  一、创业机会识别方法与确定过程 ………………………………… 63
  二、创业机会价值的评估方法 ……………………………………… 67
  三、创业行业选择与评估 …………………………………………… 70
  四、大学生寻找项目的方法 ………………………………………… 71
【课堂活动】……………………………………………………………… 72
  活动一 创业想法及初步评估 ……………………………………… 72
  活动二 趋势带来的创业机会 ……………………………………… 72
  活动三 创业项目的简单评估 ……………………………………… 73
  活动四 开启创业之旅 ……………………………………………… 73
【课外实践与作业反馈】创业项目甄选与评估 ………………………… 74
【延伸阅读】……………………………………………………………… 74
  一、适合大学生创业的领域与方式 ………………………………… 74
  二、易于切入的大学生创业项目 …………………………………… 75
  三、互联网＋带来的创业机会 ……………………………………… 77
【专家视点】克里斯坦森：只有颠覆性创新才能带来价值增长 ………… 80
【网上精品视频课程】创业机会 ………………………………………… 81

第三章　创业风险识别与防范 …… 82

【本章地图】 …… 83
【案例故事】"六味面馆"的失败 …… 83
【基础知识与理论】 …… 84
主题一　认识风险 …… 84
一、风险的构成要素 …… 84
二、风险的常见分类 …… 85
主题二　认识创业风险 …… 87
一、创业风险来源于缺口 …… 87
二、创业风险的常见分类 …… 88
三、大学生创业常见风险 …… 91
【基本流程与方法】 …… 93
一、创业风险识别与防范 …… 93
二、创业风险分析与应对 …… 96
三、创业者风险承担能力评估 …… 99
【课堂活动】 …… 100
活动一　风险偏好与收益 …… 100
活动二　创业风险案例分析 …… 102
【课外实践与作业反馈】项目风险分析与应对策略 …… 102
【延伸阅读】 …… 102
一、大学生创业意识风险 …… 102
二、创业风险控制的五个方法 …… 104
三、创业风险规避九大策略 …… 105
【专家视点】精益创业降低创业风险 …… 105

第四章　创业团队组建与管理 …… 107

【本章地图】 …… 108
【案例故事】马云的创业团队 …… 108
【基础知识与理论】 …… 109
主题一　认识创业团队 …… 109
一、创业团队及其要素 …… 109
二、创业的团队优势 …… 111
主题二　创业团队精神 …… 111
一、成功创业团队的基本特征 …… 111
二、创业团队精神的培育方法 …… 114
三、创业团队的社会责任 …… 115

【基本流程与方法】 ··· 115
　　一、创业团队的组建 ··· 115
　　二、创业团队的管理 ··· 120
　　三、合伙人的标准 ··· 121
　　四、如何分配创业股权 ·· 123
【课堂活动】 ·· 126
　　活动一　感受团队 ··· 126
　　活动二　选择合适的创业伙伴 ·· 126
　　活动三　团队管理的"分粥"机制 ·· 127
　　活动四　迷失丛林 ··· 128
【课外实践与作业反馈】团队组建与评估 ·· 129
【延伸阅读】 ·· 131
　　一、创业团队要找好三种人 ·· 131
　　二、创业团队报酬如何分配 ·· 131
【专家视点】优化创业团队的六种方法 ·· 133
【网上精品视频课程】创业团队组建与管理 ·· 134

第五章　创业资源整合与融资 ·· 135

【本章地图】 ·· 136
【案例故事】"创二代"的融资故事 ·· 136
【基础知识与理论】 ·· 137
　　主题一　创业资源及其作用 ·· 137
　　　　一、创业资源及其分类 ·· 137
　　　　二、创业资源的作用 ·· 140
　　　　三、技术资源是关键资源 ·· 142
　　　　四、人力资源是最核心资源 ·· 143
　　主题二　认识创业融资 ·· 144
　　　　一、融资基础 ·· 144
　　　　二、融资基本概念 ·· 145
　　　　三、创业融资渠道与方法 ·· 146
　　主题三　融资准备 ··· 152
　　　　一、融资前的准备 ·· 152
　　　　二、融资资料与计划 ·· 153
【基本流程与方法】 ·· 154
　　一、获取各类资源的途径 ·· 154
　　二、资源整合及其利用技巧 ·· 155
　　三、创业资金的测算 ··· 159
　　四、创业融资分析 ··· 160

【课堂活动】 ··· 162
  活动一 矿泉水瓶的用途 ··· 162
  活动二 创业资源分析与选择 ······································· 162
  活动三 融资计划制订 ··· 162
  活动四 体验融资 ··· 163
【课外实践与作业反馈】"白手起家" ······································· 163
【延伸阅读】 ··· 163
  一、挑选适合自己的创业融资渠道 ······································· 163
  二、融资估值常用的六种方法 ·· 164
【专家视点】天使大腕儿们的投资命门 ·· 165
【网上精品视频课程】创业资源整合 ··· 167

第六章 商业模式及其设计评价 ·· 168

【本章地图】 ··· 169
【案例故事】共享单车的盈利模式 ·· 169
【基础知识与理论】 ·· 170
 主题一 认识商业模式 ··· 170
  一、商业模式的含义 ·· 170
  二、商业模式的本质 ·· 171
 主题二 商业模式的四大要素 ·· 173
  一、核心战略 ··· 173
  二、战略资源 ··· 174
  三、伙伴网络 ··· 174
  四、顾客界面 ··· 175
 主题三 商业模式的价值逻辑 ·· 176
  一、价值发现 ··· 177
  二、价值主张 ··· 177
  三、价值创造 ··· 177
  四、价值管理 ··· 177
  五、价值配置 ··· 178
  六、价值实现 ··· 178
【基本流程与方法】 ·· 178
  一、商业模式设计的五个步骤 ·· 178
  二、用七个问题完善商业模式 ·· 179
  三、检验与评价商业模式的方法 ··· 184
【课堂活动】 ··· 186
  活动一 "硬币"带来的创业机会 ···································· 186

活动二　商业模式画布练习 ································ 186
　　　活动三　创新商业模式 ······································ 188
　【课外实践与作业反馈】商业模式设计与评价 ······················ 189
　【延伸阅读】 ·· 189
　　　一、十种常见的商业盈利模式 ································ 189
　　　二、商业模式创新的十种类型 ································ 192
　【专家视点】商业模式不是创业成功的首要因素 ···················· 194
　【网上精品视频课程】商业模式设计与评价 ························ 194

第七章　创业计划与路演展示 ·· 195

　【本章地图】 ·· 196
　【案例故事】从创业大赛到公益创业 ································ 196
　【基础知识与理论】 ·· 197
　　主题一　认识创业计划 ·· 197
　　　一、创业计划及其作用 ·· 197
　　　二、创业计划的信息处理 ······································ 200
　　主题二　创业计划演练 ·· 202
　　　一、通过大赛演练计划 ·· 202
　　　二、通过模拟完善计划 ·· 203
　　主题三　撰写创业计划书 ·· 205
　　　一、创业计划书的构成 ·· 205
　　　二、创业计划书的写作 ·· 206
　【基本流程与方法】 ·· 210
　　　一、创业计划七大内容分析 ···································· 210
　　　二、论证完善创业计划的方法 ·································· 213
　　　三、BP的检测与评价标准 ····································· 215
　　　四、创业计划的路演展示 ······································ 218
　【课堂活动】 ·· 222
　　　活动一　执行概要的拟定 ······································ 222
　　　活动二　目录框架的确定 ······································ 222
　　　活动三　简版BP的设计 ······································· 222
　【课外实践与作业反馈】创业计划制订与路演 ······················ 223
　【延伸阅读】 ·· 225
　　　一、风险投资最喜爱的商业计划书 ······························ 225
　　　二、对天使投资的五大认识误区 ································ 226
　【专家视点】徐小平：中国创投的三大趋势 ························ 226

第八章　企业创办与初创企业管理 …… 228

【本章地图】…… 229
【案例故事】创业是一种实践 …… 229
【基础知识与理论】…… 230
　主题一　企业创办 …… 230
　　一、创办企业的前提条件 …… 230
　　二、创办公司的准备事项 …… 232
　　三、企业创办常识 …… 236
　　四、企业创办的三种方式 …… 237
　主题二　初创企业管理的特点 …… 242
　　一、以生存为首要目标 …… 242
　　二、创造并保障现金流 …… 246
　　三、创业者参与经营细节 …… 247
　　四、高效有序的"混乱"状态 …… 248
　　五、奉行"顾客就是上帝" …… 249
　主题三　初创企业的基本管理 …… 250
　　一、初创企业的组织管理 …… 250
　　二、初创企业的人资管理 …… 252
　　三、初创企业的财务管理 …… 256
　　四、初创企业的营销管理 …… 259
【基本流程与方法】…… 265
　　一、企业起名与选址技巧 …… 265
　　二、企业注册流程及事项 …… 268
【课堂活动】…… 272
　　活动一　明晰创业轮廓图 …… 272
　　活动二　企业创办的要素 …… 272
　　活动三　你来做创业参谋 …… 273
　　活动四　你如何来做销售 …… 274
【课外实践与作业反馈】反思创业体验 …… 274
【延伸阅读】…… 275
　　一、新公司法修正案解读 …… 275
　　二、创业要了解八个管理定律 …… 276
【专家视点】创业要处理好三个人际圈 …… 278
【网上精品视频课程】新企业开办与计划制订 …… 279

参考文献 …… 280

第一章 创业与创业精神

经济动力及工作机会主要是来自熊彼特所关注的创业家与其创新。创业不是魔法，也不神秘。它和基因没有关系。创业是一种训练，而就像任何一种训练一样，人们可以通过学习掌握它。

——现代管理学之父 彼得·德鲁克

创业不一定是自己真的去搞一个什么企业或者公司。创业是一种人生，是一种态度，是一种经历，是一种精神。只要你有了这样一种精神，在任何环境条件状况下，通过众多可能的形式或方式，你总能在这个世界上闯出一片展现你独特个性、人格、能力和魅力的新事物、新空间和新天地。

——中国就业促进会副会长 陈 宇

每个人都想得到社会的认同，得到别人的尊重，都想展现自我价值，那么创业无疑是一条最好的道路。

——海尔集团董事局主席 张瑞敏

本章地图

第一章 创业与创业精神

- 【案例故事】创业实践助力快速成长
- 【基础知识与理论】
  - 主题一 创业概述
    - 一、创业的意义与价值
    - 二、创业的定义与内涵
    - 三、创业核心要素
    - 四、创业分类与创业过程
  - 主题二 创业精神与创业素质
    - 一、创业四大核心精神
    - 二、创业者应具备的素质与能力
  - 主题三 创业动机与创业选择
    - 一、创业动机及其分类
    - 二、大学生创业模式选择
    - 三、大学生创业应做的准备
    - 四、影响创业成功的关键因素
- 【基本流程与方法】
  - 一、创业梦想变成现实的十个步骤
  - 二、大学生创业精神培育的三个途径
  - 三、大学生创业素质的培养方法
  - 四、做出理性的创业决策
- 【课堂活动】
  - 活动一、相识有创造力的我
  - 活动二、从《中国合伙人》看创业的价值
  - 活动三、创业精神测试
  - 活动四、创业知识检测
- 【课外实践与作业反馈】创业企业考察及青年创业者调研
- 【延伸阅读】
  - 一、大众创业万众创新时代
  - 二、创业基础教育不是为了办公司
- 【专家视点】俞敏洪：为什么人一辈子一定要有一次创业
- 【网上精品视频课程】创业基本认知

案例故事

创业实践助力快速成长

西南财大校园里有一家由学生自主募股、自主经营、自负盈亏、自主分红的学生实验超市。它已健康运行很多年，成为西南财大的一张"名片"。该校学生何贵钦是这家超市的第二任总经理。在这个学生创业实践平台"摸爬滚打"锻炼了几年，何贵钦的创新能力、创业技能乃至综合素质能力都得到极大提升，毕业时成为一些名企"争抢"的目标。最终，何贵钦选择了一家全球五百强制药企业，一入职即担任销售经理。

陈亚飞在大三时，他与朋友合伙成立了一家文化传播公司，任销售总监。毕业时，当大家都以为他会继续创业时，他却毅然放弃当老板，转而求职当员工。陈亚飞说，通过创业实践，深感自己目前的能力还不足以面对自主创业的巨大风险和困境，因此决定先找工作，找一家大公司"边干边学"，让自己进一步锻炼提高。最后，小陈从两家向他伸出"橄榄枝"的上市公司中选了一个适合自己的岗位。

对温大的刘聪而言，"大学期间创业实践的最大意义，是让创业精神在自己心中生根发芽，成为自身性格的一部分，让自己拥有了开拓进取、百折不挠的生活态度"。

一直有志于创业的刘聪后来攻读了该校创业人才培养学院工商管理（创业管理）的双学位，他曾是首届创业先锋班班长。在校期间，他曾作为团队成员获得"挑战杯"全国大学生创业计划大赛浙江省一等奖，并与朋友合作创办了一家管理咨询公司，他任副总经理，有两年的创业经历。但刘聪毕业后却没有选择"直接创业"，而是进入职场，被深圳德信资本录用，一上班就担任总经理助理。

"通过在校期间的创业实践，我迅速成长成熟，个人能力得到了极大提升，更进一步地明晰了自己的定位与人生目标。"刘聪认为，不应该狭义地理解创业，尤其作为大学生，并非一定要赚多少钱、做多大规模才是创业，应该把创业当做一作精神、一种态度、一种生活方式，拥有进取精神，努力去尝试不同的东西。

很多大学生团队的创业看上去是失败了，但在更宏观的层面上却是成功的。比如项目失败了，但有人愿意接手，说明这个项目是有价值的，谁敢说未来这个创业项目不会创造奇迹呢？更何况，创业成功率在发达国家也极低，但在创业过程中产生的新理念、新技术却可以推动社会的发展。大众创业能够激发人们的创新精神，是万众创新的基础之一。从这个层面来说，创业者们都是成功者。

基础知识与理论

主题一　创业概述

一、创业的意义与价值

（一）"济天下"——创业对社会的意义

只要简单回顾一下近二三十年间创业者所创造出的新行业，诸如个人电脑、生物技术、智能电视、电脑软件、办公自动化、手机服务、电子商务、移动互联网、虚拟技术、人工智能等，我们不难想象出创业者是如何巨大地改变了世界的发展进程和人们的生活、工作和学习方式的。

1. 创业可以增加社会财富，促进经济发展和社会繁荣

创业过程是增加社会财富的过程，企业在生产经营的过程中，为社会创造了财富，增加了社会价值，并大大增加了国家的财政税收。企业的产品和服务拉动了国内市场需求，满足了人民生活的需要，丰富了市场，促进了社会经济繁荣。创业还改变了传统的产业格局，催生了很多崭新的行业，加速了经济结构的调整。在创业过程中，社会资源得到优化配置，市场体系不断得到完善，市场竞争活力得以保持。

2. 创业可以实现先进技术转化，促进生产力提高和科技创新

创新是创业的主要驱动力量，创业是新理论、新技术、新知识、新制度的孵化器，也是新理论、新技术、新知识、新制度形成现实生产力的转化器。

3. 创业可以提供就业岗位，缓解社会就业压力

我国人口众多，就业问题一直是一个关于民生的大问题，解决就业问题是我国的一个长期任务。与此同时，随着经济体制改革，国有、集体企业下岗分流、减员增效，这些企业的就业空间大幅缩减，而私营和个体经济成为就业的主渠道。

中小型创业企业不仅解决了创业者本身的工作岗位，同时也为需要工作的人们提供了大量的工作岗位，扩大了就业范围，降低了失业率，大大缓解了社会就业压力，从而稳定了社会秩序。

【链接】

创业是最积极、最主动的就业，它不仅能解决大学生的自身就业，还能通过带动就业产生倍增效应。清华大学中国创业研究中心的调查数据表明，每增加一个创业者，当年带动的就业数量平均为2.77人，未来5年带动的就业数量平均为5.99人。因此，让更多的人投身创业有助于提高创业带动就业的效应。

4. 创业可以激发整个社会的创新意识和创业精神，有利于观念的转变

当今，"互联网＋"与供给侧经济结构改革背景下的"大众创业，万众创新"已经成为我国社会经济改革发展的主旋律。近年来如火如荼的创业大潮让无数人进入了经济和社会的主流，正在形成创新、宽容、民主、公正、诚信等市场观念，对于构建经济发展新常态、发展新经济与促进就业具有积极作用。

（二）"善其身"——创业对创业者的意义

创业是一个伟大的历程，是一个精彩的大舞台。创业起步可高可低，创业的发展空间无限。通过创业，能有效实现人生价值，把握人生航向。

1. 创业可以主宰自己，充分发挥自己的才干

许多上班族之所以感到厌倦，积极性不高，重要原因之一是给别人"打工"，个人的创意、想法往往得不到肯定，个人的才能无法充分发挥，愿望得不到实现，工作缺乏成就感，行事有诸多约束。而创业则完全可以摆脱原有的种种羁绊，摆脱在行为上受制于人的局面，充分施展自己的才华，发挥最大潜能，使自己的人生价值得到更好的体现。

2. 创业可以帮助个人积累财富，一定程度上满足个人对物质的追求欲望

工薪阶层的收入有高有低，但都是有限的，没有太多提升的空间。而摆脱这些烦恼的最佳途径就是开创一份完全属于自己的事业，它提供的利润是没有极限的，可任你想象。根据统计资料，在美国福布斯富人榜前四百名富人中，有75%是第一代的创业者。而在中国富豪榜中，以创业起家的也不在少数。

3. 创业能够使个人有机会和实力回馈社会，具有极高的成就感

创业者创造的企业一方面为社会提供了产品或服务，一方面为个人、社会创造了财富。企业融入社会再生产的大循环之中，从多个环节为国家和社会做出了贡献。这种贡献使得创业者个人能够从中收获巨大的成就感。

4. 创业使个人能够从事喜欢的事业并从中获得乐趣

创业者选择创业项目，通常都会从个人感兴趣的领域着手，将其与自己的知识技能、专业特长等结合起来。而做自己喜欢做的事本身就是一种享受。

5. 创业使个人从挑战和风险中得到别样的享受

创业充满挑战和风险，同时也充满克服种种挑战的无穷乐趣。在创业过程中，可以感受到无穷的变化、挑战和机遇，这是一个令人兴奋的过程。创业者可以通过征服创业过程中的重重困难来丰富自己的人生体验。

总之，创业是实现人生理想和价值、获得自身全面发展的有效途径，创业对于创业者的具体意义，如下图所示：

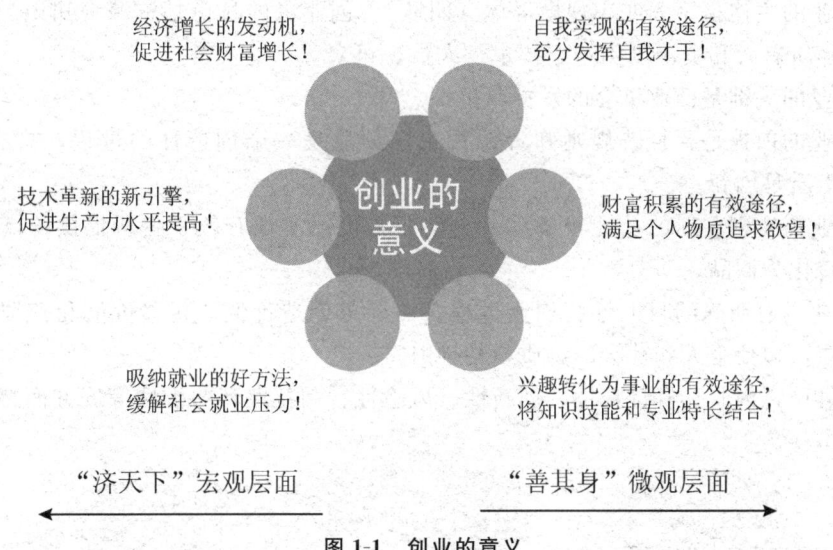

图 1-1 创业的意义

二、创业的定义及内涵

《现代汉语词典》对"创业"的解释是：创办事业。而"事业"是指人所从事的，具有一定目标、规模和系统并对社会发展有影响的经济活动。《辞海》对"创业"的解释是：创立基业。"基业"是指事业的基础。由此可见，创办事业是创业的本质。

【链接】

只有那些能够创造出一些新的、与众不同的事情,并能创造价值的活动才是创业。世界目前的经济已由"管理型经济"转变为"创业型经济"。

——彼得·德鲁克

创业有广义和狭义之分。狭义上讲的创业概念源于"Entrepreneur"一词,因而对其理解通常带有经济学的视角。如精细管理工程创始人刘先明认为:"创业是指某个人发现某种信息、资源、机会或掌握某种技术,利用或借用相应的平台或载体,将其发现的信息、资源、机会或掌握的技术,以一定的方式,转化、创造出更多的财富、价值,并实现某种追求或目标的过程。"郁义鸿、李志能在《创业学》一书中指出:"创业是一个发现和捕捉机会并由此创造出新颖的产品或服务,实现其潜在价值的过程。"

可见,狭义的创业特指个人或团队自主创办企业,人们将其定义为:创业个人或创业团队不拘泥于当前资源约束,寻找和把握各种商业机会,投入已有的知识、技能和社会资本,调动并配置相关资源,创建新企业,为消费者提供产品或服务,具有创新或创造性的、以创造价值为目的的活动过程。

因此,创业的内涵可总结为以下几点:

1. 创业的主体是个人或小规模群体(团队)。创业者的身份是资源(知识、能力、社会资本等)所有者和资源(资金、技术、人员、机会等)配置者。

2. 创业的关键是商业机会的发掘与把握。

3. 创业的前提是要打破规则和资源约束,创业是一个创造性的过程,具有创新性,即创业的本质是创新。

4. 创业需要创立新的社会经济单元。创业的价值实现有赖于将所提供的产品和服务在市场上转化为商品。

5. 创业具有明确的目的性:创业过程必然要求创造价值、转移价值和获取价值。比如增加财富,包括个人和社会的物质与精神财富。

由此可见,创业具有自觉性、创新性、风险性、利益性和曲折性等五方面特性,如图1-2所示:

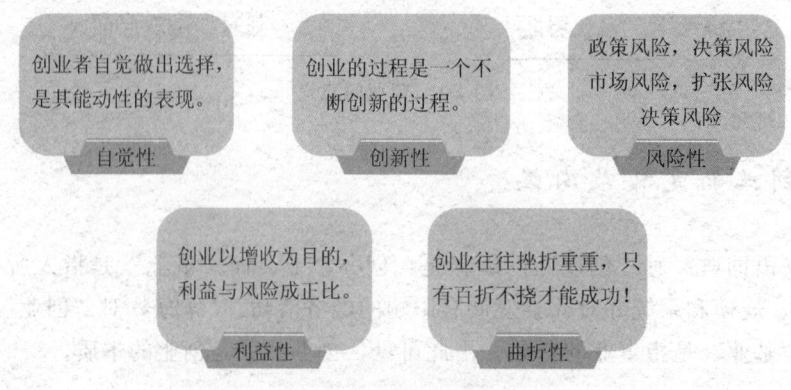

图1-2 创业的特征

三、创业核心要素

（一）创业三大核心要素

迄今为止，人们对创业要素的认知和分析中，最为典型和公认的创业要素模型为蒂蒙斯模型（如图1-3所示）。该模型提炼出了创业的三大关键要素，即：创业机会、创业者及其创业团队、创业资源。一般认为，这三个核心要素是创业活动中不可或缺的。如果没有机会，创业活动就成了盲动，难以创造真正的价值。应该说机会是普遍存在的，关键要看创业者及其创业团队能否有效识别和开发机会，如果没有创业者及其创业团队的主观努力，创业活动是不可能发生的；创业者及其创业团队把握住合适的机会后，还需要有相应的资金和设备等资源。如果没有必要的资源，机会也就难以被开发和实现。

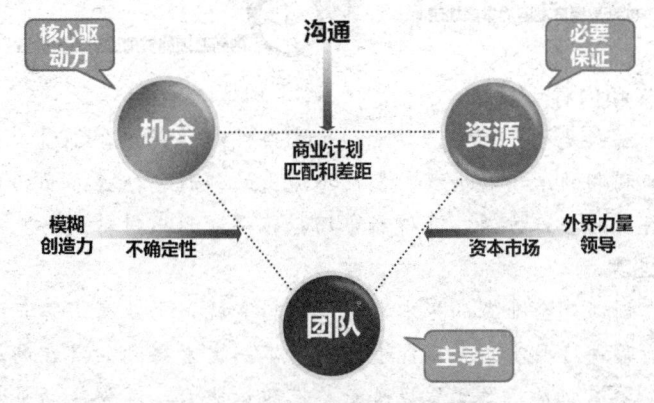

图1-3 创业三要素与过程模型

（二）核心要素间的匹配关系

蒂蒙斯模型具有动态性的特征，认为创业过程实际上是三个因素之间相互作用，由不平衡向平衡方向发展的过程。随着创业过程的展开，其重点也相应发生变化，创业要能将机会、创业者及其创业团队、资源三者做出动态的调整。因此，该模型还要求三要素之间的匹配和平衡。因此，创业现象也被认为是创业者、机会和资源三者之间的有效链接。其中，创业者是创业的核心，是使机会识别利用与资源获取组合得以实现的驱动者。

创业者必须不断寻求更大的商业机会，并合理使用和整合资源，以保证企业平衡发展。机会、资源和创业团队三者必须不断地进行动态调整，以最终实现动态均衡。这就是新创企业的发展过程。在创业过程中，由于机会模糊、市场不确定、因此，创业者必须依靠自己的领导、创造和沟通能力来发现和解决问题，掌握关键要素，及时把握机会。

【链接】

熊彼特的创新创业理论

哈佛大学经济学家熊彼特的创业理论具有最鲜明的特色，他赋予创业者以"创新者"的形象，认为创业者的职能就是实现生产要素新的组合。创业是实现创新的过程，而创新是创业的本质和手段。他把创新比喻成为"革命"，创业者是"通过利用一种新发明，或者利用一种未经实验的技术可能性，来生产新产品或者用新方法生产老产品，通过开辟原料供应的新来源或开辟产品的新销路,通过改组工业结构等手段来改良或彻底改革生产模式"。他强调创业和发明不是一个概念,创业最终需要创新成果在市场上实现。创业者的职能"主要不在于发明某种东西或创造供企业利用的条件,而是在于有办法促使人们去完成这些事情"。他进一步认为,经济体系发展的根源在于创业活动。

熊彼特的创新创业理论主要有以下基本观点:

- 创新是生产过程中内生的
- 创新是一种"革命性"变化
- 创新的主体是"企业家"
- 创新同时意味着毁灭
- 创新是经济发展的本质规定
- 创新必须能够创造出新的价值

1. 创新的定义和内容

熊彼特认为,创新是把一种生产要素和生产条件的"新组合"引入生产体系,并通过市场获取潜在的利润的活动和过程。熊彼特提出的创新包括五方面的内容:引入一种新产品;引入一种新的生产方法;开辟新市场;获得新的原材料;实现一种新的组织。

2. 创新与企业家

熊彼特认为,创新是企业家的根本职能。创新者就是企业家。真正的企业家必须具备四个基本的能力条件:要有眼光,能看到别人不一定看得到的潜在的利润;具有能抓住机遇的敏锐性;要有胆量,敢于冒风险;要有组织能力,不仅能动员和组织企业的内部资源,还能够组织利用外部资源来实现创新。

3. 创新与经济发展

经济由于创新而得以发展。创新的实现使创新者获得高额的利润,在市场经济条件下,必然引起模仿和竞争。这就导致创新产品或劳务的市场价格下降,于是消费者和整个社会从中获益。当价格下降至无利可图时,一轮创新即告结束,新的创新又将开始。这样,创新、模仿和竞争推动着经济浪潮式发展。

4. 创新与毁灭

创新是一种创造性的毁灭。这里的毁灭是指一批企业在创新浪潮中被淘汰,其生产要素被重新组合。不断创新、不断毁灭,一些企业在创新中发展了,另一些企业被淘汰了。

5. 创新与经济发展的原动力

熊彼特认为:企业家的行动,是创新和经济发展这些"重要现象的动力"。

首先,熊彼特认为,获取创新产生的超额的经济利润,是企业家进行创新的原动力之一。然而,他又认为,除利润动机外,创新和经济发展最主要的动力是"企业家精神"。

所谓"企业家精神",根据熊彼特的定义,其主要含义包括:创造性和首创精神;强烈的成功追求欲望和"事业成功至上"的价值观;甘冒风险、以冒险和战胜艰难困苦为乐的精神;强烈的事业心。

熊彼特指出，资本主义经济是在企业家精神的推动下才实现创新和发展的，因此，企业家精神是经济发展的最主要的动力，是创新的灵魂。

6. 实现创新的途径

熊彼特指出：创新的实现具有一定的途径，即创新具有其特定的实现过程。熊彼特关于创新实现途径的思想被归纳为熊彼特创新模型Ⅱ。在熊彼特创新模型Ⅱ中，熊彼特特别强调了企业家推动创新，因此我们把它称为企业家主导型模型。这个模型的特点是：第一，在企业和现有市场外部，存在着与科学技术新发展相关但未进入应用的科学技术发明；第二，企业家意识到应该把这些发明引入生产体系，实施创新，这种冒险行动是一般资本家或经理不敢采取的；第三，一旦一项根本性的创新成功实施，将改变现有市场和生产结构，创新者将获得短期的超额垄断利润，但随后会因大量模仿者进入而削弱。熊彼特模型Ⅱ特别强调大企业尤其是垄断型大企业在创新中的作用。他认为：与完全竞争相比较，垄断型大企业更有利于创新。

7. 实现创新的社会环境和社会条件

熊彼特认为，创新并不是在任何社会经济条件下都可能发生的。只有实现了从所谓"循环流转"的社会经济形态向市场经济为主导的社会制度形态的转变时，创新才有可能实现。而这转变实现的关键性突破在于观念的更新，即率先实现观念创新。

此外，资本和高度发达的金融信用制度是企业家实现创新的必要条件，而信用使得个人能在不限于自有资产的更大范围上进行创新投资活动，因此，信用机制是创新的基础条件。

四、创业分类与创业过程

（一）创业的分类

创业从不同的角度、根据不同的标准可以做出不同的分类：

1. 根据创业动机，可分为机会型创业与就业型创业

（1）机会型创业，是指创业的出发点并非谋生，而是为了抓住、利用市场机遇。它以市场机会为目标，能创造出新的需要，或满足潜在的需求。因而机会型创业会带动新的产业发展，而不是加剧市场竞争。

（2）就业型创业，指为了谋生而走上创业之路。这类创业是在现有的市场上寻找创业机会，并没有创造新需求，大多属于尾随型和模仿型，因而往往小富即安，极难做大做强。

虽然创业动机与主观选择相关，但创业者所处的环境及其所具备的能力对于创业动机类型的选择有决定性作用。因此，通过教育和培训来提高创业能力，就可增加机会型创业的数量，不断增加新的市场，减少低水平竞争。

2. 根据创业者数量，可分为独立创业与合伙创业

（1）独立创业，指创业者独立创办自己的企业。其特点在于产权是创业者个人独有的，企业由创业者自由掌控，决策迅速。但它需要创业者独自承担风险，创业资源准备也比较困难，还受个人才能的限制。

（2）合伙创业是指与他人共同创办企业。其优劣势与独立创业相反，优势在于资源准备相对容易，风险均摊，决策制衡，可以发挥集体智慧。但缺点在于权力多头，决策层级多，响应速度慢。

3. 根据创业项目性质，可分为传统技能、高新技术和知识服务型创业

（1）传统技能型创业，指使用传统技术、工艺进行创业的项目，它具有永恒的生命力。尤其是在酿酒、饮料、中药、工艺美术品、服装与食品加工、修理等与人们日常生活紧密相关的行业中，独特的传统技能项目表现出了经久不衰的竞争力，许多现代技术都无法与之竞争。国内外均是如此。

（2）高新技术型创业，指知识密集度高，带有前沿性、研究开发性质的新技术、新产品项目。

（3）知识服务型创业，指为人们提供知识、信息的创业项目。当今社会，信息量越来越大，知识更新越来越快，各类知识性咨询服务的机构将会不断细化和增加，如律师事务所、会计事务所、管理咨询公司、广告公司、培训机构等。这类项目投资少、见效快。

4. 根据创业方向或风险，可分为依附型、尾随型、独创型和对抗型创业

（1）依附型创业，可分为两种情况：一是依附于大企业或产业链而生存，为大企业提供配套服务。如专门为某个或某类企业生产零配件，或生产、印刷包装材料。二是特许经营权的使用。如利用麦当劳、肯德基等的品牌效应和成熟的经营管理模式，减少经营风险。

（2）尾随型创业，即模仿他人创业，"学着别人做"。其特点，一是短期内只求能维持下去，随着学习的成熟，再逐步进入强者行列；二是在市场上拾遗补阙，不求独家承揽全部业务，只求在市场上分得一杯羹。

（3）独创型创业，指提供的产品或服务能够填补市场空白。大到商品的独创性，小到商品的某种技术的独创性。独创产品是指具有非同一般的生产工艺、配方、原料、核心技术，又有长期市场需求的产品。鉴于独占性原则，掌握它的企业将获得相当高的利润。比如祖传秘方、进入难度很大的新产品等。但其也有一定的风险性，因为消费者对新事物有一个接受的过程。独创型创业也可以是旧内容新形式，比如，产品销售送货上门，经营的商品并无变化，但在服务方式上扩大了，从而更具竞争力。

（4）对抗型创业，指进入其他企业业已形成垄断地位的某个市场，与之对抗较量。这类创业风险最高，必须在知己知彼、科学决策的前提下，抓住市场机遇，乘势而上，把自己的优势发挥到淋漓尽致。如，针对百度搜索，出现了搜搜、360搜索等。

此外，依据创业主体可将创业分为大学生创业、失业者创业和兼职者创业；根据创业的融资形式，可分为：独资创业，合资创业，引进各类（风险）投资基金创业等；根据创业者与事业的关系，可分为：个人创业、家族创业、合伙创业、参与创业等；根据创业机遇的选择，可分为：先学习后创业、先深造后创业、先就业后创业、边学习边创业、休学创业等；根据创业的行业领域，又可以分为餐饮、娱乐、批发零售、广告艺术设计、装饰装潢、信息咨询、法律服务、电子信息技术、金融衍生服务等各行业领域的创业。

大学生在实际创业时,应根据自身的情况,综合考虑各种因素,选择合适的创业领域和创业类型。

【链接】

创业者的分类

(一)按创业内容划分

创业者涉及各行各业,他们创业的动机也千差万别。我们按照其创业内容进行划分,可以划分为生产型、管理型、市场型、科技型和金融型等五种类型。

1. 生产型创业者

生产型创业者是指通过创办企业推出产品的创业者,这种产品通常科技含量较高。

2. 管理型创业者

管理型创业者是指那些综合能力较强的创业者,他们对专业知识并不十分精通,但能够通过各种有效的管理手段带动企业前进。例如,钢铁大王卡耐基,最初对钢铁生产知识知之甚少,但他看准了钢铁制造业的发展前景,迅速网罗人才进行创业,打造了自己的钢铁帝国。

3. 市场型创业者

这类创业者的一个重要特点就是注重市场,善于把握机会。中国改革开放以来,涌现出大批的市场型创业者。例如,海尔集团总裁张瑞敏,正是抓住市场转型期的大好机遇,将海尔发展壮大的。

4. 科技型创业者

科技型创业者多与高校和科研机构相关联,以高科技为依托创办企业。20世纪80年代后,为了鼓励科技成果转化为生产力,国家推出了一系列鼓励高等院校创办企业的措施。当今许多知名的高科技企业,前身就是原来的"校办企业"和科研院所的"所办企业",例如北大方正、清华同方等。

5. 金融型创业者

这类创业者实际上就是一种风险投资家,他们向企业提供的不仅仅是资金,更重要的是专业特长和管理经验。他们不仅参与企业的经营方针的制订,并且还参与企业的营销战略的制订、资本运营乃至人力资源管理。

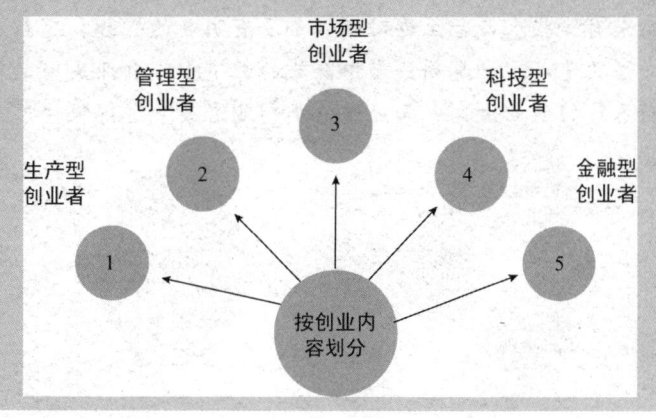

（二）按创业动机划分

1. 生存型创业者

这类创业者大多为下岗工人、失去土地或因种种原因不愿固守乡村的农民，以及刚刚毕业找不到工作的大学生。这是中国数量最大的一拨创业人群。根据清华大学的调查报告，这一类型的创业者占中国创业者总数的90%。其中许多人是被"逼上梁山"，为了谋生混口饭吃。一般此类创业者的创业范围均局限于商业贸易，少量从事实业的，也基本是小打小闹的加工业。当然也有因为机遇成长为大中型企业的，但数量极少，因为现在国内市场已经不像二十多年前，像刘永好兄弟、鲁冠球、南存辉他们那个时候的创业时代，经济落后，机制混乱，机遇遍地。如今这个时代，多的是每天一睁眼就满世界找钱的人，少的是赚钱的机会，用句俗话来说，就是"狼多肉少"，仅仅想依靠机遇成就大业早已经是不切实际的幻想了。

2. 变现型创业者

变现型创业者就是过去在党、政、军、行政、事业单位掌握一定权力，或者在国企、民营企业当经理人期间聚拢了大量资源的人，在机会适当的时候，自己出来开公司办企业，实际是将过去的权力和市场关系变现，将无形资源变现为有形的货币。在20世纪80年代末至90年代中期，以前一类变现者为多，现在则以后一类变现者居多。但目前前一类变现者又有了抬头的趋势，而且相当一部分受到地方政府的鼓励，如一些地方政府出台鼓励公务员带薪下海，允许政府官员创业失败之后重新回到原工作岗位的政策，都在为前一类变现创业者提供助力。

3. 主动型创业者

主动型创业者又可以分成两种情况，一种是盲动型创业者，一种是冷静型创业者。前一种创业者大多极为自信，做事冲动。有人说，这种类型的创业者，大多同时是博彩爱好者，喜欢买彩票、喜欢赌，而不太喜欢思考成功概率。这样的创业者很容易失败，可一旦成功，往往会成就一番大事业。冷静型创业者是创业者中的精华，其特点是谋定而后动，不打无准备之仗，或是掌握资源，或是拥有技术，一旦行动，成功概率通常很高。还有一种奇怪类型的创业者，应该属于主动型创业的一种特例。除了赚钱，他们没有什么明确的目标，就是喜欢创业，喜欢做老板的感觉。他们不计较自己能做什么，会做什么。可能今天在做着这样一件事，明天又在做着那样一件事，他们做的事情之间可以完全不相干。其中有一些人，甚至连对赚钱都没有明显的兴趣，也从来不考虑自己创业的成败得失。奇怪的是，这一类创业者中赚钱的并不少，创业失败的概率也并不比那些兢兢业业、勤勤恳恳的创业者高，而且这一类创业者大多过得很快乐。

（二）创业的一般过程

创业过程包括创业者从产生创业想法到创建新企业或开创新事业并获取回报，涉及识别机会、组建团队、寻求融资等活动。可大致划分为识别机会、整合资源、创办新企业、新企业生存和成长四个主要阶段。

1. 识别机会

一个人是否能成为创业者，直接受三方面因素的影响。一是个人特质，每个人都具有创业精神，但其强度不同；二是创业机会。创业机会的增多会形成巨大的利益驱动，促使更多的人创业；三是创业的机会成本评估。

创业机会一般分为两种：一种是意外发现的，一种是经过深思熟虑才发现的。国家产业政策的调整、新技术的出现、人口和家庭结构的变化、人的物质和精神需要的变化、流行时尚等都可能形成商业机会。及时、准确地识别创业机会之后，还要对机会进行评价和提炼。

2. 整合资源

整合创业资源是创业过程最为关键的阶段之一，除非成功地完成这个阶段，否则无论多么有吸引力的机会，或者有多好的新产品和服务，创意都等于零。创业者需要整合的资源包括：基本信息（有关市场、环境和法律问题）、人力资源（合作者、最初的雇员）和财务资源等。

3. 创办新企业

企业的创建需要进行大量的准备工作，其中创业计划、创业融资和注册登记尤为关键。创意能否变成行动，关键看其能否形成一个周密的创业计划；资金往往成为新创企业的"瓶颈"，创业融资在企业的创建过程中至关重要；当创业者完成创业计划并获得融资之后，就可以按照法定程序进行注册登记，包括确定企业的组织形式，设计企业名称，向工商行政管理机关提出企业登记注册申请，领取《企业法人营业执照》等内容。

4. 新企业生存和成长

新企业成立初期应以生存为首要目标，其特征是主要依靠自有资金创造自由现金流，实行充分调动"所有的人做所有的事"的群体管理，以及"创业者亲自深入运作细节"。新创企业要在市场上取得成功，就需要在企业营销策略、组织调整、财务稳健管理等经营管理方面更上一层楼，这是企业成长的重要内容。从成长走向成熟的标志之一是能够建设好自己的品牌，形成名牌，在品牌、知识和企业文化等方面形成竞争优势。

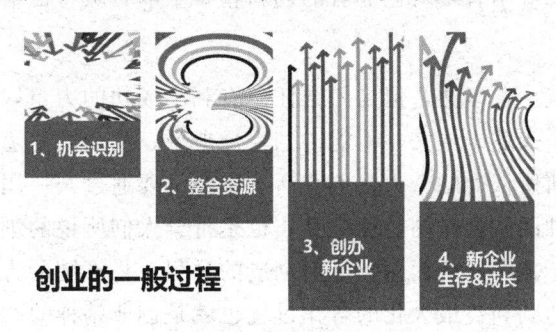

创业的一般过程

1、机会识别　2、整合资源　3、创办新企业　4、新企业生存&成长

主题二　创业精神与创业素质

一、创业四大核心精神

创业精神通常被人们称之为企业家精神，它是创业者在市场竞争中不断开拓进取，创造新价值的精神概述。德鲁克的研究中认为创业精神应该是社会所必需的一种创新精神，并且认为正是因为拥有了这种创新精神才会推动社会的发展。

创业精神是一个创新的过程，在这个过程中，新产品或新服务的机会被确认、被创造，最后被开发来产生新的财富创造的能力。也就是说，创业精神的本质乃在于创新，在于为消费者创造出新的满足、新的价值。

创业精神是创业者在创业过程中的重要行为特征的高度凝练，主要表现以下几方面：

（一）创新精神

德鲁克认为，企业家精神中最重要的就是创新。他认为，创业者不仅仅单纯指在经济活动中从事创新活动的人，无论他是做什么的，无论他是工人、农民、政府高官或者就仅仅是学生，只要他在创新，那么我们都可以称之为创业者。这种对于创业者的理解虽然有些夸大，但是这正是德鲁克在强调创新的意义。

（二）冒险精神

在创新的过程中不可避免地要遇到挑战和承担风险，所以创新精神的内涵中必然包括了承担风险和挑战不确定性的冒险精神。这一点不仅奈特在研究中强调了创业者的这一特征，另外熊彼特、卡森等学者都对创业者的创新精神中的冒险特征给予了认可。

（三）合作精神

单枪匹马可以成就一番事业，但是团结任何有利于成功的力量，成功的机率当然也会更大。在创业精神中个人英雄主义并不能占到主导地位，反而团队意识、合作精神是其价值核心。这也是米尼斯所认为的个人在创业活动中经常要通过某一团队的资源去实现价值创造的过程。而在这种团队合作的过程中其实也是符合人们所说的创业者通过组合不同的要素形成一个新的生产关系，从而达到价值创造的过程。将不同的人组合到一起，开发其各自的优势资源从而达到利益最大化的合作过程也就是创业精神的一个重要体现。

(四) 社会责任

伟大的创业者不只是完全为了实现个人的财富梦想而创业的，而是为了帮助普通人实现自己的梦想的责任而努力的人，创业精神中也包括创业者必须承担社会责任并且拥有一种甘于奉献的精神。一个人创业所做的事业，应该把实现社会价值和赚取阳光财富结合起来，成功的创业者应该是一个有社会责任感的人。

随着80后、90后创业人士涌现，年青一代对创业最重要的变化就是他们对精神层面的追求更为纯粹，社会责任成为他们构建新的商业模式时主动考虑的重要组成部分。未来，中国最好的企业家都会以"社会企业家"的姿态出现。

【链接】

他们眼中的创业精神

如果不新，就不酷，如果不酷，就不值得做。如果你没有股份，你就完了。如果一份工作你做了2年多，你的职业生涯就结束了。如果你从未经历过一次首次公开募股，那你就像一个处女。

——加里·哈梅尔（哈佛商学院）

冒险是企业家精神的天性。

——经济学家坎迪隆

为了发现王子，你必须和无数个青蛙接吻。

——美国3M公司

企业发展就是要发展一批狼。狼有三大特性：一是敏锐的嗅觉；二是不屈不挠、奋不顾身的进攻精神；三是群体奋斗的意识。

——华为公司创始人兼总裁　任正非

对所有创业者来说，永远告诉自己一句话：从创业的第一天起，你每天要面对的是困难和失败，而不是成功。我最困难的时候还没有到，但有一天一定会到。

——马云

二、创业者应具备的素质与能力

人是创业成功的第一要素，而创业者则发挥核心作用。创业活动是由创业者主导和组织的商业冒险活动。要成功创业，不仅需要创业者富有开创新事业的激情和冒险精神、面对挫折和失败的勇气和坚韧，以及各种优良的品质素养，还需要具备解决和处理创业活动中各种挑战和问题的知识和能力。

(一) 创业的激情与创业意识

创业的激情所指的不是一时冲动，而是持久的追求与不懈的努力。创业需要百折不挠、坚持不懈的意志。创业是一个长期努力奋斗的过程。立竿见影，迅速见效的事是极少的。在方向目标确定后，创业者就要朝着既定的目标一步步迈进，纵有千难万险，迂回挫折，也不轻易改变，半途而废。保持创业的激情，是创业者成功的关键因素之一。

创新意识是创业者的一个重要素质，能在瞬息万变的市场环境中不断推陈出新是创业生存的一个重要环节。许多创业者都是依靠在市场竞争中，不断推出新产品、新服务、新方法来获得企业生存与发展的空间，最终创业成功的。创新的方式与途径通常来源于创业者对产品服务的认识、开放式的思考、市场触觉和多样化的资料信息。

要想取得创业的成功，创业者必须具备自我实现、追求成功的强烈的创业意识。强烈的创业意识，能帮助创业者克服创业道路上的各种艰难险阻，将创业目标作为自己的人生奋斗目标。创业的成功是思想上长期准备的结果，事业的成功总是属于有思想准备的人，也属于有创业意识的人。

（二）自信、自强、自主、自立的创业精神

自信就是对自己充满信心。自信心能赋予人主动积极的人生态度和进取精神。不依赖、不等待。要成为一名成功的创业者，必须坚持信仰如一，拥有使命感和责任感；信念坚定，顽强拼搏，直到成功。信念是生命的力量，是创立事业之本，信念是创业的原动力。要相信自己有能力，有条件去开创自己未来的事业，相信自己能够主宰自己的命运，成为创业的成功者。自强就是在自信的基础上，不贪图眼前的利益，不依恋平淡的生活，敢于实践，不断增长自己各方面的能力与才干，勇于使自己成为生活与事业的强者。自主就是具有独立的人格，具有独立性思维能力，不受传统和世俗偏见的束缚，不受舆论和环境的影响，能自己选择自己的道路，善于设计和规划自己的未来，并采取相应的行动。自主还要有远见、有敢为人先的胆略和实事求是的科学态度，能把握住自己的航向，直至达到成功的彼岸。自立就是凭自己的头脑和双手，凭借自己的智慧和才能，凭借自己的努力和奋斗，建立起自己生活和事业的基础。

（三）一定的创业知识素养

创业知识是进行创业的基本要素。创业需要专业技术知识、经营管理知识和综合性知识三类知识。创业实践证明，良好的知识结构对于成功创业具有决定性的作用，创业者不仅要具备必要的专业知识，更要掌握必备的现代科学、文学、艺术、哲学、伦理学、经济学、社会学、心理学、法学等综合性知识和管理科学知识。

（四）优秀的创业人格品质

创业人格品质是创业行为的原动力和精神内核。在创业人格品质中，使命责任、创新冒险、坚韧执着、正直诚信等意识品质与创业成败息息相关。创业是开创性的事业，尤其在困难和不利的情况下，人格品质魅力在关键时刻往往具有决定性的作用。

1. 使命责任

使命感和责任心是驱动创业者勇往直前的力量之源。成功的创业者具有高度的使命感和强烈的责任意识，创业活动是社会性活动，是各种利益相关者协同运作的系统。只有对自己、对家庭、对员工、对投资人、对顾客、对供应商以及对社会拥有高度的使命感和负责精神的创业者，才可能赢得人们的信任、尊重和支持。

2. 创新冒险

创新是创业精神的核心要素，创新意识和冒险精神是进行创业的内在要求。创业机会

的发现和创意的形成需要进行创造性思维,发挥创造力。同样,机会的开发、资源的整合、商业模式的设计更是创新能力的集中体现。创业的开创性需要有冒险精神,需要有胆略和胆识。同时,在创业实践中也要有风险意识,要注意冒险精神和风险意识的平衡,保持理性思维,降低风险损失。

3. 坚韧执著

创业是对人的意志力的挑战。面对险境、身处逆境能否坚持信念,承受压力,坚持到底常常决定创业的成败;最后的成功往往就在于再坚持一下的努力之中。

4. 正直诚信

正直诚信是创业者必备的品质,它体现了成功创业者的人格魅力:讲信誉,守诺言,言行一致,身体力行,胸襟广阔,厚人薄己,敢于承担责任,勇于自我否定,尊重人才,以人为本,倡导团队合作和学习,帮助团队成员获得成就感,坚持顾客价值、公司价值和社会价值的创造。具有良好口碑的人格魅力可以帮助创业者凝聚人心,鼓舞士气,赢得更多合作者的信任和支持。

(五)强烈的竞争意识

竞争是市场经济最重要的特征之一,是企业赖以生存和发展的基础,也是立足社会不可或缺的一种精神。人生即竞争,竞争本身就是提高,竞争的目的只有一个——取胜。随着我国社会主义市场经济从低级向高级发展,竞争愈来愈激烈。从小规模的分散竞争,发展到大集团集中竞争;从国内竞争发展到国际竞争;从单纯产品竞争,发展到综合实力的竞争。因此,创业者如果缺乏竞争意识,实际上就等于放弃了自己的生存权利。创业者只有敢于竞争,善于竞争,才能取得成功。创业者创业之初面临的是一个充满压力的市场,如果创业者缺乏竞争的心理准备,甚至害怕竞争,就只能是一事无成。

(六)良好的人际关系

在创业的道路上,人际关系具有重要的促进作用。良好的人际关系可以帮助创业者排除交流障碍,化解交往矛盾,降低工作难度,提高客户的信任度,从而提高办事效率,增加成功的机会。并且良好的人际关系还会有助于创业者在遇到困难时及时得到朋友的帮助。

(七)良好的创业心理品质

在市场经济中,机会与风险共存。只要创业,就必然会有风险,事业的范围和规模越大,伴随的风险也就越大。没有承担风险的意愿与能力,创业时就会缩手缩脚,裹足不前,创业的理想也就会成为空谈。愿意承担风险是创业者对事业追求的一种积极的心理状态。

创业是摸着石头过河,没有什么严格与统一的规范。创业者不可能凭借教科书的理论或他人的成功经验一蹴而就,而是需要在创业的过程中不断探索与实践,面对复杂的市场环境需要清醒的头脑与果断的决策。但是失误与挫折总是难以避免的,能够冷静面对挫折是创业者走向成功的重要条件。

创业之路,是充满艰险与曲折的。自主创业就等于是一个人去面对变化莫测的激烈竞争以及随时出现的需要迅速正确解决的问题和矛盾,这需要创业者具有非常强的心理调控能力,能够持续保持一种积极、沉稳的心态,即有良好的创业心理品质。它是对创业者的创业实践过程中的心理和行为起调节作用的个性心理特征，它与人固有的气质、性格有密切的关系，主要体现在人的独立性、敢为性、坚韧性、克制性、适应性、合作性等方面，它反映了创业者的意志和情感。创业的成功在很大程度上取决于创业者的创业心理品质。正因为创业之路不会一帆风顺，所以，如果不具备良好的心理素质、坚忍的意志，一遇挫折就垂头丧气、一蹶不振，那么，在创业的道路上是走不远的。宋代大文豪苏轼说："古之成大事者，不唯有超世之才，亦必有坚韧不拔之志。"只有具有处变不惊的良好心理素质和愈挫愈强的顽强意志，才能在创业的道路上自强不息、竞争进取、顽强拼搏，才能从小到大，从无到有，闯出属于自己的一番事业。

（八）创业者的经营管理能力

当今市场经济社会中，小企业要生存、要发展，创业者必须具有良好的经营管理能力。俗话说"麻雀虽小，五脏俱全"，小企业虽小，但它也和大中型企业一样，天天与人、财、物打交道。如何把现有的人、财、物，通过管理，赚取最佳的效益；如何调动每一位雇员的积极性使之全力以赴为企业工作；如何使自己的产品或服务项目被社会认可，受用户欢迎，这些都需要通过创业者良好的经营管理来实现，需要依靠创业者所建立起来的高效的管理体系。

世界"钢铁大王"卡耐基生前曾说过："将我所有的工厂、设备、市场、资金全部夺去但只要保留我的组织和人员，四年以后，我将仍是一个钢铁大王。"由此可见经营管理体系和经营管理能力的重要性。

（九）创业者的专业技术能力

创业者是以自己的服务式产品为社会做贡献的，这就需要以精通专业操作为基础。一个具有丰富经验和较高水平的经营管理者，如果不熟悉、不了解某一专业或职业的特殊性，就无法施展和发挥其经营管理的能力或综合能力。只有掌握了某一专业技术能力，才能对症下药，因事制宜，采取适当的经营管理方法。从这层意义上讲，专业技术能力是一种最基本的创业能力。

（十）创业者的综合性能力

在创业活动中，综合性能力是一种最高层次的能力，具有很强的综合性特征。主要包括：把握机遇的能力、信息的获取加工处理能力、交往公关能力、创新能力等。这些特殊能力一旦与经营管理能力相结合，就从整体上全方位地影响和作用于创业实践活动，使创业实践活动的方式和效率发生显著的改变。

例如，在日本某店铺有一个店员，名叫岛村芳雄。一天，他在街上散步时，发现女性们除了手上拿着自己的皮包以外，还都提了一个纸袋，这是买东西时商店赠给她们装东西用的。他经过认真思索认为纸袋一定会流行起来，接着他又参观了做纸袋的工厂，工人非常繁忙。他毅然决定大干一番，然而，他并没有选择加工纸袋或者印刷纸袋，他想："将来纸袋一定会风行一时，做纸袋绳索生意是错不了的。"这样，他辞去了原来的店员工作，立即注册创立了一个小公司，开始了经营绳索的业务，靠着他那善于把握机遇、捕捉信息的能力以及良好的经营管理能力，他获得了成功，成为日本著名的企业家。

（十一）领导与决策的能力

创办一个企业，不仅需要处理大量的事务性问题，还要为企业建章立制，即便是只有一两个人的小店铺或家庭企业也不能例外。企业虽小，但面临的环境以及经营发展的变化却不小。因此，创业者还需要具备相当的领导与决策能力，能把企业的人员与业务安排得井井有条，并能及时处理所遇到的一切问题。

【链接】

伟大创业者的7个特质

特质一：不屈不挠

创业是一场距离超长的马拉松赛，过程中充满了不确定性，只有排除艰难险阻才能取得最后的胜利。创业者不会因为比别人有更好的机会而赢得市场，也躲不过一些不可避免的错误。不屈不挠是创业最重要的品质。许多人创业都会遭遇到许多次失败，甚至每周都会遇到好几次。当失败发生时，就要重新开始。

特质二：激情

可能有些人会下意识地认为钱是成功创业者创业的动力。但实际上绝大多数创业者创业是出于他们对新产品、新服务的热情，或抓住了一些解决难题的机遇。他们这样做不仅可以让消费者买到物美价廉的产品，还能让人们过上更加舒适、安逸的生活。大多数创业者都有一种改变世界的信念。激情是支持创业的内在驱动力，它也是让创业者愿意不断付出的基础。

特质三：能承受不确定性

这种经典的特质如果用通俗的话来说，就是对风险的承受能力——能够承受不确定性带来的恐惧，并且能够承受潜在的失败。对恐惧的控制能力也是一项最重要的创业者特质。在恐惧中你可以选择放弃，也可以战胜它继续前行。

特质四：远见

有预测未知机遇的能力，同时也能预测他人不能预知的事情，这是创业者必备的特质之一。创业者的好奇心会帮助他们辨识出一些被忽略的市场机遇，这种好奇心会使其走在创新和一些新兴领域的前列。创业者能想象出另一个世界，把自己的远见有效地转化为一种切实可行的业务，随之就会吸引到投资人、客户和员工。创业者会碰到许多唱反调的人，为什么？因为创业者看到的未来和他们不一样，在未来还没有呈现之前创业者就已经预见到了。

特质五：自信

自信也是创业者的关键特质。创业者必须坚信自己的产品是全世界需要的，发现市场机遇然后开拓新市场，在创业的过程中还要不断推翻现有的、普遍认可的东西。研究者将这种特质称为一种源自特殊使命的自信。有了这种信念，就算世界充满风险，创业者也可以做好充分的调查，有足够的信心完成任务，并把风险减到最小。

特质六：灵活性

实际上，创业的生存规则也像生命物种一样，都是建立在适应周围环境的基础上的。公司最终推出的产品或服务很可能不是你最初的计划。因此，灵活性会有助于创业者适应市场环境,应对大众多变的喜好。创业者必须心甘情愿地忠于自己,告诉自己"这是不可以的",必须围绕着市场的变化进行调整。

特质七:打破常规

创业者存在的意义之一即否定已有的传统智慧。实际上,简单来说,创业就是打破常规。据柏森商学院的一项报告显示,只有13%的美国人最终可以进入到创业者的行列。做别人没有做过的事情,是创业者的一种天性,也是他们内在动力的源泉。

主题三 创业动机与创业选择

一、创业动机及其分类

(一)创业动机的含义

创业动机是指引起和维持个体从事创业活动,并使活动朝向某些目标迈进的内部动力,它是鼓励和引导个体为实现创业成功而行动的内在力量。通俗讲,创业动机就是有关创业的原因和目的,即为什么要创业的问题。行为心理学认为:"需要产生动机,进而导致行为。"创业的直接动机就是需要。

创业动机是推动个体或群体从事创业实践活动的内部动因,是使主体处于积极心理状态的一种内驱力,具有较强的选择性、倾向性和主观能动性。

(二)创业动机的分类

创业者动机可分为两种类型:事业成就型和生存需求型。其中,事业成就型包括获得成就认可、实现创业想法、扩大圈子影响、成为成功人士、控制自己人生五个维度。生存需求型包括不满薪酬收入、提供经济保障、希望不再失业三个维度,如图1-4所示:

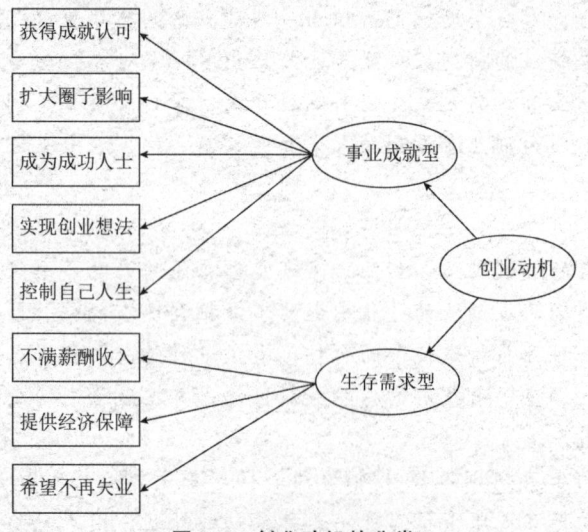

图1-4 创业动机的分类

根据美国学者艾克·奥提奥等人的研究结果，创业的动机大体上可以归为以下四类：对成就的需要、对独立性的偏好、控制的欲望、改变家庭和个人的经济状况。大学生创业动机有一定的特殊性，归纳起来主要有以下四种类型：

1. **生存的需要**

首先，由于经济的原因，许多的家庭越来越难以负担昂贵的学费，即使国家的助学贷款、奖学金制度也不能完全解决问题。在沉重的经济压力之下，为了顺利完成学业，学生中的一部分人只好利用课余时间打工来维持正常的学习和生活。在打工的过程中有一部分具有创业素质的人会发现商机并且去把握它，开始走上了创业的道路。

其次，当前我国高校学生中城镇生源的学生95%均是独生子女，培养他们的独立性已经成为当务之急。目前已经有一部分学生开始独立承担自己的学习、生活费用，在他们中也产生了一定数量的创业先行者。这部分创业者通常都以学习为主要目的，从事一些需要投入时间、精力较少的行业，对经济回报要求较低。

2. **积累的需要**

按照美国耶鲁大学教授奥尔德弗的ERG理论，人的需求分为生存、相互关系和成长。这三种需求并不一定按照严格的由低向高的顺序发展，可以越级。当代大学生随着年龄的增长，对于相互关系和成长的需要会逐渐强烈。一部分大学生为了增加自己的实践经验，丰富自己的社会阅历，或者为了自己以后的发展或实现自己的某个目标做好经济上的准备，在条件成熟的情况下也会利用课余时间走上创业的道路。这个类型的创业者往往以锻炼为目的，承受失败的能力较强。同时由于压力较小，失败和半途而废的比例也比较高。

3. **自我实现的需要**

心理学研究表明：25～29岁是创造力最为活跃的时期，这个年龄段的青年正处于创造能力的觉醒时期，对创新充满了渴望和憧憬。他们思维活跃、创新意识强烈同时所受的约束和束缚较少，按照ERG理论对成长的需要也更为强烈。另外，由于大学生所处的环境，他们往往更容易接触一些新的发明和学术上的新成果，或者他们中的一部分人本身拥有具有自主知识产权的科研成果。为了能早日实现自己成功的目标，他们中的一部分人改变了自己的成功观念也开始了自己的创业生涯。

4. **就业的需要**

当前，我国的大学生就业形势相当严峻，一方面表现为需求不足，另外一方面表现为大学毕业生的工资待遇降低。在这种情况之下，如不能找到一份自己满意的工作，有一部分大学生开始选择创业。

【链接】

大学生创业与就业的差别

所谓大学生创业，是指大学生在学习期间创办事业或毕业后不选择就业而直接成立公司创业，是大学生主动参与社会竞争的一种尝试。

大学生创业的方式主要表现为，大学生利用自己的知识和技能，以自筹资金、技术入股、寻求合作等方式创办企业，面向市场，面向社会，为社会创造价值的同时，使自己的价值得到充分体现。

就业与创业，是大学生选择出路的两种完全不同的方式，主要有以下几个方面的差别：

1. 担当的角色差异

两者在企业中的地位、肩负的责任和使命均有较大差异。创业者通常处于新创企业的高层，在企业实体的创建过程中，创业者始终是负责人，始终参与其中；而就业者通常处于中低层，到达高层需要一个过程，也不需要对企业的成长负责，只需要做好本职工作就可以了。

2. 要求的技能差异

创业者通常身兼多职，既要有战略眼光，也要有具体的经营技能，从而要求其具备相当全面的知识和技能；就业者通常具备一项专业技能即可开展自己的工作。

3. 收益与风险差异

就业的主要投入是数年的教育成本，而创业除了教育成本外，还包括前期准备中投入的人力、物力和资金成本。一旦失败，就业者并不会丧失教育成本，但创业者会损失在创业前期投入的几乎一切成本；而一旦成功，就业者只能获得约定的工资、奖金及少量的利润，创业者则会获得大多数经营利润，其数额理论上没有上限。

4. 成功依赖因素的差异

就业很大程度上依靠企业实体，但创业更多的要考虑自身的经验、学识与财力，以及各种需求和各种资源占有等条件。

在人力资源管理中，有职业生涯规划的相关理论。该理论主要阐述的是，如果所选择的行业和工作，与个人性格、兴趣、特长相匹配的话，会比较容易获得成功。创业做老板也是一样，如果是如下的个性，而且也并不打算花大力量去改变它，那么就不适合自己创业做老板。

第一，想到自己要管理别人，就会感觉到紧张和胆怯；第二，喜欢保持现状和一切顺其自然；第三，总认为自己是个很稳重的人，对某种生意没有十分把握，绝对不去尝试；第四，除非事先有一个周密的计划，否则不会贸然行动；第五，热情来得快，去得也快，做事没恒心，常常凭自己的兴趣去工作。如果具有上述五种个性，基本上就不适合创业。但具有类似个性特征者也不必灰心，如果着手改变，一切都有希望。要知道展现才能，有很多种形式，即使不能创办并带领一个企业，还可以通过与人合作，来弥补自己的弱项，同样也可以成为创业者。

二、大学生创业模式选择

大学生创业模式是大学生在特定区域、特定环境中形成的，在创业动机、创业方式、产业进入、资金筹集、组织形式、创新力度和政府支持等方面具有相似性、典型性的创业行为，是对各种创业因素的配置方式。由于我国大学生创业的历史还比较短，目前比较成熟的创业模式有下面六种：

(一) 独立自创模式

独立自创模式是指大学生为了实现就业的同时积累资本和经验,由个人或几个人组成的创业团队白手起家,完全独立地创业,属于典型的个人创业。经调查发现大部分大学生创业时选择的是这种模式。创业行业主要集中在商业零售、餐饮、化妆品、服装、图书批发、家具、眼镜、乐器的经营上。这种创业模式的资金需求较小,创业者可以通过自己前期的兼职积攒、向亲朋好友借债或在政策范围内获得小额贷款的形式筹集。在管理上主要是采取自我雇佣的业主组织形式,产权关系上以个人独资或合伙投资经营为主,在经营取得成功、发展到一定规模的时候,就成立具有法人地位的股份制小型公司。这种创业模式投资小,面临的不确定性程度低,稳打稳扎,步步为营,逐渐积累壮大,成功率较高。

(二) 产品代理加盟模式

这种创业模式是指大学生以加盟直营、区域代理或购买特许经营权的方式来销售某种商品或服务的创业活动。加盟的行业主要是商业零售、饮食、化妆品、服装等技术含量不高而用工较多的行业。资金筹集上一般是由个人独资或几个人合伙出资,组织管理上实行总店或中心的统一模式自我雇佣、自我管理,并且能分享经营诀窍和资源支持,得到长期专业指导和配套服务。这种创业模式由于有经营管理上现成的模式可供直接采用,可充分利用特许企业的品牌效应减少经营风险,享受规模经济的利益,被称为"站在巨人的肩膀上"的创业。

(三) 分化拓展模式

这种创业是指大学生首先加入某高新技术或商品流通,成为该企业的骨干员工,然后利用企业内部创业的机会来实现自己创业理想的行为。一些大学生发挥自己的专业特长,迅速成为公司的骨干,而这时公司恰好准备变更或重塑公司的主要方向,由公司投资,并委托骨干员工来负责新业务或新项目。作为骨干分子在资本、经验、人力资源发展到适当程度之际并判断有更好的商机出现时就脱离原公司集团以自己个人积累的资金为主,来创建新的法人企业。创业者在参照原公司集团经营管理模式的基础上根据自己的偏好做进一步改进。这种创业模式可以依托原公司客户关系网扩大业务,创业风险较小,成功概率较高。

(四) 专业化模式

这种创业模式是大学生将自己拥有的专长或技术发明通过"知本雇佣资本"的方式发展成企业。创业的大学生具备某一专业、技术特长,或成功研制一项新产品、工艺,但要创建企业需要高额资本,而学生往往由于缺乏信用保证难以通过信用机制从外部筹措大量的急需资金。于是大学生就以技术、专利、其他智力成果作为生产要素,吸引有眼光的公司提供风险投资基金来创建企业。这种创业模式主要集中于电子信息、生物技术、高科技农业等技术含量高、知识密集型的行业。经营形式上采取股份法人公司制,管理上十分强调企业家精神和团队精神。这种模式是技术与风险资金的结合,不确定性程度高,风险大。

(五) 孵化器模式

孵化器模式是大学生受各种创业大赛的驱动和高校创业园区创业环境的熏陶、资助、催化而进行的创业活动。许多高校举办了各种各样的创业大赛，参加大赛的大学生在创业大赛中熟悉了创业程序，储备创业知识、积累创业经验、接触和了解社会，是对创业的模拟实验；同时高校纷纷建立科技园区或创业园区，园区中的科技创业基金中心或大学生创业投资公司对经过严格评估的优秀参赛项目进行股权形式的投资建立股份制公司并且定期对投资项目进行评估，实行优胜劣汰，对项目进行创业催化。创业者可以得到政策的支持和创业园区各专家的培训和指导，包括免费提供办公场所、公共文秘、财会、人事服务，咨询、辅导、评估和项目管理服务、办理证照、落实优惠政策、推荐申报、市场营销服务等。这种创业模式集中于高科技行业，很多项目是研究生的导师承担的各级政府课题基金项目的成果。

（六）创意模式

这种创业模式刚刚兴起，是大学生根据自己的新颖构想、创意、点子、想法进行的创业活动。概念创新集中于网络、艺术、装饰、教育培训、家政服务等新兴行业，创业者的设想能够标新立异在行业或领域里是个创举，并迅速抢占市场先机。创业的资金需求量不是很大，一般创业者向亲朋好友借款或在政策范围内小额贷款，特别有创造性能吸引商家眼球的也可以引来大公司股权形式的资金注入，组织管理上个人独资、合伙、股份公司均可。这种创业需要具有独特的个性特征和旺盛的创业欲望，善于洞察商业机会，创业难度高，不确定性大，但成功的收益也很大，是一种开创性价值创造型创业。

【链接】

新的创业方式

在"互联网＋"时代，根据对互联网本身的一次开发以及其作为技术载体的二次或三次开发应用，结合创业创新理论以及"互联网＋"对大学生的创业模式进行新的划分与定义，我国大学生的创业模式主要分为基于互联网技术本身的创业模式，基于"互联网＋"的创业模式和基于物联网导向的创业模式三种。不管根据什么来划分大学生的创业模式，每种模式都有其自身的优点和不足。

一、基于互联网本身的创业模式

基于互联网本身的创业模式是指以互联网提供的技术和信息为平台，将产品和服务进行信息交互，通过信息的时间差进行易货交易，最终实现价值增值的创业模式。这种创业模式相当于为一些大的平台网站的线上分包商或代理商，由于门槛较低，大学生较容易进入。基于互联网本身的创业模式主要有以下四种类型：

（一）初级互联网服务

初级互联网服务主要是通过从事网上服务来获利，具体来说，就是为其他互联网创业的人提供服务。随着一些互联网创业者生意越做越大，诸如物品拍照、商品描述、广告制作等必须做的工作变得愈加繁杂，自己去做这些工作又显得力不从心，于是就把这些机械性、重复性的繁杂工作进行外包，初级互联网服务创业者可以通过提供此种服务从中赚取佣金。

（二）C2C 模式

C2C 模式这是消费者个人对消费者个人的互联网创业模式，本质是网上拍卖，它是一种民间自由贸易，通过网上完成交易，从而方便个人之间商品的流通。这种交易模式很受大学生创业者的青睐，现在的大学生大多喜欢追求时尚，他们的时髦衣服、饰品、生活用品、电脑、手机等只用了几次就想更新，但又没有经济实力，于是就通过这种C2C 模式与有需求的消费者易货、易物。大学生群体既是互联网创业货源的提供者，也是消费群体，通过此种交易赚取信息差价，从而获得利润。

（三）C2B2C 模式

这是一种典型的中介型互联网创业模式，就是在B2B 网站上把商品批发进来，再在自己的互联网商店销售，实际上只需要将商品的图片和文字资料从批发商网站复制到自己的网站即可，无须接触实际货物，甚至可以将用户下的购物订单直接交由批发商，然后由批发商给用户发货。还有的创业者直接在阿里巴巴网站上进货，在淘宝网店上卖，甚至还可以利用供应商的物流配送体系为自己服务。

（四）B2C 模式

B2C 模式是以互联网为主要手段，由商家或企业通过互联网网站来满足不同消费者对网上产品风格、包装、形状、功能等各方面的不同爱好以及个人收入上的差异化因素，不断推出高、中、低各个档次的产品的一种互联网创业模式。这种模式是大学生互联网创业的主要交易模式。比如网络游戏，多名玩家通过计算机网络互动娱乐的视频游戏，包括战略游戏、动作游戏、体育游戏、格斗游戏、音乐游戏、竞速游戏、网页游戏和角色扮演游戏等多种类型，也有少数在线单人游戏。

二、基于"互联网+"的创业模式

随着"互联网+"时代的到来，再加上传统行业的创业门槛越来越高，越来越多的大学生选择将互联网作为技术平台，通过对传统行业的互联网"升级"，将互联网介入相关产品和服务，在产品说明、价值呈现、服务介绍、技术应用等方面向客户提供服务，从而赚取利润。

三、基于物联网的创业模式

物联网是在互联网的基础上，利用射频自动识别、无线数据通信等技术，构造一个覆盖世界上万事万物的物品网"The Internet of Things"。在这个网络中，商品能够彼此进行"沟通和交流"，而无需人的干预。其本质是利用RFID技术，通过计算机或移动互联网实现商品的自动识别和信息的互联与共享。基于物联网的大学生自主创业模式是指以物联网的技术为平台，对物联网的物体识别、物体感知、物体沟通、智能地球等设计研发相关产品与服务的创业模式。此模式相较于前两种模式，对大学生的自主创业更具挑战性。基于物联网的创业模式有以下四种：

（一）物联网——物体识别

在物联网时代，就如同每个人有身份ID一样，物体将不再是一个笼统的品类，而是有唯一标识符、可以识别的。已经有二维码、IPv6寻址以及RFID无线射频识别等方式，通过无线信号识别特定目标并读写相关数据。大学生创业者可以根据所学专业进入此领域，目前二维码虽然应用很广，但是涉足二维码专业服务的公司并不多见，门槛相对较低，创业者较容易进入。

（二）物联网——物体感知

家电必须能够感知环境和人。当前传感器的发展不断突破，温度、湿度、人体红外这种常规的自不必说，技术和价格都已经很成熟了。其他各种新型传感器也在不断突破中。摒弃繁琐的占用物理空间的布线技术，转而使用各种无线成熟技术。当前无线技术百花齐放，WIFI一马当先，蓝牙、3G、4G都应用很广。通过物体感知可以创造新的产业领域，比如可穿戴设备领域。目前国外大型互联网公司都在做可穿戴式产品，说明这里面有"金子"可以挖掘。可穿戴设备不仅仅是智能手机或平板电脑的替代品，它还有着更大的发展空间。

（三）物联网——沟通

移动互联网的兴起、智能手机的普及让物与人的沟通变得随时随地。目前在工业领域，信息化需求尤为迫切，在柔性生产的要求下，流水线上的各个单元都有连接的需求。此外，在健康领域、安全领域、家居智能化领域，甚至是看起来相对冷门的细分领域，物联网应用都有很多的机会，这是大学生创业者应该关注的方向。

（四）物联网——智慧

物联网是手段，智慧地球、智慧城市是目标，需要具备思维逻辑与行为交互能力。目前，我国智慧城市正处于建设提速阶段。截至2014年底，住建部公布的国家"智慧城市"的试点城市数已达277个。智慧是一个课题，单纯技术型或者产品型的公司很难做到，需要具备研究能力的公司来实现。作为智慧城市建设的支撑，大学生创业者可以从一些需求迫切、智能化难度较低的家电，如热水器、饮水机、空调入手，逐步深入到城市交通、环境保护、大气监测等领域。

三、大学生创业应做的准备

成功创业的决定性因素有很多，创业者除了必要的知识构成和一定的个人素质能力外，还需要善于发现机会、利用机会并能够组织必要的资源去赢得市场。创业者要成功取决于四个要素，也就是：动机、能力、想法和资源。

大学生在选择创业前需要做如下的充分准备：

（一）正确认识自我

在创业开始之前，同学们需要评估自己的优势和劣势，看看自己是否基本具备创业的素质和能力。同学们可通过认真思考和回答以下问题，来初步判断自己是否有创业的基本素质和能力：

1. 自己的创业动机是什么？能长时间保持创业激情吗？运营企业挑战意志、困难重重，劳心费神，创业者的创业热情是支持自己在今后创业的道路上遇到困难时勇敢走下去的原动力。因此，创业者必须清楚自己选择挑战困难的原因。

2. 自身的家庭支持自己创业吗？来自家庭的支持通常包括资金的支持、情感的支持两个方面，这些都是创业者在创业路上的重要影响因素，因为这些支持往往会在关键时刻成为坚定和强化自己的创业信念、集中精力面对困难和压力、解决复杂问题的重要力量。同学们需要确认自己的家庭能够支持自己创业吗？

3. 自己的身体和精神状态适合创业吗？创业过程不仅充满挑战，还意味着长期而艰苦的工作。创业者需要努力、自觉地工作，这意味着自己将失去很多休闲时间。健康的体魄是承受创业高强度体力和精神压力的前提，自己的生理、心理健康状况是否允许自己从事这样的工作？

4. 自己适合创业吗？作为创业者，要常常面对寻找市场、拓展业务、管理财务和员工等各种问题，需要理性分析、科学决策，解决困难、承受压力。自己的策划和组织能力如何？自己的团队组建和管理能力如何？自己的决策和综合管理能力如何？自己目前所积累的知识、能力以及经验如何？这些都需要创业者对自己有一个客观的评估。

5. 自己是否已经准备好承受创业的风险？创业始终伴随着各种风险。在确定了创业目标后，创业者接下来要问的问题是：创业的风险有哪些？自己的风险规避能力如何？创业最坏的结果是什么？自己能否承受失败？

（二）正确认识创业环境

1. **融资分析**

创业启动资金通常有六种来源：个人投资、朋友借款、合伙投资、银行贷款、政府支持、风险投资。基于大学生经济基础薄弱、社会经验少、人际资源小、能力有限的特点，资金来源的多少和获取难易度都因此受到影响。

风险投资是一种高风险、高回报的投资。风险投资家以参股的形式进入创业企业，为降低风险，在实现增值目的后会退出投资，而不会永远与创业企业捆绑在一起。风险投资通常比较青睐高科技创业企业。风险投资家关心创业者手中的技术，也关注创业企业的盈利模式和创业者本人。作为大学生，要想取得风险投资是比较困难的事情，但相对而言，赢得风险投资将会获得比银行贷款更大的资金额度。

2. **市场分析**

目标市场定位与竞争战略是创业前战略思考的重中之重，创业者首先要弄清商机在哪里？自己的市场在哪里？自己能从现有的或潜在的竞争对手手里赢得多少市场份额？如何实现？

因此，为避免盲目创业，创业者必须对创业方向以及创业项目进行深入细致、全面客观的市场调研。只凭创业者自己的主观臆测或片面了解做出的决策，往往导致创业失败。市场调研包括对市场现状、市场进入门槛、客户群体特征、市场规模、市场需求、成长性等各种因素的调查和分析，只有掌握了客观、充分的资料，创业项目的选择、市场定位、明确产品或服务、市场营销决策等才能有据可依。

3. **资源分析**

在创办企业前，为了充分利用各种有效资源，同学们还要就人脉资源、产业优惠政策、外部环境资源等多方面的资源整合进行战略思考。

人脉资源整合是资源整合中的重中之重，整合到大量有效的人脉资源就意味着吸引到更多的人才、资本、技术等。

其次，利用产业优惠政策资源。首先要对现阶段相关的国家政策、区域政策进行认真的解读和充分的利用，分析其中是否有行政审批、免费资源、资金扶持等方面的优惠政策和资源。

再次，分析外部环境资源。根据企业特点，了解周边环境对创业有哪些有利帮助，当地的基础设施条件、人力资源供应条件、政策环境条件如何？有无政策咨询、融资渠道、技术专家、营销顾问等社会资源可用等。

【链接】

大学生创业优劣势分析

大学生创业外部优势

01 国家鼓励大学生创业并给予各项政策支持。

02 民营企业地位上升，大众创业万众创新。

03 高校强大的技术和资源支持和创业指导。

大学生创业自身优势

专业知识优势	概念性技能优势
大学生有着较高层的技术优势，目前最有前途的事业就是开办高科技企业。技术的重要性是不言而喻的。	创业者要对规划分析、品牌经营等各流程有了解。大学生在这些概念性很强的理论方面比其他社会上创业者有着较强的优势。
大学生创业团队均为年轻人凭自己的关系网组建，容易互相融合信任，有共同的意愿，增加团队凝聚力，减少了部分风险。	大学生有着年轻的血液、蓬勃的朝气以及"初生牛犊不怕虎"的精神，而这些都是一个创业者应该具备的素质。
团队合作优势	拼搏创新优势

大学生创业的劣势

资金不足是大学生创业的主要瓶颈

- 创业项目往往需要一大笔启动资金,成本预算大,而大学生融资渠道单一,基本仅限于银行贷款、自筹资金、民间借贷等传统方式。

急于求成、眼高手低、缺乏社会经验

- 大学生虽然掌握了一定的书本知识,但终究缺乏必要的实践能力和经营管理能力。
- 高科技业做为大学生眼中的创业金矿,眼高手低以至于起点太高而容易失败。

大学生创业者对市场需求理解不深

- 缺乏创业尝试、对于创业项目很难做到充分的市场调查、企业的具体运作并不完全熟知。
- 关于企业的盈利模式。不清楚怎么选择才符合自身创业项目的实际情况。

家庭、人脉及其他劣势

- 不同家庭中,父母的职业、身份、经济收入、人际交往等对学生的影响很大。

大学生创业的机遇

国家政策外部支持

为支持大学生创业,国家出台了一系列鼓励大学生自主创业的优惠政策,涉及融资、开业、税收、创业培训、创业指导等诸多方面。

高校与孵化园的支持

- 为解决大学生就业难的问题,各高校及其就业指导部门也作了大量的工作。
- 很多城市和大学创建了大学生创业园。大学生创业孵化园的创建,为学生自主创业搭建了平台。

市场多元化创业机会增加

人们所需个性化产品越来越多,市场也被无限化细分。随即也就产生很多的机会。

四、影响创业成功的关键因素

美国学者鲁西耶将过去许多不同学者的研究成果加以归纳,并总结出以下 15 项影响创业成功的关键因素:

1. 资金能力:拥有适当资金能力的创业活动,相对比较容易成功。
2. 财务控制:缺乏适当财务控制的创业公司,相对比较容易失败。
3. 产业经验:无产业经验的人从事创业活动,失败的机会相对较高。
4. 管理经验:由无管理经验的人从事创业活动,失败的机会相对较高。
5. 企业规划:事先未做详细的创业规划,失败的机会相对也较高。
6. 专业咨询:能善用专业咨询与产业网络资源的创业活动成功的机会相对较高。
7. 教育水准:受过高等教育的创业者比未受高等教育的创业者,创业成功的概率较高。
8. 员工能力:能吸引并留住良好素质员工的创业公司,成功的机会相对较高。
9. 产品策略:选择太新或太旧产品的创业公司相对于选择正在成长阶段产品的创业公司,前者失败的机率要比较高。
10. 市场时机:在整体不景气时创业会比在整体景气的时候创业,更容易失败。
11. 创业年龄:年纪越轻且创业经验越不足的创业者,其创业失败的机率也相对较高。
12. 合伙团队:单人创业比团队创业,更容易失败。
13. 家庭背景:来自经商家庭背景的创业者,相对比较容易创业成功。
14. 股权比重:创业者拥有较多股权比例的时候,相对比较容易创业成功。
15. 营销能力:具有比较丰富的市场经验与营销能力的创业者,相对比较容易创业成功。

基本流程与方法

一、创业梦想变成现实的十个步骤

每一次创业的冒险都是首先从一个好想法开始的,然后发散出众多好主意的碎片,运气好的话,就会获得商业上的成功。但是怎样从最初的想法走向最后的成功呢?以下 10 个步骤可以让同学们的创业梦想变成现实:

(一)找出和竞争对手的不同

同学们需要弄清楚,自己的产品到底和竞争对手有什么不同。

假设同学们想创建一种新型的社交媒介,则可以创建一个大家可以互相分享的在线视觉媒体库。同学们需要做到让自己的产品与众不同。如果不能清晰地定义自己的想法,顾客对它就只能有"似曾相识"的感觉。

(二)思考自己的想法到底有何用处

这个想法是否能缩短做某件事的时间？用它是否能更容易地找到某样东西？它是否能更让人激动或更让某种东西具有功能性？如果同学们的产品和服务不能解决一个可辨识的问题，不管是需要还是想要，顾客都很难购买此产品。

(三)使用清晰、肯定的措辞

同学们在形容自己的产品时，不应该说"有点像这样……"诸如此类的话，而是应该找到合适的词语，避免说别人很难听懂的术语。与此同时，把重点放在能激发大家想象力的描述上。如果除了同学们自己，其他人都不能够了解自己的想法，就更加无法让顾客对自己的想法感兴趣了！

(四)做好自己的"功课"

同学们是第一个有这种想法的人呢，还是别人也已经想到了类似的东西？同学们可以在网上搜索相关信息，参加行业会议，和专家进行交流，以及向有经验的人咨询。同学们必须马上去做详尽细致的调查，因为自己的想法很有可能被别人捷足先登。

(五)继续做自己的"功课"

即便没有人有和自己相似的想法，别人也有可能通过其他方法得到你解决问题的想法。搜索引擎上透露的信息随时可能抢走同学们的客户和业务。但如果同学们继续做功课的话，便可以确定和分析自己的竞争对手。经常思考下面的问题，将对同学们的创业有所帮助：顾客可以通过什么方式，花费时间和金钱在什么东西上，来代替自己的产品和服务？

(六)确定自己的消费人群

如果某位同学说"每一个人都可能是自己的潜在客户"，那他一定是在偷懒，并且开自己的玩笑。同学们需要明确自己所生产的产品和提供的服务都有哪些早期用户？顾客是否会选择此创意来代替那些已经花费了时间和金钱的东西？或者，这是否是一种可以让顾客花费时间和金钱的全新产品？顾客是否真的想要此类产品？哪些顾客是自己真正的推销对象？

(七)确定你的资源需求

同学们想从什么地方开始创业大计？能在地下室进行标准化生产吗？所有的东西是否都必须依靠一个提供此种服务的网站？同学们能独自搞定创业还是需要一个团队？如果需要团队，这个团队都应该包括哪些成员？让自己的创业想法落地需要多少钱？这些都不是一个快速完成的过程。同学们需要提前研究，选择供应商，跟同行业专家进行深入的交流，而这些都需要花费大量的时间。

(八)构建产品模型

对于一个产品来说这是至关重要的，对于一项服务来说也同样重要。如果同学们正在开创一项服务，自己的原型可以是一张流程图，用来记录一些客户接触点的细节及需要满足客户需求的东西。通过构建物理模型，同学们就可以对所要研发的产品或者提供的服务有一个清晰的认识和理解，比如它的功能、可靠性、生产需求等。即便同学们不能构建一个这样的真实的模型，也应该有基于详细规格而做出来的辅助设计。

（九）做些财务预算

如果没有一个彻底的财务分析，就不可能很好地实现一个计划。这其中包括了关于产品和服务的收入预测和相应的成本估算。同学们应该能够详细地估计出收支平衡点和预期利润。如果同学们在此步需要帮助，则需要多做一些计算。因为一份差劲的财务报表甚至能"杀死"最高明的想法。

（十）记录自己的计划

同学们可以给自己定一个能实现创业梦想的计划，这样当每天醒来的时候，就知道自己应该做什么。与此同时，计划还应保持灵活性。同学们的创业梦想可能失败，也可能成功。但有一件事是可以肯定的，如果同学们不去行动，则会一无所知。

二、大学生创业精神培育的三个途径

创业精神的培养不可能在一朝一夕之间完成，需要同学们在日常的生活学习中有意识地培养，潜移默化地铸就。

（一）通过知识和技能学习来培育

不论哪种层次的创业精神，都要求创业者或创新者们能够掌握和运用一定的能力来解决问题。这些能力不是先天具备的，都是后天培养的。人们将能力分为知识、技能和特质。没有主动、持续的学习，很难获得有效、实用的知识和技能。树立正确的学习观，运用合理的学习方法，养成主动学习持续学习的习惯，会有助于大学生获取知识和技能，培育创业精神。一是通过学科教学渗透，将创业意识、创业能力的培养渗透于知识学习、技能训练之中，既避免了空洞说教，又找到了依托和载体。同时增强学生学习的针对性和实用感。如以文科类为载体渗透创业意识培养，以理科和工科为载体渗透创业技能、能力的训练。二是开设创业教育类课程，如创业知识和创业技能训练课、创业教育学、创造技能与方法等。

（二）通过实践和实训活动来培育

创业精神是一些高度行为特征的集合，作为行为特征需要在行为的多次、反复的强化中才能形成。任何实践活动以及与创业相关的实训活动都需要参与者付出实际行动来完成。良好的创业精神品质的形成重在实践训练，积极的实践能带来及时的反馈和成就感，也能带来节节成功的喜悦；切切实实地投入到创业实践中去，定能磨炼出坚强的创业心理品质。一是学校要构建创业实践基地为学生提供创业实践的便利，如创业见习基地、创业实习基地和创业园等，实现产、学、研一体化。二是社会要为大学生提供更多的创业岗位供学生选择，如勤工俭学岗位、社区服务岗位等，使其经受创业实践熔炉的考验。三是大学生自己课余主动参与创业实践，熟悉各种职业特点和自己的能力特点，积累创业经验，增长创业才干，减少将来创业的盲目性。大学生应多参与各种社会实践、校园活动、创新训练、沟通训练、拓展训练、创业实训、创业大赛、创业讲堂、创业社团等实践活动，这有助于强化自身的行为特征，培育创业精神。

(三) 通过承继前人精神来培育

精神是物质的最高产物，与物质相比，它有承续性、超越性、广泛性、不可磨灭性等特点，即某一精神产品可以代代相承袭，可以为不同的人和族群使用，可以广泛用于不同的领域，不仅不被磨损而且可以发扬光大。创业精神自古有之，当代的创业精神已经构成一个精神体系，涉及创业意识、创业观念、创业责任、创业态度、创业激情、创业思维等方面。这些还可以再列出若干创业精神。如，创业责任的精神内涵可以包括：诚信精神，人与自然和谐的精神，社会利益、集体利益、公众利益高于个人利益的精神等。列夫·托尔斯泰说过，正确的道路应该是这样的：吸取前辈所做的一切，然后再往前走。前人创业表现的精神都是人们宝贵的财富，应当好好学习，好好应用并发扬光大。

三、大学生创业素质的培养方法

立志创业的大学生，不妨通过以下途径和方法提高自己的创业素质：

(一) 学习创业知识

一个创业者，在具备了强烈的创业意识和较高的创业素质时，还应该有丰富的创业知识的积累。创业知识是与创业密切相关的知识，致力于创业的大学生应该有意识地去获取和学习，只有充分准备创业知识，才能在创业的路途上得心应手。创业知识包括与创业相关的法律知识、管理知识、经营知识以及与创业相关的专业知识等。

【链接】

一般而言，可以通过以下途径了解创业知识，拓展创业常识：

1. 大学课堂、大学图书馆与大学社团

创业者通过课堂学习能拥有一门过硬的专业知识，在创业过程中将受益无穷；大学图书馆通常能找到创业指导方面的报刊和图书，广泛阅读能增加对创业市场的认识；大学社团活动能锻炼各种综合能力，这是创业者积累经验必不可少的实践过程。

2. 媒体资讯

一是纸质媒体，人才类、经济类媒体是首要选择。例如比较出名的《21世纪人才报》、《21世纪经济报道》、《IT经理人世界》等。

二是网络媒体，管理类、人才类、专业创业类网站是必要选择。例如比较出名的《中国营销传播网》、《中华英才网》、《中华创业网》等。

此外，各地创业中心、创新服务中心、大学生科技园、留学生创业园、科技信息中心、先导创业企业的网站等都可以学到创业知识。

3. 与商界人士广泛交流

商业活动无处不在。创业者可以在自己生活的周围，找有创业经验的亲戚、朋友、同学、网友、老师交流。在他们那里，创业者将得到最直接的创业技巧与经验。更多的时候这比看书的收获更多。创业者甚至还可以通过Email和电话拜访自己崇拜的商界人士，或咨询与自己的创业项目有密切联系的商业团体，自己的谦逊肯定能得到他们的支持。

4. 创业实践

真正的创业实践开始于创业意识萌发之时。大学生的创业实践是学习创业知识的最好途径。间接的创业实践学习主要可借助学校举办的某些课程的角色性、情景性模拟参与来完成。例如积极参加校内外举办的各类大学生创业大赛、创业计划书大赛、发明专利展赛、工业设计大赛等。

直接的创业实践学习主要可通过课余、假期在外的兼职打工、求职体验、参与策划、参与市场调研、试办公司、试申请专利（知识产权局）、试办著作权登记（版权局）、试办商标申请（工商局）、参加某些职业知识与证书班培训等事项来完成；也可通过举办创意项目活动、参加或参观高交会展览、创建电子商务网站、谋划书刊出版事宜、尝试做自由撰稿人等多种方式来完成。

（二）积累创业经验

1. 为别人工作

微软公司总裁比尔·盖茨曾说："我不认为一定要在创业阶段开办自己的公司。为一家公司工作并学习他们如何做事，会令自己受益匪浅，打好基础对自己非常重要。"大部分成功的创业者创业前都有过为别人工作的经历，这种经历使他们对本行业情况了然于胸，在复杂的人际关系中游刃有余，整合资源的能力大大提高，并有可能积累到人生第一笔创业资金，这些直接构成了创业者所需的宝贵的创业资本。

2. 进入小公司历练

对多数大学毕业生来说，进入一个大型企业或外资公司是一个不错的选择，因为这样的企业相对来说比较正规，各方面保障措施和制度比较健全。对准备创业的大学生而言，进入一个小公司将会得到更好的锻炼。

一个人在创业的行业里面没有经验积累，最好先去找这种行业的某个企业打工，哪怕半年、三个月，完成一定的积累。创业者只有具备了行业的基本经验，距离创业梦想才不遥远。

3. 建立创业人脉

人脉即人际关系、人际网络，体现为人缘、社会关系。稳健、强势的社会关系对创业者来说是十分重要的，尤其在当前市场经济条件下，拥有人脉对创业者顺利完成创业将起到极大的促进作用。而社会关系匮乏正是大学生创业者的一大弱势，大学生在创业前一定要多积累人脉资源。

四、做出理性的创业决策

在创业开始之前，大学生需要评估自己的优势和劣势，看看自己是否具备创业的素质和能力。大学生可在认真思考后回答以下问题，来初步判断自己是否应该做出开始创业的决策。

(一)自己适合创业吗

作为创业者或者小企业的领导者,在如何拓展业务、如何定位市场、如何管理财务和员工等各种细节中,经常需要做出决定,而这些决定是在压力环境下要求创业者迅速独立完成的。创业需要热情、需要理念,更重要的还需要创业者的能力。因此,创业者需要先询问自己后面几个问题:自己的策划和组织能力如何?自己的团队组建和管理能力如何?自己的决策和综合管理能力如何?自己的创业风险(资金风险、竞争风险、团队分歧风险、核心竞争力缺乏风险等)规避能力如何?

(二)自己能长时间保持创业激情吗

运营一个企业,有时能把自己的意志耗尽。认真检查个人拥有的技能、经验和意志。因为有可能在相当长的一段时间内,企业的业务没有进展,有可能会出现与员工发生思想激烈碰撞的现象,不被理解、不被支持的现象也可能会经常发生,这将会使创业者感到郁闷、孤独,自己准备如何承受?能够承受得了吗?创业者强烈的创业激情和坚强的意志,能够使其企业成功,并且在遇到经济衰退等困难的时候帮助他顽强地生存下来。创业者有必要思考自己选择自主创业道路的原因,确认这些原因在今后创业的道路上无论碰到什么困难,都将激励自己勇敢地坚持下去,因为创业冲动能够使创业者长时间保持创业的激情。

(三)自己的身体和精神状态适合创业吗

创业过程充满挑战,意味着长期而艰苦的工作。同时,创业也意味着创业者需要更加努力、自觉地工作,失去很多休息时间。身体健康是承受创业高强度体力和精神压力的前提,创业者自己的身体健康状况是否允许自己从事这样的工作?因为在创业过程中,有时会令人非常兴奋和愉快,有时会给人带来烦恼和颓丧,自己有没有这样的心理准备?

(四)自己的家庭支持自己创业吗

和谐稳定的家庭是事业成功的基础。创业之初对家庭生活影响很大,对于创业者而言,创业能否成功,家庭的支持也很重要,创业者自身的家庭会支持自己吗?

(五)准备好承受创业初期的风险了吗

创业始终伴随着风险。在确定了创业目标后,创业者接下来要问的问题是:创业的风险有哪些?创业最坏的结果是什么?创业者自己能否接受?能否从坏结果中走出来?

课堂活动

活动一 相识有创造力的我

根据学生情况,进行简单分组,然后组织下面的热身活动。

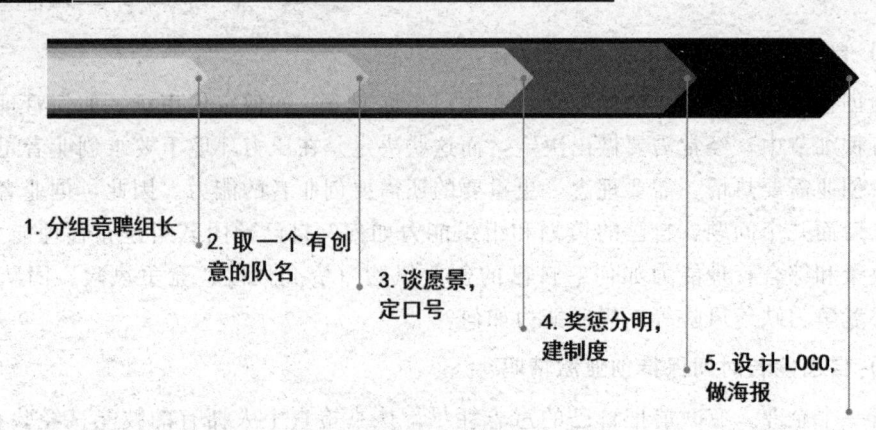

1. 分组竞聘组长
2. 取一个有创意的队名
3. 谈愿景，定口号
4. 奖惩分明，建制度
5. 设计LOGO，做海报

（一）请同学们用五种感官来向大家介绍自己

我的姓名是：＿＿＿＿＿＿＿＿＿＿＿＿＿＿＿＿＿＿＿＿＿＿＿＿＿＿＿＿＿＿＿

我是一名：＿＿＿＿＿＿＿＿＿＿＿＿＿＿＿＿＿＿＿＿＿＿＿＿＿＿（如旅行者）

我利用五种感官来介绍我自己：

我看起来像：＿＿＿＿＿＿＿＿＿＿＿＿＿＿＿＿＿＿＿＿＿＿＿（如一阵旋风）

我闻起来像：＿＿＿＿＿＿＿＿＿＿＿＿＿＿＿＿＿＿＿＿＿＿＿（如海边清风）

我摸起来像：＿＿＿＿＿＿＿＿＿＿＿＿＿＿＿＿＿＿＿＿＿＿＿（如一个气泡）

我听起来像：＿＿＿＿＿＿＿＿＿＿＿＿＿＿＿＿＿＿＿＿＿＿（如煮沸的咖啡）

我品尝起来像：＿＿＿＿＿＿＿＿＿＿＿＿＿＿＿＿＿＿＿＿（如巧克力冰淇淋）

我最近的冒险经历是：＿＿＿＿＿＿＿＿＿＿＿＿＿＿＿＿＿＿＿＿＿＿＿＿＿＿

（如在浴缸里边吃坚果边读有关《倩女幽魂》之类的鬼故事）

（二）相关讨论

1. 同学们如何评价这种用右脑思维介绍自己的方式？是否有在众人面前暴露自己、不自在的感觉？

2. 威廉·詹姆士曾经说过："人类能通过改变他们思维的态度来改变他们的生活。"同学们对这句名言有何见解？

＿＿＿＿＿＿＿＿＿＿＿＿＿＿＿＿＿＿＿＿＿＿＿＿＿＿＿＿＿＿＿＿＿＿＿＿＿

比如：（1）人可以改变。

（2）人们的态度影响自身的行为方式。

（3）一个人认为自己是什么样的人，就会不自觉地做成什么样的人。

3. 你认为本课程中可能会遇到的最糟糕的事情是什么？

＿＿＿＿＿＿＿＿＿＿＿＿＿＿＿＿＿＿＿＿＿＿＿＿＿＿＿＿＿＿＿＿＿＿＿＿＿

（三）总结反思

活动二 从《中国合伙人》看创业的价值

回忆《中国合伙人》电影的有关情节，思考并分析创办新梦想事业的过程中，创业对于电影主人公：成冬青、孟晓骏和王阳三人，在创业的不同阶段有哪些意义和价值？然后进一步分析新梦想事业对于他人和社会有哪些影响和价值？

活动三 创业精神测试

请同学们根据自己的第一印象，从下面的四道题目中选出符合自己情况的答案：

第一题：

假设同学们面前有一瓶能预测未来的魔法药水，喝掉一整瓶就会知道自己一生所有的事情，你会如何对待这瓶药水？

A. 一饮而尽

B. 只喝一点

C. 喝一半

D. 不喝

第二题：

请同学们回答：创业的定义是什么？

你的第一反应是什么？

A. 马上翻书或看讲义

B. 马上思考和回忆之前讲的概念

C. 马上闪现某个熟悉的案例或创业领袖

D. 马上想到身边的某个人、某件事、某个场景……

第三题：

假如你所在的小组因某人违规被罚，你会：

A. 觉得无所谓，罚不罚与我无关

B. 觉得这人太可恶，连累我们小组整体成绩

C. 觉得没关系，我们还可以共同努力

D. 我一定要把被罚的赢回来

第四题：

现在有以下 4 个创业机会，你会优先选择哪一个？

A. 学校门前开网吧，利润丰厚

B. 开办一家培训学校

C. 开网店或微店

D. 成立一家帮助贫困生就业的公司

分数统计：按以下选项的得分进行计分：

第一题：A＝2　　　　B＝3　　　　C＝1　　　　D＝0

第二题：A＝0　　　　B＝1　　　　C＝2　　　　D＝3

第三题：A＝0　　　　B＝1　　　　C＝3　　　　D＝2

第四题：A＝0　　　　B＝2　　　　C＝1　　　　D＝3

结果说明：

得分在6分以上，说明同学们具备基本的创业精神，可以通过学习和历练，开启自己的创业之旅。

活动四　创业知识检测

1. 你在哪一种条件下，会决定创业：

   a. 等有了一定工作经验以后

   b. 等有了一定经济实力以后

   c. 等找到天使或VC投资以后

   d. 现在就创业，尽管自己口袋里没有几个钱

   e. 一边工作一边琢磨，等想法成熟了就创业

2. 你认为创业成功的关键是：

   a. 资金实力

   b. Good idea

   c. 优秀团队

   d. 政府资源和社会关系

   e. 专利技术

3. 以下哪项是创业公司生存的必要因素？

   a. 高度的灵活性

   b. 严格的成本控制

   c. 可复制性

   d. 可扩展性

   e. 健康的现金流

4. 开始创业后你立刻做的第一件事情是：

   a. 找钱、找VC

   b. 撰写商业计划书

   c. 物色创业伙伴

   d. 着手研发产品

   e. 选择办公地点

5. 创业公司应该：

   a. 低调埋头苦干

b. 努力到处自我宣传

c. 看情况顺其自然

d. 借别人的势进行联合推广

6. 招聘员工时最重要的是：

a. 学历高低

b. 朋友推荐

c. 成本高低

d. 工作经验

7. 产品进入市场的最佳策略是：

a. 价格低廉

b. 广告投入

c. 口碑营销

d. 品质过硬

8. 和投资人交流最有效的方式是：

a. 出色的现场 PPT 演示

b. 详细的商业计划书和财务预测

c. 样品当场测试

d. 有朋友的介绍和引荐

e. 通过财务顾问的代理

9. 选择投资人的关键因素是：

a. 对方是一个知名投资机构

b. 投资方和团队不设对赌条款

c. 谁估值高就拿谁的钱

d. 谁出钱快就拿谁的钱

e. 只要能融到钱，谁都一样

10. 你认为以下哪一项是 VC 投资决策中最重要的因素？

a. 商业模式

b. 定位

c. 团队

d. 现金流

e. 销售合约

11. 从哪句话里可以知道 VC 其实对你的公司并没有实际兴趣：

a. "我们有兴趣，但是最近太忙，做不了此项目"

b. "你们的项目还偏早一些，我们还要观察一段时间"

c. "你们如果找到领投的 VC，我们可以考虑跟投一些"

d. "我们对这个行业不熟悉，不敢投"

e. 上面任何一句话

12. 创业团队拥有51%的股份就绝对控制了公司吗？

a. 正确

b. 错误

13. 创业公司的CEO，首要的工作责任是：

a. 制订公司的远景规划

b. 销售、销售、销售

c. 人性化的管理

d. 领导研发团队

e. 搞进投资人的钱来

14. 凝聚创业团队的最好办法是：

a. 期权

b. 公司文化

c. CEO 的魅力

d. 工资和福利

e. 团队的激情

15. 创业公司的财务预测中最重要的是：

a. 销售增长

b. 毛利率

c. 成本分析

d. 资产负债表

16. 创业公司的日常运营中，以下工作是最重要的：

a. 会议记录的及时存档

b. 业绩指标的合理安排和及时跟踪

c. 团队的经常性培训

d. 奖惩制度

e. 管理流程的 ISO9000 认证

17. 创业公司的日常运营中，最棘手的问题是：

a. 人的管理

b. 销售增长

c. 研发的速度

d. 资金到位情况

e. 扩张力度

18. 创业公司产品市场推广效果的衡量标准是：

a. 广告投入量和覆盖面

b. 营销推广的精准程度

c. 产品出色的品质保证

d. 广告投入和产出比例

e. 产品价格的打折力度

f. 品牌的市场渗透率

19. 防止竞争的最有效手段是：

a. 专利

b. 产品包装

c. 质量检查

d. 不断研发新产品

e. 比竞争对手更快地占领市场

20. 创业公司的第一个大客户竟然是个土财主，你会：

a. 一视同仁地对他提供你公司的标准服务

b. 指导他如何来积极配合你的工作

c. 修理他，给他些颜色看看是为了他的提高

d. 提供全面服务＋免费成长辅导

21. 你认为创业公司中的最大风险是：

a. 市场的变化

b. 融资的成败

c. 产品研发的速度

d. CEO 的个人能力和素质

e. 决策机制的合理性

22. 当创业公司账上的现金低于三个月的时候，应该采取哪项措施：

a. 立刻启动股权融资

b. 通知现有公司股东追加投资

c. 立刻大幅削减运营成本，包括裁员

d. 打电话给银行请求贷款

e. 把自己的存折和密码交给公司会计

23. 创始人之间发生矛盾时，你会：

a. 坚持原则，据理力争

b. 决定离开，另起炉灶

c. 委曲求全，弃异求同

d. 引入新人，控制局势

24. 投资创业公司的理想退出方式是：

a. 上市

b. 被收购

c. 团队回购

d. 高额分红

e. 以上都是

参考答案：

1.d 2.c 3.e 4.d 5.b 6.d 7.d 8.c 9.e 10.c 11.e 12.b 13.b 14.b 15.a 16.b 17.a 18.d 19.e 20.d 21.d 22.c 23.c 24.e

如果你的得分是 1—8 分：还不具备创业的基本知识，不要贸然创业；

如果你的得分是 9—16 分：游走在创业的梦想和现实之间，继续打磨打磨；

如果你的得分是 17—24 分：已经做好了创业的基本准备，大胆往前走！

课外实践与作业反馈

创业企业考察及青年创业者调研

本课外实践任务通过创业企业考察与青年创业者访谈活动，走出校园，深入了解创业的宏观、中观和微观环境，考察体验真实创业企业的起步与运营实际状况，加深对创业的认知；在访谈真实创业者过程中，加深对创业者创业素质、创业选择与决策、创业动机、创业模式和创业真实过程的理解与体验，积累创业经验，提升创业素质。

各组学生在进行采访时要与创业者合影，并把采访的最深感受与心得制作成 PPT 在课堂中与大家分享。

实践操作要点：

1. 创业企业考察的小组任务布置

区域划分 → 任务布置 → 小组讨论 → 提交方案

2. 创业企业考察的任务目标与要点

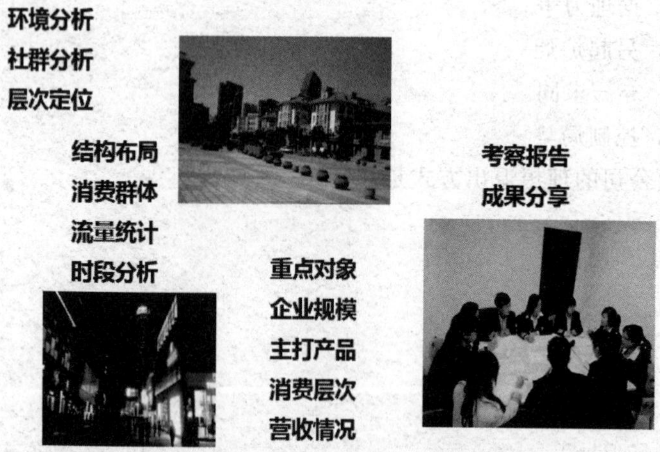

环境分析
社群分析
层次定位

结构布局
消费群体
流量统计
时段分析

重点对象
企业规模
主打产品
消费层次
营收情况

考察报告
成果分享

3. 青年创业者访谈的任务目标与要点

青年创业者研究要求

一、任务要求

1. 每组完成 6 名青年创业者调研访谈（指定人员、见附件1）。

2. 每位成员返乡完成 1 名青年创业者调研访谈（自主）。

3. 按照调研要求，每名创业者调研对象完成一份 1500 字创业者案例故事（word 格式，具体结构、内容要求见调研提纲）。

4. 需采集每名创业者调研对象 8—10 张图片（JGP 格式），主要内容为反映创业者调研对象的创业历程、调研过程、工作场景、工作过程、企业门面等。

5. 样本要求，确保研究对象样本具备广泛代表性。考虑因素包括：

人群类别：主要围绕大学生创业者，包括毕业后创业者和在校期间创业者。覆盖不同类型的院校和专业。

创业类型和行业：多样化。

企业持续时间：以初创业为主。

企业所在地：兼顾城乡、地区差异。

6. 问卷调查。需采集企业者调研对象的个人信息（见附件2），由调查对象完成系统提供的调查阅卷（在线完成问卷）。

7. 拍摄微视频：选取有代表性的企业者，访谈过程中全程进行录像；或选取有代表性的几个画面进行拍摄。

二、调研提纲

1. 围绕创业的历程，对典型青年创业者进行访谈，注意对创业活动深入挖掘，准确、全面展示企业者的职业特征。

2. 访谈内容包括但不限于：

（1）创业者简历：姓名、学历、毕业院校、毕业时间。

（2）创业企业概况：企业名称，注册时间，注册资金，企业地址，企业性质（类型），经营范围。

（3）创业团队：团队成员，成员概况，企业的规模（员工情况）等。

（4）创业情况：企业的经营情况，经营的区域布置，经营的模式，年营业额、纳税额等。

（5）创业项目：为什么会选择该企业项目，主要基于什么考虑？

（6）企业资源：选择项目或者项目运营的过程中，资源的拥有、利用情况，主要基于哪些考虑？

（7）企业决策：企业的决策过程，决策流程采用哪些方式？企业的发展规划如何？

（8）企业素质：创业者自身拥有哪些素质，您认为创业者需要具备哪些素质，您认为创业团队需要具备哪些素质，员工需要哪些素质？您的基本工作状况（每天或每周）？

（9）企业环境：您认为现在的企业环境如何？需要考虑哪些企业因素？创业政策如何？

（10）企业寄语：您对大学生创业者的寄语？

延伸阅读

一、大众创业万众创新时代

李克强总理在公开场合发出"大众创业、万众创新"的号召，最早是在2014年9月的夏季达沃斯论坛上。当时他提出，要在960万平方公里土地上掀起"大众创业""草根创业"的新浪潮，形成"万众创新""人人创新"的新态势。此后，他在首届世界互联网大会、国务院常务会议和各种场合中频频阐释这一关键词。每到一地考察，他几乎都要与当地年轻的"创客"会面。他希望激发民族的创业精神和创新基因。

2015年李克强总理在政府工作报告又提出："大众创业，万众创新。"政府工作报告中如此表述：推动大众创业、万众创新，"既可以扩大就业、增加居民收入，又有利于促进社会纵向流动和公平正义"。在论及创业创新文化时，强调"让人们在创造财富的过程中，更好地实现精神追求和自身价值"。

2015年2月10日，李克强邀请60余名外国专家举行座谈。关注中国"大众创业、万众创新"的诺贝尔经济学奖得主埃德蒙德·菲尔普斯提到，中国经济新引擎将带来的"非物质性好处"。他说："如果大多数中国人，因为从事挑战性工作和创新事业获得成就感，而不是通过消费得到满足的话，结果一定会非常美好。"

创业创新是人类文明进步的不熄引擎，是植根于每个人心中具有顽强生命力的"种子"。推动发展，不仅要解放社会生产力，更要解放社会创造力。中国是世界上人口最多的国家，13亿勤劳智慧的中国人民中间，蕴藏着无穷的创造力。

当今世界，新一轮科技革命和产业变革浪潮席卷而来。信息、能源、材料、医药、环保等领域技术不断取得激动人心的突破，催生了新的制造模式和商业模式，也催动着一场全人类走向智能生产、绿色生活的新迁徙，其中蕴含的诸多革命性变化，将对国家竞争力和世界经济政治格局产生重大深远的影响。中国只有加快创新和建设创新型国家，才能扎实推进经济转型升级和提质增效，抢占国际竞争的战略制高点。

党的十八大以来，中央以简政放权为突破口，推动经济转型、释放社会活力，社会投资和创业创新热情迸发。2014年，全国新注册企业在上年大幅增长的基础上又新增加了1200多万户，其中首次参与投资创业的自然人多达291万人。在此背景下，以信息网络技术为支撑的"创客"更是如同雨后春笋，迅速成长。一大批热衷于创意、设计、网络的年轻人，紧跟数字技术改造传统制造的潮流，用自己的"桌面工厂"生产出一大批令人目不暇接、惊叹不已却又接地气、有市场的新型产品，颠覆了传统的制造和消费模式，乃至产业布局和投融资方式。目前，北京已形成亚洲规模最大的"创客空间"，深圳的华强北已被视为"创客圣地"。韩国《中央日报》最近刊文称，去年中国新的风险创业者是韩国的100倍，吸引的创业基金是其15倍以上，中国的"创客风潮"已成为韩国一大威胁。这是否是危言耸听姑且不论，但中华大地涌动的"创客风潮"显然加速推开了互联网与制造业融合发展的新工业革命大门，正在引领着大众创业万众创新时代的到来。

从发展阶段看,中国的经济发展已经进入新常态,传统增长动力在减弱,资源环境约束在加剧,要素成本越来越高,必须走转变发展方式、提质增效的升级之路。中国要在世界新技术革命和产业变革的新格局中占据主动,必须靠创新。世界上资源有限,而人的潜力无穷,这就是更大范围、更高水平的大众创业、万众创新。

从时代趋势看,中华大地正在兴起新的创业创新热潮,出现了以大学生等90后年轻创业者、大企业高管及连续创业者、科技人员创业者、留学归国创业者为代表的创业"新四军",草根创新、蓝领创新、创客、众创空间等新的形式层出不穷。创业创新正在成为一种价值导向、一种生活方式、一种时代气息。从客观条件看,人们消费需求多层次、多样化,需要更多的解决日常生产生活难题、形成新产业新业态的产品和服务。

这是一个鼓励创业、呼唤创新的时代。特别是在中央提出的"大众创业、万众创新"的政策指引下,越来越多的企业在创新中谋转型,越来越多的人变身创客走上了创业之路,这正是时代的潮流。

【链接】

2015年6月,国务院印发《关于大力推进大众创业万众创新若干政策措施的意见》,这是推动大众创业、万众创新的系统性、普惠性政策文件。

《意见》指出,推进大众创业、万众创新,是发展的动力之源,也是富民之道、公平之计、强国之策,对于推动经济结构调整、打造发展新引擎、增强发展新动力、走创新驱动发展道路具有重要意义,是稳增长、扩就业、激发亿万群众智慧和创造力,促进社会纵向流动、公平正义的重大举措。

《意见》从9大领域、30个方面明确了96条政策措施。一是创新体制机制,实现创业便利化;二是优化财税政策,强化创业扶持;三是搞活金融市场,实现便捷融资;四是扩大创业投资,支持创业起步成长;五是发展创业服务,构建创业生态;六是建设创业创新平台,增强支撑作用;七是激发创造活力,发展创新型创业;八是拓展城乡创业渠道,实现创业带动就业;九是加强统筹协调,完善协同机制。

二、创业基础教育不是为了办公司

创业教育被联合国教科文组织称为教育的"第三本护照",和学术教育、职业教育具有同等重要地位。然而,创业教育在我国却相当薄弱。清华大学创业中心的一项调查报告显示,在创业教育方面,中国的平均水平低于全球创业观察统计的平均水平。中国大学生创业比例不到毕业生总数的1%,而发达国家有的高达20%~30%。

目前,美国的创业教育已纳入国民教育体系之中,内容涵盖从小学、初中、高中、大学本科直到研究生的正规教育。而我国高校由于教学体制、师资结构和教学资源等问题制约,仅有5%的大学生接受过体系不完整的创业教育。可以说,我国的创业教育还处于启动或者萌芽阶段。

2012年8月初,教育部印发了《普通本科学校创业教育教学基本要求(试行)》,对普通本科学校创业教育的教学目标、教学原则、教学内容、教学方法和教学组织作出明确规定。创业教育的教学目标是要使学生掌握创业的基础知识和基本理论，熟悉创业的基本流程和基本方法，了解创业的法律法规和相关政策，激发学生的创业意识，提高学生的社会责任感、创新精神和创业能力，促进学生创业就业和全面发展。

创业教育和创业是两码事，创业教育重在于"教育"，而创业则是一种实实在在的商业活动，创业教育更多的是培养学生的创业意识与素质，发掘自己的创造潜能，并非要鼓励大学生毕业后都立即去创办自己的公司或者经营自己的店铺。大学生们有必要厘清这个大前提，否则，在大学生就业形势严峻的背景下，创业教育的实施可能被高校的"就业率"戕害，单纯演变为一场创业技能培训，引导学生直接参与到创办企业的活动中，背离了创业教育的初衷。

作为一项学校实施的教育活动，甚至是"必修课"，创业教育的实施对象自然是要面向全体学生，而创业则是个性化、个体的活动，不是每一个学生都要参与到创业的活动中去。其实，高校在实施创业教育的过程中，还可以继续细化、分类实施创业教育：一种是大众化的，面向全体的在校生，重在培养学生的"企业家"精神；另一种是个性化的，对于有创业愿望和具备现实条件的，应该给予充分的指导和帮助。

专家视点

俞敏洪：为什么人一辈子一定要有一次创业

这个世界有很多座山，也有很多条路，创业之路就是那条通向山巅的最难之路，这条路充满艰难险阻，需要不断翻越一个个的山丘，山丘之上写满了关于选择、勇气、挣扎、失败、成功的故事。

对很多人来说，创业只是好奇和时尚，所以当他们走到山腰，意识到这条路其实是"自我折磨"的过程，于是转身，下山。

可对于有些人，如果不创业，他们会后悔一辈子，会充满遗憾度过余生；他们清楚意识到生命无法永生，不能去过那种没有挑战的庸常人生，对创业有着强大的内心引力。

当一个人在内心引力的作用下全身心投入创造新事物的过程中，很容易进入"心流"的状态，会无比专注于手头的任务，以至于周围的一切都感觉不到了。在心流中，行动和意识合二为一。时间飞逝如电，自我消失，一切的一切，无论精神上还是肉体上，都达到巅峰状态。

梦想往往无法带给人们世俗的享受，但一切创造力的源泉，正是内心深处来自梦想的引力。王胜江，就是这样一个有着强大内心引力的不安分子，他在40岁人生最辉煌之时毅然跳出生活舒适区，成为商业地产界转型创业投资第一人。

对于创业者，王胜江一方面鞭策"创业者只有亲力亲为、以一当十才可能成功"；另一方面鼓励他们："只要不放弃，一直坚持，总有一天会成功。"他相信自己到60岁的时候，还会保有一颗创业创新的心，相信胜败由心力而生。

王胜江平均每个月跑3个城市，做4场校园公益创业讲座，5场创业路演大赛，24篇创业点评文章，点评超过 100 个创业项目，平均每天处理 5 个事件，经常来回 200 公里的奔波，在车里处理公务。他把创业过程中的经验教训和心得毫无保留的写成这本《创业生存法则——迈向成功的 10 堂必修课》中，希望创业者们找到自己的内心引力，少走弯路，最终能挤进成功这道窄门。

对创业者来说，真正想厚积薄发的积蓄力量，不读书是不行的。读书可以给人带来三样东西：情怀、胸怀和气质。而一个人的情怀、胸怀和气质绝对是能把事情做下去最好的三个动力。要保持读书，把情怀修炼出来，胸怀修炼出来，把气质修炼出来。

王胜江的这本书，诠释了一个 40 岁中年男人的情怀、胸怀和气质，他把智慧知识、经验才能、与人交往的全部集合，慢慢地转换成自己内在气质的一部分，并且提纲挈领地总结出一套独特的创业生存法则，辅之以最新点评的创业案例，值得每一个创业者细细品读。

其实除了传统意义的工作，人生本来就可以有很多不同，既然人生只有一次，选择你爱的，怎么选都不会错。人生一辈子一定是要有一次创业的机会，当然这样的创业机会可以是几个朋友一起创业，也可以是单独创业。

创业是艰难的，需要容忍这个世界上的各种关系，甚至有的时候必须屈服于某种既定的规则、习惯和习俗，但要知道，人是可以站起来行走的灵魂。

网上精品视频课程

创业基本认知

用手机"扫一扫"下面的二维码，用浏览器打开相应网址，进入视频课程学习。

第二章 创业机会识别与评估

> 机会的获得是极不容易的,需具备三大条件,那就是:像鹿一般会跑的腿,逛马路的闲工夫,和犹太人那样的耐性。
>
> ——巴尔扎克

> 真正有价值的创业机会来源于外部变化,这些变化使人们可以做以前没有做过的事情,或使人们能够以更有价值的方式做事。
>
> ——著名政治经济学家 约瑟夫·熊彼特

本章地图

【案例故事】 机会垂青有心人

第二章 创业机会识别与评估

- 【基础知识与理论】
  - 主题一 创业机会及其来源
    - 一、创意≠机会
    - 二、创业机会及其内涵
    - 三、创业机会的来源
  - 主题二 创业机会识别与开发
    - 一、机会识别与开发的内容
    - 二、创业机会识别的影响因素
    - 三、创业机会识别的四大环节
  - 主题三 创业机会的评估与评价
    - 一、有价值创业机会的特征
    - 二、创业机会的评价标准

- 【基本流程与方法】
  - 一、创业机会识别方法与确定过程
  - 二、创业机会价值的评估方法
  - 三、创业行业选择与评估
  - 四、大学生寻找项目的方法

- 【课堂活动】
  - 活动一 创业想法及初步评估
  - 活动二 趋势带来的创业机会
  - 活动三 创业项目的简单评估
  - 活动四 开启创业之旅

- 【课外实践与作业反馈】创业项目甄选与评估

- 【延伸阅读】
  - 一、适合大学生创业的领域与方式
  - 二、易于切入的大学生创业项目
  - 三、互联网＋带来的创业机会

- 【专家视点】克里斯坦森：只有颠覆性创新才能带来价值增长

- 【网上精品视频课程】创业机会

案例故事

机会垂青有心人

谭中意，毕业于人民大学信息学院，曾任职 NEC 软件工程师，后来辞职创业，筹备服装电子商务项目。2008 年，中意斯正装网诞生并开始运营。现在他已和多家加工厂建立了稳定的合作，批量订单也上升到 5000 件以上。

很多创业者的想法都源于自己在生活中的某种不满足，谭中意也不例外。他毕业时，买套面试正装很困难：商场的正装太贵，学生代理备货少，很难买到合身的。看到高校毕业生对正装的巨大需求，他找到了创业的着眼点。

基本经营模式：电子商务：网上销售，量体裁衣

谭中意将办公地点设在租金低的五环外。网上下单后，团队成员就会到学生宿舍量尺寸。

几个月的时间里，谭中意跑遍了广州、温州等服装工业聚集区，终于找到了一个厂家，老板认同电子商务，与谭中意建立了合作。

坚持的过程很艰难。最困难时，公司现金加上几个人身上的现金一共都不到100元。痛定思痛，谭中意开始思考业务模式存在的问题：员工上门不能带很多款式和面料，定制也很难规模化。于是公司改变了策略：以提供成衣为主，定做为辅。

改进：研究大学生体形特点

"市场上的西服消费群体主要是中年人，腰围和胸围差别很小。这种型号学生穿着肩宽合适，身上就会晃荡。"

市场上的西服一般是10个尺码，他们就做20个尺码，这样一般人都能选到适合自己的尺码。

对于特别体形，如体重200kg以上或身高1.5米以下的男生，再提供定做。

后来，谭中意把办公场所搬到了人大学生创业园，并在学校附近开设实体店，方便学生试穿。

公司成立之初，谭中意就提出了口号：同品质正装仅售专卖店5折。供货商有意见，因为影响了原有的商场渠道销售。于是谭中意注册了自己的商标，并设计了布标、防尘袋、包装等，与原有渠道以示区分。

点评：

创业机会往往来源于生活中的问题。发现生活中的问题后，如果能找到用创新思维、创意方法和创新的技术解决问题的途径，就基本找到了有价值的创业机会。所以，对于创业者而言，不仅要有善于发现机会的敏锐眼光，还需要有抓住机会、实现创业梦想的方法与能力。

基础知识与理论

主题一　创业机会及其来源

一、创意≠机会

（一）创意

创意是一种思想、概念或想法。创意活动是创业的开端，一个好的创意像一颗优秀的种子，是创业成功的前提条件。案例瓜果书就是创意设计的典型代表。

【案例】

"开花结果"的书——瓜果书

瓜果书最早起源于日本，日本致力于农业高新技术产业化研发推广，瓜果书的设计和制作发轫于无土栽培技术的勃发。在日本农产省和日本有机农业研究会的共同推进下，瓜果书应运而生。瓜果书，通俗讲来，就是一种"书本里能长出花花草草，瓜瓜果果的有机书"。

但这个美丽的童话有着坚实的科学基础和依据。瓜果书，本质上是结合了工业设计的先进理念和园艺栽培的成熟技术，从而打造出的极具创新意识的工业产品。瓜果书里边含有膨化剂，高效营养介质以及迷你种子。在日本，各地商场和书店均有"瓜果书"出售，诸如"番茄书""黄瓜书""茄子书"等应有尽有。这些貌似书本的产品表面包装有防水纸，其内塞有石绒、人造肥和种子等。人们购回后按照其内附赠的种植说明，只要每天浇水，便能长出手指粗细的黄瓜、弹丸似的番茄、等；一般情况下，一本"番茄书"经培育可长出150～200个迷你果，一本"黄瓜书"可结出50～70条袖珍黄瓜。这种时尚新颖的创意产品一度在日本成为最为畅销的工艺创意产品。

现在的瓜果书，还处于书本与有机介质的结合阶段。有机介质借助于书本外观的创意设计，从而实现有机介质和种子的生长发芽，开花结果。

瓜果书的未来充满诱惑，瓜果书的未来就是"书本开花结果"的童话成真。

社会经济的发展和科学技术的进步，会不断激发人们的想象和需求，为创业者不断提供新的创业机会。有句话说得好："没有饱和的市场，只有饱和的思想。"

一般来讲，创意来源于三方面：趋势的把握；没有解决的问题；闲置的资源。

需要注意的是，创意与点子不同，区别在于创意具有创业指向，进行创业的人在产生创意后，会很快甚至同时就会把创意发展为可以在市场上进行检验的商业概念。商业概念既体现了顾客正在经历的也是创业者试图解决的种种问题，还体现了解决问题所带来的顾客利益和获取利益所采取的手段。例如，帮助球手把打丢的球找回来是一个创意，容易把球打丢是实际存在的问题。而有人试图要解决这个问题，在高尔夫球内安置一个电子小标签，开发手持装置搜索打丢的球是解决问题的手段。

（二）机会

机会是营造出对新产品、新服务或新业务需求的一组有利环境。机会有四个本质特征：有吸引力、持久性、及时性，并依附于为买者或终端用户创造或增加价值的产品、服务或业务。创意是一种思想、概念或想法，它可能满足也可能不满足机会的标准。

创业因机会而存在，而机会是具有时间性的有利情况。纽约大学柯兹纳教授认为机会就是未明确的市场需求或未充分使用的资源或能力。机会具有很强的时效性，甚至瞬间即逝，一旦被别人把握住也就不存在了。而机会又总是存在的，一种需求被得到满足，另一种需求又会产生；一类机会消失了，另一类机会又会产生。大多数机会都不是显而易见的，需要去发现和挖掘。如果显而易见，总会有人开发，有利因素很快就不存在了。

对机会的识别源自创意的产生，而创意是具有创业指向同时具有创新性的想法。在创意没有产生之前，机会的存在与否意义并不大。有价值潜力的创意一般会具有以下基本特征：

1. 独特、新颖，难于模仿

创业的本质是创新，创意的新颖性可以是新的技术和新的解决方案，可以是差异化的解决办法，也可以是更好的措施。另外，新颖性还意味着一定程度的领先性。不少创业者在选择创业机会时，会关注国家政策优先支持的领域，这其实就是在寻找领先性的项目。不具有新颖性的想法不仅将来不会吸引投资者和消费者，对创业者本人都不会有激励作用。新颖性还可以加大模仿的难度。

2. 客观、真实，可以操作

有价值的创意绝对不会是空想，而是有现实意义，具有实用价值，简单的判断标准是能够开发出可以把握机会的产品或服务，而且市场上存在对产品或服务的真实需求，或可以找到让潜在消费者接受产品或服务的方法。

3. 有潜力的创意还必须具备对用户的价值与对创业者的价值

创意的价值特征是根本，好的创意要能给消费者带来真正的价值。创意的价值要靠市场检验。好的创意需要进行市场测试。同时，好的创意必须给创业者带来价值，这是创业动机产生的前提。

看到机会、产生创意并发展成清晰的商业概念意味着创业者识别到机会，至于发展出的商业概念是否值得投入资源开发，是否能成为有价值的创业机会，还需要认真的论证。

（三）创意并不必然等于市场机会

创意可以漫无边际，异想天开，不一定注重创意实现的可能性，创意远比市场机会丰富。市场机会常指市场上尚未满足的需求，它可以是现有产品（或服务）找到了新的或潜在的消费群体，也可以是创造开发新的产品（或服务），来满足人们变化的需求。可见，市场机会源于创意，但市场机会必须实实在在的，能够真正为企业带来价值。

二、创业机会及其内涵

（一）创业机会的定义

创业机会有几种不同的定义方式：

1. 可以为购买者或使用者创造或增加价值的产品或服务，它具有吸引力、持久性和适时性。

2. 可以引入新产品、新服务、新原材料和新组织方式，并能以高于成本价出售的情况。

3. 是一种新的"目的一手段"关系，它能为经济活动引入新产品、新服务、新原材料、新市场或新组织方式。

4. 主要是指具有较强吸引力的、较为持久的有利于创业的商业机会，创业者据此可以为客户提供有价值的产品或服务，并同时使创业者自身获益。

综合以上观点，创业机会主要是指具有较强吸引力的、较为持久的有利于创业的商业机会，创业者据此可以为客户提供有价值的产品或服务，并同时使创业者自身获益。

（二）创业机会的内涵

学者卡森认为，创业机会是指在新的生产方式、新的产出或新的生产方式与产出之间的关系形成过程中，引进新的产品、服务、原材料和组织方式，得到比生产成本更高价值的情形。因此，创业机会并不简单等同于新产品、新服务、新原材料和新的组织方式。换言之，创业机会就是通过把资源创造性地结合起来，迎合市场需求并传递价值的可能性。

经济学家科兹纳认为，机会的最初状态是"未精确定义的市场需求或未得到利用或充分利用的资源和能力"。后者可能包括基本的技术，未找准市场的发明创造，或新产品服务的创意。潜在的消费者可能很清楚自己的需要、兴趣或问题，也可能不明确自己的需要。即使消费者不清楚他们想要什么，当创业者把新产品推荐给他们并向他们说明产品的好处时，他们也能够识别这个新产品给他们带来的价值。和有发展潜力的新能力或新技术一样，未得到充分利用的资源也有为潜在消费者创造和传递价值的可能性，尽管这种新价值的形式还不确定。例如，金属和玻璃的合成技术在没有已知明确的用途之前就已经发展起来了；新药品化合物在未知其有效的应用条件的时候就已经被创造出来了。

随着市场需求被创业者精确定义出来，未得到利用或充分利用的资源也被更精确地定义为潜在的用途，创业机会就从其最基本的形式中发展起来，形成了一个商业概念。这一概念的核心观点是如何满足市场需求或如何利用资源。这一商业概念在创业者的开发下将变得更加复杂了，包括产品（或服务概念），市场概念，供应链（或市场营销或经营概念）。

三、创业机会的来源

（一）问题需求

创业的根本目的是满足顾客需求。而顾客需求在没有满足前就是问题。寻找创业机会的一个重要途径是善于去发现和体会自己和他人在需求方面的问题或生活中的难处。在经济生活中遇到的困境和难题，身边发生的不协调现象和意外事件，他人的需要与瓶颈，这些都蕴含着机会。如果能将问题解决，就产生了创业机会。比如，上海有一位大学毕业生发现远在郊区的本校师生往返市区交通十分不便，创办了一家客运公司，就是把问题转化为创业机会的成功案例。

（二）发展变化

创业的机会大都产生于不断变化的市场环境，环境变化了，市场需求、市场结构必然发生变化。著名管理大师彼得·德鲁克将创业者定义为那些能"寻找变化，并积极反应，把它当作机会充分利用起来的人"。这种变化主要来自于产业结构的变动、消费结构升级、城市化加速、人口思想观念的变化、政府政策的变化、人口结构的变化、居民收入水平提高、全球化趋势等诸方面。比如居民收入水平提高，私人轿车的拥有量将不断增加，这就会派生出汽车销售、修理、配件、清洁、装潢、二手车交易、陪驾等诸多创业机会。

（三）知识经验

对于创业者而言，丰富且广泛的生活阅历是识别潜在商机的主要决定因素，它们帮助创业者识别了新信息的潜在价值。创业者有可能从自身拥有的行业、工作经验找到创业机会，也可能从自己拥有的专业知识技能产生创业想法和项目，如果将兴趣特长或能力优势转化成为他人服务价值便产生了创业机会。拥有创造力，一方面能发现别人发现不了的机会，另一方面可以用自己的创造发明和技术专利直接创业。

（四）资源网络

很多创业者的创业活动源于自己拥有相应的资源和网络。比如优质的人脉网络、独有的业务渠道、技术资源优势等，都有利于创业者利用这些资源，找到适合自己的创业机会。

对于创业机会的四大核心来源，总结为下图所示：

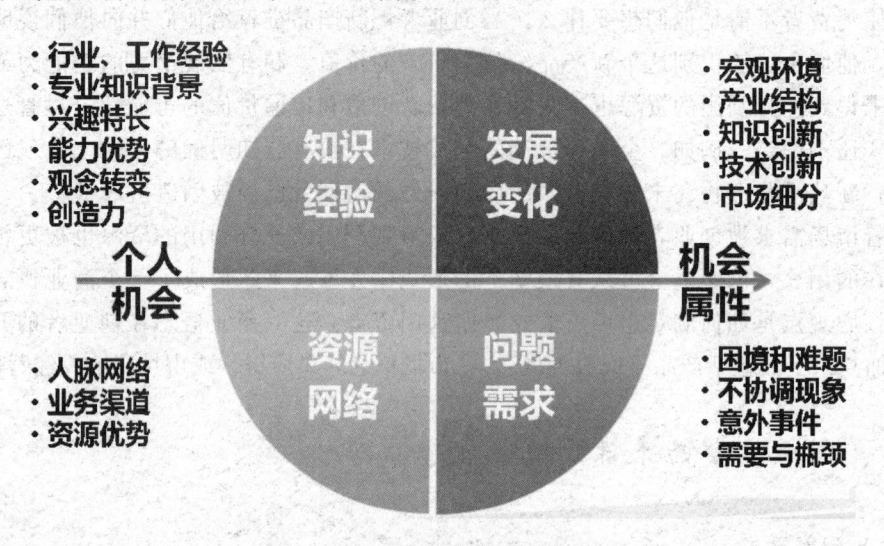

图 2-1　创业机会的来源

【链接】

创业机会的外部来源

创业机会的外部来源分为技术机会、市场机会和环境机会三种。

（一）技术机会

创业的技术机会是指由于技术进步、技术变化带来的创业机会，是将新技术成功应用于生产的可能性。技术机会是指现存技术的规范或性能有改进的可能性，也包括全新技术的出现和应用。由于新的技术突破，就为创业者提供了创业的"技术来源"，这些技术来源有可能触发创业机会。技术机会体现在新技术和新功能的出现，新技术替代了旧技术，或者技术产生了新应用方式。

1. 技术突破机会

技术的发展推动新技术的诞生，技术推力表现为科学和技术的重大突破，从而创造全新的市场需求，或是激发市场潜在的需求。技术创新的需求并不是由市场产生，而是由拥有技术专利的创新主体按技术的功能适用性进行创新，从而间接地满足市场上存在的某种需求或在市场上创造新的需求。在经济发展过程中，许多重大的技术创新成果，如尼龙、人造纤维、核电站、半导体等都是属于这一模式。技术突破往往意味着新产品的出现。

技术机会分为两种：一种是内涵的，即沿着现有技术规范的继续改进；另一种是外延的，即该技术应用于其他技术系统的可能性。所谓技术突破，就是在某一领域沿着技术发展的既定方向或内涵机会迅速推进。

2. 工艺创新机会

工艺创新是指创业企业通过研究和运用新的生产技术、操作程序、方式方法和规则体系等，提高企业的生产技术水平、产品质量和生产效率的活动。和技术突破相对应，工艺创新是技术融合，是指沿外延机会将不同领域的现有技术进行融合集成，形成新的生产能力。在技术发展的不同阶段，技术机会是不一样的，在一项技术的萌芽阶段或成长的初期，多数创新是重大的技术突破，如晶体管代替真空管、集成电路取代分立元件等。随着新技术与新产业的不断发展，在进入成长期或成熟早期以后，技术创新从产品创新转向工艺创新，突破型技术创新让位于渐进型技术创新，技术机会从内涵更多地转向外延，技术融合逐渐占主导地位。

工艺创新分为以下类型：

（1）围绕提高产品质量等级品率的工艺创新；

（2）围绕减少质量损失率的工艺创新；

（3）围绕提高工业产品销售率的工艺创新；

（4）围绕提高新产品价值率的工艺创新；

（5）围绕节约资源、降低成本的工艺创新；

（6）围绕有益于环境的工艺创新。

3. 技术扩散机会

技术会在国家之间、地区之间和企业之间发生扩散，产生技术扩散有两个原因：一是存在着技术势差，二是存在着模仿学习者潜在利益的刺激。技术扩散可以包括技术贸易、技术转让、技术交流、技术传播等活动。由于技术的扩散，创业者在本国、本地区和本行业率先采用了扩散技术，能够获得技术上的优势，发现创业机会。

技术转移一般需要通过技术贸易来完成，技术贸易又称有偿技术转让，或技术的商业转让，是相对于技术的无偿转让而言的。在现实生活中，绝大多数涉及产品和生产技术的转让都是通过有偿方式进行的。技术贸易的基本内容是专利使用权、商标使用权和专有技术使用权。

4. 技术引进和后续开发机会

技术引进是创业企业外部获得先进适用的技术的行为，引进技术的内容主要有以下几个方面：引进工艺、制造技术，包括产品设计、工艺流程、材料配方、制造图纸、工艺检测方法和维修保养等技术知识和资料，以及聘请专家指导、委托培训人员等技术服务；引进成套设备、关键设备、检测手段等；通过引进先进的经营管理方法，充分发挥引进技术的作用，做到引进技术知识和引进经营管理知识并举；通过广泛的技术交流、合作以及学术交流活动、技术展览等，引进国外的新学术思想和科学技术知识；引进人才。通过技术引进能够弥补创业企业在技术方面的差距，提高技术水平，填补技术空白，获得发展的良好机会。

创业者通过对引进技术的消化、吸收与改进，也能够形成技术机会。创业者可以进行创造性模仿、消化、吸收引进技术，减少对技术提供方的依赖，实现更大的经济效益，甚至在新旧技术结构的相互适应下形成新的技术结构。创业者还能形成自我研究开发的能力，进而根据市场需要，通过自主的研究和开发，进行改进创新。后续开发能够促进创业者对技术的消化，并建立自我发展的能力，是建立技术机会的重要途径。

（二）市场机会

市场并非总是明确地存在着属于企业的机会，它需要企业按照正确的方向去探索和寻找。需要创业者发挥想象力，发现事物背后的机会线索，需要创业者用新的观点去理解现实所发生的事物，从新的角度意识到机会的存在。

一般来看，市场机会的来源主要有以下四类：

1. 市场上出现了与经济发展阶段有关的新需求

随着经济的发展，经济建设和人民生活水平的提高以及个人消费意识和企业经营意识的变化，必然会产生一些新的需要。其中一些是新的消费需求，一些是中间性消费需求。相应地，就需要有企业去满足这些新的需求，这同样是创业者可利用的商业机会。一些企业不断开发新的家电产品、衣食住行及保健用品，且在市场上受到欢迎，这得益于我国经济发展水平的提高。

2. 市场供给缺陷产生的新的商业机会

市场供求平衡过程中，总有一些供给不能实现其价值，而只能以"伪均衡价格"低价售出；也总有一些需求不能真正得到满足，需求者只能以其他商品来近似地"满足"自己的消费欲望。这实际上是供给结构缺陷问题。即由于供给有缺陷，迫使人们放弃自己真正的需求，而用其他可得到的供给来将就满足。创业者如果能发现这些供给结构性缺陷，同样可以找到可利用的商业机会。

3. 先进国家（或地区）产业转移带来的市场机会

在先进国家（或地区）与落后国家（或地区）之间，有一个发展的"势差"。当这类"势差"大到一定程度，出于国家（或地区）之间存在的"成本差异"，为制造同一产品，先进国家（或地区）的成本（特别是人力成本）无疑会大于落后国家（或地区）的成本。再加上经济发展到一定程度，环保问题往往会被先进国家（或地区）率先提到议事日程。这时，先进国家（或地区）就会将某些产业向外转移，这就可能为落后国家（或地区）的创业者提供创业的商业机会。

4. 从中外比较中寻找差距，差距中往往隐含着某种商机

改革开放以来，存在这样一种现象。即沿海学国外，内地学沿海。这种学习模式的原因在于沿海与国外、内地与沿海，其差距不外乎是产品上的、技术上的、产业上的、商品经济发达程度上的，或者是市场经济制度完善程度上的。只要我们经常将本地区、本企业与先进地区或国家相比较，看看别人已有的哪些东西我们还没有，这"没有的"就是差距，其中即可能发现某种商业机会。

（三）环境机会

外部环境对创业者来说是可变的，也是不可控的，既包含创业发展的机遇，也包含可能面临的挑战。创业者要善于发现和把握对自身有利的环境因素，积极利用环境机会。

1. 宏观环境机会

对于宏观环境方面的创业机会，创业者可从以下几个方面入手：

(1) 政策法规调整

随着我国市场经济及人口的发展,劳动就业问题成为社会的关注焦点,促进创业也成为政府重点关注的问题之一。国家和地方各级政府(如劳动和社会保障、财政、金融、工商、税务等机构)纷纷出台了相关政策,给予创业者更多的支持。政府扶持和发展非正规就业,增加了创业机会。

(2) 经济发展

企业经营的成败在很大程度上取决于整个经济运行情况,创业者要善于对经济因素进行分析,发现机会。随着经济的发展,我国资本市场日趋健全和活跃,在融资方面,银行贷款、金融支持、融资担保、风险投资、产权交易等更多的业务不断推陈出新。这个经济环境适合创业,为创业者提供了比以往更多的机会。

(3) 社会进步

社会因素包括社会文化、社会习俗、社会道德观念、社会公众的价值观念、职工的工作态度以及人口统计特征等。变化中的社会因素影响社会对企业产品或劳务的需要,也会改变企业的战略选择和发展方向。社会的不断进步会催生很多新的需求,或改变人们对于创业的看法,诱导出更多的机会。

(4) 技术进步

技术进步可以创造新的市场,产生大量新型的和改进的产品,改变创业企业在产业中的相对成本及竞争位置,也可以使现有产品及服务过时。技术的变革可以减少或消除企业间的成本壁垒,缩短产品的生产周期,带来比现有竞争优势更为强大的新的竞争优势。对于创业者来说,能正确识别和评价关键的技术机会与威胁是至关重要的。

2. 地区环境机会

我国各地的创业载体和创业服务机构发展加快,创业载体,如各类企业孵化器、园区建设、社区建设、企业服务中心、指导机构等不断增加。风险投资机构、担保服务机构、信用服务机构、顾问咨询等服务机构得到发展,更有利于创业。在这些扶持创业的地区,创业机会也相对较多。

3. 行业发展机会

对行业环境因素的分析与评价将有利于创业者发现有价值的领域和创业机会。

主题二 创业机会识别与开发

一、机会识别与开发的内容

创业开始于创业者对创业机会的识别和把握。对创业机会的识别主要包括信息的收集和研究、创业机会识别的内容、创业机会的开发等过程。

（一）信息的收集和研究

在创业初期，信息对创业者非常重要。创业者要充分了解和把握市场，就必须对信息进行仔细收集和认真研究。通过信息的收集和研究了解谁是顾客、潜在市场规模、竞争对手有哪些及实力情况、供应商和分销商的情况、进入和退出壁垒、行业特征、行业结构、定价策略、分销策略等情况的信息，以便做出科学的决策。市场信息的收集包括确定信息收集和研究的目的、收集第二手资料、收集原始资料、资料的处理与分析等步骤。

（二）创业机会识别的内容

对某个创业机会进行识别，通常需要对以下内容做出分析：

1. 创业机会的原始市场规模

创业机会的原始市场规模是指创业机会形成之初的市场规模。原始市场规模决定了创业企业在创业初期可能销售的规模，也决定了利润的多少。因此，分析创业机会的原始市场规模十分重要。一般而言，原始市场规模越大越好，因为创业企业只要占有极少的市场份额就会拥有较大的销售规模，这样可能就足够创业企业生存下去了。

2. 创业机会存在的时间跨度

任何创业机会都有时限，超过这个时限，创业机会也将不存在。不同行业的创业机会存在的时间跨度是不一样的，同一行业不同时期的创业机会存在的时间跨度也不一样。时间跨度越长，创业企业用于抓住机会、调整自身发展的时间就越长；相反，时间跨度越短，创业企业抓住机会的可能性就越小。

3. 创业机会的市场规模随时间增长的速度

创业机会的市场规模随时间增长的速度决定着创业企业的成长速度。一般情况下，它们之间成正比，也就是市场规模增长得越大、速度越快，相应的创业企业的销售量和销售量增长的速度也越快。创业机会带来的市场规模总是随时间变化而变化的，而随之带来的风险和利润也会随时间变化而变化。

4. 创业机会具有可实现性

创业机会对创业者而言是可实现的，否则对该创业者来说，只是可望而不可及的事。创业者是否能利用这一创业机会，要看创业者是否具备以下条件：拥有利用该创业机会所需要的关键资源；遇到较大的竞争力量，能与之对抗；能够创造新市场并占领大部分新市场；可以承担创业机会带来的风险等。

（三）创业机会的开发

创业机会开发是指创业者决定选择创业机会、构建创业所需的资源平台以及创造价值的过程。创业者在发现创业机会后，必须决定是否开发机会。创业机会能否成功开发取决于机会特性和个人特点之间的相互作用。

首先，机会的特性影响了创业者对其开发的意愿。创业者必须相信创业机会带来的创业利润足够弥补其他选择的机会成本。一般而言，创业者会选择开发具有更高期望价值的机会，但同时开发机会的决定也取决于机会成本，在机会成本较低时才会决定开发机会，另外人们也要考虑获取开发机会所需要资源的成本问题。如创业者拥有越多的资金，开发机会的可能性就越大。

其次，开发创业机会的决定受个人感知能力不同的影响，也受个人乐观程度差异的影响。以下三种人更可能开发创业机会：具有更强自我肯定和自我控制能力的人更有可能开发机会，因为机会开发需要面对其他人的怀疑；对不明确性有很大容忍力的人更有可能进行机会开发，因为机会开发涉及大量的不明确性；渴望成功的人比社会的其他成员更有可能开发机会，因为开发机会为那些渴望成功的人们提供了一个机会。

创业者决定开发创业机会后，就需要建立一个资源平台来实现创业机会。创业者要成功建立资源平台，首先需要创建一个企业或组织，其次企业或组织必须聚集资源（如确定资源需求及其潜在的供应者），再次企业或组织必须参与获取必要资源的交易过程，最后是整合资源。这样创业者就把创业机会转换成可销售的产品或服务。因此，在这个阶段成功之后，创业者拥有的不再是一个商业概念，而是一种现实的可销售的产品或服务。

创业者通过创造现实的可销售的产品或服务把创业企业和消费者连接在一起。在此阶段，创业者必须思考潜在的消费者、销售价格、退出渠道等问题，用以指导企业与消费者的具体交易，从而创造出价值。

因此，创业者要成功开发创业机会，就必须决定选择创业机会，根据资源的需要建立资源平台，再有效地创造产品或服务，为消费者创造价值，最后获得相应的利润。

二、创业机会识别的影响因素

创业机会识别过程是一个不断调整反复权衡的过程。不同的创业者可能愿意关注不同的创业机会，即使是同一个创业机会，不同的人，对其评价也往往不同。在影响机会识别和开发的各项因素中，主要可以分为两个方面，即机会的自然属性和创业者的个人特性。

（一）机会的自然属性

机会的特征是影响人们是否对之进行评价的基本因素。创业者选择这项机会是因为相信其能够产生足够的价值来弥补投入的成本，创业机会的自然属性很大程度上决定了创业者对其未来价值的预期，因而对创业者的机会评价产生重大影响。

（二）创业者的个人特征

对于机会识别来说，更重要的因素应当来自创业者的个人因素，这是因为从本质上说，机会识别是一种主观色彩相当浓厚的行为。事实上，即使某一机会已经表现出较好的预期价值，但是并非每个人都能从事这一机会的开发，并且坚持到最后的成功，因此创业者的个人特征对于机会识别来说更为重要。

创业者与机会识别相关的个人特征包括：

1. 警觉性

创业者比一般的经理人更加渴望信息，更倾向于在信息搜索上花更多的时间，搜索方式也有所不同。

2. 风险感知

机会评价与创业者的风险感知显著相关，而创业者的风险感知又取决于创业者的自信心、不依赖计划、渴求控制等因素。

3. 自信

成功的创业者需要有执著的信念，并且能够坚持他们的事业直至最后成功。创业者的自信能够增强他们对机会的感知。

4. 已有的知识

创业者更加关注与他们已经拥有的信息、知识相关的机会，并且创业者拥有的知识将在技术开发、机会识别、机会开发三个方面影响机会的发现。

5. 社会网络

创业者的网络对机会识别相当重要，拥有大量社会网络的创业者与单独行动的创业者在机会识别上有显著的差异。

但这些个人因素并非彼此独立存在，在某种程度上，它们彼此之间也存在一定的相关性。

三、创业机会识别的四大环节

无论是商机诱发性创业，还是创意推动型创业，创业机会的识别都需要经历如下的识别环节：

环节一：价值性分析：商业价值

所谓分析创业机会的商业价值，就是分析特定创业机会所对应的市场需求规模与结构，特别是该创业机会刚刚形成时的需求规模与结构（简称"起始规模与结构"）、可能的客户群、客户群的人文特征，以及哪些客户有可能成为新创企业的"目标客户"、哪些客户有可能成为目标客户中的"领先客户"。领先客户是新创企业未来应该首先开发的客户，并需要借助领先客户的"示范效应"进一步去开发其他目标客户。创业机会总是针对细分市场而言的，不同细分市场上的商机的商业价值是不同的。大凡成长性行业中的商机，未来会有较大的商业价值。而萎缩性行业中的商机，不管该行业是"相对萎缩"，还是"绝对萎缩"，对创业者而言，这样的行业中的创业机会多数不是可取的商机。因为既然行业在萎缩，具体商机对应的市场需求也不会有多大的价值。

环节二：时效性分析：机会持续时间与市场成长性

适合创业的创业机会，一定要有持续性和成长性。商机的时效性分析，也就是分析特定创业机会的持续时间与市场需求的成长性。所谓创业机会的持续时间，即特定创业机会所对应的市场需求有可能持续多长时间。无疑，相应的市场需求持续越久，新创企业越是值得去追逐这样的商机。所谓创业机会的成长性，实际上是指特定创业机会所对应的市场需求的成长性。仅当创业者所面对的市场需求从长期趋势上看，会持续成长的情况下，市场上才可能容纳较多的企业，从而新创企业也才会有较大的成长空间。一般而论，新创企业在市场需求成长最快的时间段（简称"机会窗口"）向市场推出自己的产品或服务，才有可能尽快在市场中立足，进而为未来的成长奠定基础。

环节三：机会要素的匹配性分析：商机、创意、资源、能力的匹配程度

前述多处指出，创业机会是适当的商机、有价值的创意、可得的资源、团队的能力四者的有机组合；当且仅当这四种要素处于匹配的状态时，对特定的创业团队而言，相应的创业机会才能够被称之为"创业机会"。基此，创业机会的识别，还需要进行四类要素的匹配性分析。在这里，创业机会与创意之间的匹配是最基本的，如果这二者不匹配，此时的创业机会自然不能被视为创业机会，那其他要素之间的匹配性就毋须分析了。如果创业机会与创意之间是匹配的，接下来就需要分析创业者的能力是否与自己的创意相匹配，即创业者是否有能力实施相应的创意，以及创业者是否能掌握实施该创意所需的资源。如果自己的能力、掌控的资源，不足以实施相应的创意，则这时的创业机会也不构成其为创业机会。

环节四：机会的风险收益性分析

多数机会都伴随着风险。因为有风险，也会有收益。故如前述三个环节的考察、分析，创业者都得出了"yes"（即"这是个适合本团队的创业机会"）的判断，这时就需要进行机会的风险收益分析，以判断"固然是适合自己的创业机会，但该机会是否好到值得自己冒险而为"的问题。当且仅当机会的风险收益大到某种程度，诸如创业者"满意"的程度，创业者才值得放心地冒险起步、启动创业。否则，就得回到第一个环节，以寻找、发现更具价值、更为恰当的创业机会。

主题三　创业机会的评估与评价

不是每个创业机会都会给创业者带来益处，每个创业机会都存在一定的风险，因此，创业者在利用创业机会之前要对创业机会进行科学分析与评价，然后做出选择。既然创业机会既存在风险，也有益处，创业者要对创业机会进行科学的评估。

一、有价值创业机会的特征

机会评价是创造过程中仔细审查创业并分析其可行性的阶段。评价是创造过程中特别具有挑战性的阶段，因为它要求创意者对创意的可行性采取一种公正的看法。创意需要符合一定的标准，才是真正的创业机会，而且创业机会只有符合创业者的能力和目标才是有价值的。

有价值的创业机会具有四个主要特征：

（一）有吸引力

商业机会总会带来市场需求，使创业产生盈利，因而受到创业者与投资者的追寻与青睐。

（二）持久性

商业机会取决于市场变化，市场的环境变化是持久的，而商业机会客观存在于一定的市场环境之中，也是持久的。

（三）及时性

商业机会产生于一定条件下，随着环境的变化，消费者需求的转移，商业机会也会随之改变。为此，创业者必须及时地捕捉机会，科学地加以利用，以取得良好的经济效益。

（四）客观性

无论经营者是否意识到，市场机会总是客观存在于一定的市场环境之中。一个企业未能发现的机会，会被另一个企业捕捉和利用。因此，企业应积极从市场环境变化的规律中寻找机会。

二、创业机会的评价标准

对于创业机会的评价主要基于如下标准：

（一）盈利时间

有价值的创业机会可能是项目在两年内盈亏平衡或者取得正现金流。如果取得盈亏平衡和正现金流的时间超过3年，那对于创业者的要求就高了，因为大多数创业者支撑不了这么长的时间，其他的投资者和合作伙伴也没有这么长时间的耐心，这种创业机会的吸引力就大大降低了。除非有其他方面的重大利益，一般要求创业机会具有较短的获得盈利时间。

（二）市场规模和结构

如果市场规模和价值小，往往是不足以支撑企业长期发展的。而创业者若进入一个市场规模巨大而且还在不断发展的市场，即使只占有很小的一个份额，也能够生存下来度过发展期。并且存在竞争对手也不担心，因为市场足够大，构不成威胁。一般来说，市场规模和价值越大，创业机会越有价值。

（三）资金需要量

大多数有较大潜力的创业机会需要相当大数量的资金来启动，只需少量或者不需要资金的创业机会是极其罕见的。如果需要过多的资金，这样的创业机会就缺乏吸引力。有着较少或者中等程度的资金需要量的创业机会是比较有价值的，创业者需要根据自身的资金实力和可以动用的资源来评价创业机会，超出能力范围的不应考虑。

（四）投资收益

创业的目标就是要获得收益，这要求创业机会能够有合理的盈利能力，包括较高的毛利率和市场增长率。毛利率高说明创业项目的获利能力强，市场增长率表明了市场的发展潜力，使得投资的回报增加。如果每年的投资收益率能够维持在25%以上，这样的创业机会是很有价值的；而每年的投资收益低于15%，是不能够对创业者和投资者产生很大的吸引力的。

（五）成本结构

竞争优势的来源之一就是成本，较低的成本会给创业企业带来较大的竞争优势，使得该创业机会的价值较高。创业企业靠规模来达到低成本是比较可行的，低成本的优势大多来自于技术和工艺的改进以及管理的优化，创业机会如果有这方面的特质，对于创业者来说是非常有利的。

（六）进入障碍

如果创业机会面临着进入市场的障碍，那么就不是一个好的创业机会。比如存在资源的限制、政策的限制、市场的准入控制等，都可能成为市场进入的障碍，削弱了创业机会。

但是，对于进入障碍要进行辩证的分析，进入障碍小是针对创业者自身的。如果创业者进入以后，不能够阻止其他企业进入市场，这也不是一个好的创业机会。

（七）退出机制

有吸引力的创业机会应该有比较理想的获利和退出机制，便于创业者和投资者获取资金及实现收益。没有任何退出机制的创业企业和创业机会是没有太大吸引力的。

（八）控制程度

如果能够对渠道、成本或者价格有较强的控制，这样的创业机会比较有价值。如果市场上不存在强有力的竞争对手，控制的程度就比较大。如果竞争对手已有较强的控制能力，例如把握了原材料来源、独占了销售渠道、取得了较大的市场份额、对于价格有较大的决定权，在这种情况下，新创企业的发展空间就很小。除非这个市场的容量足够大，而且主要竞争者在创新方面行动迟缓，时常损害客户的利益，才有可能进入。

（九）致命缺陷

创业机会不应该有致命的缺陷，如果有一个或者多个致命的缺陷，将使得创业机会变得没有价值。

基本流程与方法

一、创业机会识别方法与确定过程

（一）创业机会识别的内容

对某一创业机会进行识别，通常需要就如下内容进行分析和判断：

1. 特定创业机会的原始市场规模

即特定创业机会形成之初的市场规模。固然，多数市场机会有着成长的可能，但原始市场规模往往是极为有限的。因此，分析、判断某一创业机会的原始市场规模是极为重要的，特别是原始市场规模决定着新创企业最初阶段的投资活动可能实现的销售规模，决定着创业利润。

这里需要说明两点：

（1）一般地看，原始市场规模越大越好。因为某个新创企业即使占领了很小的市场份额，只要原始市场规模足够大，他也可能获取较大的商业利润。但这里也应注意问题的另一方面，即大市场往往可能吸引过多的竞争者，甚至是强有力的竞争者，这对资本能力弱、技术能力差、运营能力低的新创企业来讲，无疑是不利的。因此，所谓原始市场规模越大越好，主要是对那些资本能力、技术能力、运营能力强的新创企业而言的。

（2）对于那些资本能力弱、技术能力差、运营能力低的新创企业来讲，原始市场规模较小的创业机会可能更为可取。因为在这种创业机会下，新创企业可能只面对较少、较小、较弱的竞争者，并且可以根据市场的成长性和发展进程不断地调整自己，使自己适应于市场的成长。

2. 特定创业机会存在的时间跨度

一切创业机会都只存在于一段有限的时间之内，这是由特定行业的商业性质决定的。在不同行业，这一时间的长度差别很大。一般而言，特定创业机会存在的时间跨度越长，新创企业调整自己、整合市场、与他人竞争的操作空间就越大。对于某个新创企业来说，只要操作得恰到好处，就可能在市场中一展宏图。

这里需要说明的是：

（1）"特定创业机会客观上将存在的时间跨度"与"创业者自己估计的该机会的时间跨度"，两者并非是一致的。换言之，人是有理性的，创业者自己估计的特定创业机会的时间跨度，有可能长于实际的时间跨度，也可能短于实际的时间跨度。但无论如何，对这一时间跨度有一个估计是绝对必要的。

（2）特定创业机会的时间跨度是变化的。因为特定的创业机会对应于特定的商品需求和行业需求。假如有替代性商品和替代性行业出现，特定创业机会的时间跨度就可能缩短。换言之，特定创业机会的实际时间跨度是替代品竞争的函数。

3. 特定创业机会的市场规模随时间增长的速度

客观地看，这一速度决定着利用某一创业机会创业的新创企业的成长速度，并与新创企业的成长速度存在着互动关系。一般而论，这一速度快，新创企业就会有可资利用的成长空间。

当然，这里也需要注意以下几点：

（1）现实中，特定创业机会可能带来的市场规模总是随着时间变化的。如移动通信技术、产品和服务进入中国之时，它的市场规模是极为有限的。一些人甚至认为，这一行业在中国不可能火暴起来。然而，随着我国市场经济的发展，企业商务空间的扩大，以及居民生活流动性的增强，移动通信在我国迅速成长起来，发展成通信行业的骨干力量，成为政府、企业、居民不可或缺的伴侣。

（2）特定创业机会可能带来的风险和利润也会随着时间而变化，特别是股市运营、房地产经营、耐用品产销和高新技术创业等，其风险和利润都是随着时间变化的。在特定创业机会存在期的某些时段，可能比其他时段更具有商业潜力，创业者只要在特定机会的整个存在期的一段时间内利用好相应机会，就可能谋求到较佳的商业利益。

（3）在迅速成长的商业空间中，新创企业才可能逐步成长壮大。创业者需要根据特定创业机会的市场成长速度，不断调整企业自身的成长战略和运营策略。特别是当创业者推动新的创业项目时，需要通过对特定创业机会的时间跨度及其进程的分析，来确定相应商业计划的时间期限，以使特定的商业计划更为可行和可靠。

4. 特定的创业机会是不是较好的创业机会

客观地看，即便某个创业机会有着较大的原始市场规模，存在着较大的时间跨度，其市场规模也会随时间以较高的速度成长，创业者也需要进一步分析、判断该机会是不是较好的创业机会。

较好的创业机会有以下几个特征：

（1）在前景市场中，前 5 年的市场需求稳步且快速增长

不难设想，如果某个创业机会的市场需求不能稳步而快速增长，新创企业将不可能驻足于足够大的盈利空间之中，也就不可能迅速成长起来，在激烈的市场竞争中，新创企业无疑会纷纷落马，这对创业者是极为不利的。

（2）创业者能够获得利用特定创业机会所需的关键资源

这里所称的资源，包括利用特定创业机会所需的技术资源、资本资源、财力资源、资讯资源、公共关系资源等。理性地看，某个创业机会再好，即便存在巨大的盈利空间，若创业者缺少利用该机会所需的关键资源，那他也无法利用这一机会。

（3）创业者不会被锁定在"刚性的创业路径"上，而是可以中途校正自己的创业路径

原因在于，市场千变万化，科技日新月异，政府政策不断调整，创业者需要根据这些变化不断调整自己的"创业路径"。所说的创业路径，即创业的战略思路、组织结构、运营策略、市场技巧、技术路线等。如果创业者利用特定创业机会的创业路径是不可调整的，无论是因为主观的原因，还是客观的原因，创业者都不可能真正抓住和利用相应的创业机会。

（4）创业者可以通过创造市场需求来创造新的利润空间，牟取额外的企业利润

创新经济学告诉我们，市场是可创造的；企业要占领市场、获取利润，往往需要靠自己去创造新的市场需求。典型的例证，四川成都彩虹电器集团发展微型电热器具之初，北京四通集团创业伊始发展电脑打字机，都是通过创造市场需求来创造和扩大利润空间，占领市场，获得额外的企业利润的。尽管当时存在着对电热器具、打字机的市场需求，但若这些企业不去创造市场对于微型电热器具、电脑打字机的特定需求，或者这些需求是不可创造的，或者这些企业创造市场需求的努力得不到潜在用户的响应，那么这些新创企业的创业努力就不可能获得市场的利润回报，这些企业也不可能获得较大、较快的发展。

（5）特定创业机会的风险是明朗的，至少有部分创业者能够承受该机会的风险

在风险面前无所作为，是企业经营的大忌之一。然而，如果某一创业机会的风险不明朗，无法搞清风险的具体来源及其结构，那么创业者就无法把握风险、规避风险或抑制风险，就无法降低风险损失、提高风险收益。

因此，一个好的创业机会，其风险必须是明朗的，且有一定数量的创业者能够承受相应的风险，否则，该创业机会就无所谓"机会"了。

5. 特定创业机会对某个创业者自身的现实性

即使某个创业机会是较好的机会，但对于特定的创业者而言，他还需要进一步分析其现实性，判断"这一机会是否是自己可以利用的机会？创业者是否值得利用这一机会？"

对特定的创业者而言,为了做出理性的判断,他必须回答如下问题:

(1) 自己是否拥有利用该机会所需的关键资源,诸如相应的企业运作能力、技术设计与制造能力、营销渠道、公共关系等。面对某个创业机会,企图利用这一机会的创业者不一定必须拥有所需的全部资源,但他必须拥有利用这一机会的关键资源。否则,要么创业无法起步,要么在创业中会受制于人。例如,有一家企业投入市场的掌上电脑十分畅销。但不难设想,如果该企业缺乏产销掌上电脑的多数关键资源,他就无法生产并销售这一产品,更不要说借此创业。

(2) 自己是否能够"架桥"跨越"资源缺口"。在特定的创业机会面前,多数情况下,企业不可能拥有所需的全部资源,但他必须有能力在资源的拥有者与自身之间架起桥梁,以弥补相应的资源缺口,前述的某掌上电脑产销公司,尽管其自身没有研制开发该类产品的能力,但他有能力动员相应的设计公司和制造厂商加入自己的创新与创业活动。如该公司将自己的设计思想按契约传递给某家专业设计公司,设计公司为其设计出了符合功能要求的产品方案;将生产订单委托给某些制造企业后,制造企业为其生产出消费者满意的产品。可以说,这家公司以掌上电脑起步的创业,是创业者架桥跨越资源缺口、成功创业的一个典型案例。将此例推而广之,不难看到,在市场经济中、创业者只有勇于和善于架桥跨越资源缺口,组合利用市场资源,才可能取得创业的成功。

(3) 遇到竞争力量,自己是否有能力与之抗衡。现实中,一旦某个创业机会逐渐显露,就会有不少的创业者、竞争者蜂拥而上,这是十分平常的现象。但是,假若某个创业者想利用特定机会并获得创业的成功,他就必须具备与其他创业者、竞争者进行竞争的能力。

(4) 是否存在可以创造的新增市场以及可以占有的远景市场。理性地看,某个创业机会是否值得创业者利用,除了要有足够大的原始市场规模之外,其市场也应是可创造、可扩展的,具有足够的成长性,存在远景市场。创业者真正可把握的是"可创造的市场部分",而不是"顺其自然成长的市场部分"。

(5) 利用特定机会的风险是否是可以承受的。显然,创业者要想利用某个创业机会,他就必须具备利用该机会的风险承受能力。包括承受相应的技术风险、财务风险、市场风险、政策风险、法律风险和宏观环境风险的能力。就特定的创业者而言,如果利用特定机会的风险是该创业者不可承受的,却硬要"甘冒风险、知难而进",那在创业之初就可能自取灭亡。

总体上看,面对特定的创业机会,创业者只有拥有利用该机会所需的关键资源,能够架桥跨越资源缺口,有能力与可能遇到的竞争力量抗衡,可以创造新的市场并有能力占有前景市场份额,同时,能承受利用该机会的风险,这一机会才是该创业者可资利用的创业机会。

(二) 创业机会的确定过程

创业机会的识别和确定是一个创造过程,可分为五个阶段。如果在某个阶段停顿下来或没有足够信息使创造继续下去,创业者的最佳选择就是返回到准备阶段。

1. 创业准备

创业准备是指创业者根据自身的背景、经验和知识,决定是否创业,然后思考创业的方向，去发现创业的机会。正如运动员必须练习才能变得优秀一样，创业者需要经验以识别机会。研究表明，50%～90%的初创业者创业来自于个人的先前工作经验。在这个阶段，创业者仔细考虑创意或思考问题，是对事情进行深思熟虑的时期。有时候这种思考过程还会无意识地出现在人们从事其他活动的时候。

2. 机会发现

机会发现是创业准备的结果，是经过创业者深思熟虑的，机会发现也是一个洞察的过程，此时问题的解决办法被发现或创意得以产生。有时，它被称为"灵感"体验。在商务环境中，这是创业者识别出机会的时刻。有时候，这种经验推动过程向前发展；有时候，它促使个人返回到准备阶段。例如，创业者可能意识到机会的潜力，但认为追求机会之前需要更多的知识和考虑。

3. 机会评价

机会评价是创造过程中仔细审查创业并分析其可行性的阶段。许多创业者错误地跳过这个阶段，他们在确定创业可行之前就去设法实现它。评价是创造过程中特别具有挑战性的阶段，因为它要求创意者对创意的可行性采取一种公正的看法。创意需要符合一定的标准，才是真正的创业机会，而且创业机会只有符合创业者的能力和目标才是有价值的。

4. 机会阐述

机会阐述是创业机会变成最终形式的过程：细节已构思出来，并且创意变为有价值的东西，诸如新产品、服务或商业概念。这是一个条理化和逻辑化的过程，需要将天马行空的想象进行数字化的分析，可以表现为商业计划书的撰写。机会阐述是对问题的进一步落实和解决，是创业机会选择和决策的依据。在这个时候，也有可能发现创业机会不可行，需要重新去做准备和发现。

5. 机会决策

根据创业者自身的条件和环境的限制，决定是否采用创业机会进行创业。创业者需要充分考虑中国的国情。不同的时代有着不同的社会环境，不同的社会环境造就不同的商界英雄。他们成功的经历也许各不相同，但有一点绝对是相同的，那就是他们每一个人都善于根据各自所处的特殊时代制订相应的经商方针。

二、创业机会价值的评估方法

（一）蒂蒙斯的创业机会评价框架

蒂蒙斯的创业机会评价框架，涉及行业和市场、经济因素、收获条件、竞争优势、管理团队、致命缺陷问题、个人标准、理想与现实的战略差异等八个方面的53项指标。通过一种量化的方式，创业者可以利用这个体系模型对行业和市场问题、竞争优势、经济结构和收获、管理团队、致命缺陷等做出判断，来评价一个创业企业的投资价值和机会。具体见表2-1所示：

表 2-1　蒂蒙斯机会评价框架

行业与市场	1. 市场容易识别，可以带来持续收入 2. 顾客可以接受产品或服务，愿意为此付费 3. 产品的附加价值高 4. 产品对市场的影响力高 5. 将要开发的产品生命长久 6. 项目所在的行业是新兴行业，竞争不完善 7. 市场规模大，销售潜力达到 1000 万～10 亿元 8. 市场成长率在 30%～50% 甚至更高 9. 现有厂商的生产能力几乎完全饱和 10. 在五年内能占据市场的领导地位，达到 20% 以上 11. 拥有低成本的供货商，具有成本优势
经济价值	1. 达到盈亏平衡点所需要的时间在 1.5～2 年以下 2. 盈亏平衡点不会逐渐提高 3. 投资回报率在 25% 以上 4. 项目对资金的要求不是很大，能够获得融资 5. 销售额的年增长率高于 15% 6. 有良好的现金流量，能占到销售额的 20%～30% 7. 能获得持久的毛利，毛利率要达到 40% 以上 8. 能获得持久的税后利润，税后利润率要超过 10% 9. 资产集中程度低 10. 运营资金不多，需求量是逐渐增加的 11. 研究开发工作对资金的要求不高
收获条件	1. 项目带来附加价值的具有较高的战略意义 2. 存在现有的或可预料的退出方式 3. 资本市场环境有利，可以实现资本的流动
竞争优势	1. 固定成本和可变成本低 2. 对成本、价格和销售的控制较高 3. 已经获得或可以获得对专利所有权的保护 4. 竞争对手尚未觉醒，竞争较弱 5. 拥有专利或具有某种独占性 6. 拥有发展良好的网络关系，容易获得合同 7. 拥有杰出的关键人员和管理团队
管理团队	1. 创业者团队是一个优秀管理者的组合 2. 行业和技术经验达到了本行业内的最高水平 3. 管理团队的正直廉洁程度能达到最高水平 4. 管理团队知道自己缺乏哪方面的知识

续表

致命缺陷	不存在任何致命缺陷
创业家的个人标准	1. 个人目标与创业活动相符合 2. 创业家可以做到在有限的风险下实现成功 3. 创业家能接受薪水减少等损失 4. 创业家渴望进行创业这种生活方式，而不只是为了赚大钱 5. 创业家可以承受适当的风险 6. 创业家在压力下状态依然良好
理想与现实的战略性差异	1. 理想与现实情况相吻合 2. 管理团队已经是最好的 3. 在客户服务管理方面有很好的服务理念 4. 所创办的事业顺应时代潮流 5. 所采取的技术具有突破性，不存在许多替代品或竞争对手 6. 具备灵活的适应能力，能快速地进行取舍 7. 始终在寻找新的机会 8. 定价与市场领先者几乎持平 9. 能够获得销售渠道，或已经拥有现成的网络 10. 能够允许失败

（二）评价创业机会价值的方法

1. 定性方法

定性分析侧重考虑：确定该市场机会所需具备的成功条件；分析本企业在该市场机会上所拥有的优势；公司所拥有的竞争优势；与本公司的发展方向和目标是否一致。

2. 定量方法

定量分析主要是进行商业分析中的经济效益分析，其任务是在初步拟定营销规划的基础上，从财务上进一步判断选定机会是否符合创业目标，一般是通过量、本、利分析法进行。

（1）市场需求量的预测

通过市场需求量的预测，可以了解该机会所面临的市场状况及市场潜量（前提），也是进行经济效益分析的基础。市场需求量的预测可以运用一定的数学方法来进行，主要方法有：趋势预测法、因果预测分析法、市场调查分析法、判断分析法等。

（2）成本分析

成本分析主要研究利用该机会所需付出的代价。应从投资成本、生产成本、营销成本等三个方面分析，可采用专门的成本预测方法，如直线回归法、趋势预测法等。

（3）利润分析

在市场需求量、成本预测的基础上，进行利润测算，一般可采用损益平衡模型、现金流量模型、简单市场营销组合模型、投资收益率等分析方法进行。

3. 阶段性决策方法

这一方法明确要求创业者在机会开发的每个阶段都要进行机会评价。一个机会是否能够通过每个阶段预先设置的"通过门槛",在很大程度上取决于创业者经常面对的约束或限制,如创业者的目标回报率、风险偏好、金融资源、个人责任心和个人目标等。虽然某个创业者可能会因为某个准则而放弃某机会,但它又会引起其他个人或团队的注意。

一项不能成功通过某一阶段的评价门槛进入下一阶段的机会,将被修订甚至被放弃。因此,通过循环反复的"识别—评价—开发"步骤,一个最初的商业概念或创意就会逐步完善起来。同时,评价过程使创业者在开发过程中的每一阶段都要放弃一些机会。

三、创业行业选择与评估

从理论上说,制约大学生行业选择的因素主要分为外在因素和内在因素。外在因素主要包括该行业的发展前景和潜力,具体为利润率、风险性与创新性,竞争的激烈程度,政府对与该行业的政策扶持力度等。内在因素则是大学生自身的因素,包括他们所学的专业特色、自身的兴趣爱好、自身的特长、资金的多少等。

创业行业的选择,主要从以下方面进行评估:

(一)行业发展的前景

当今时代,在选择创业行业的时候要认识到选择创业行业不能只注重行业现在的发展情况,还要根据该行业现在的发展势头、政府的相应政策、世界经济的发展趋势、高科技产业的发展速度、该行业自身的特色和经营模式等一系列外在因素综合考虑该行业在未来的世界发展浪潮中所占据的位置,换句话说,就是要关注一下行业的发展前景。

(二)行业利润率

一般的创业者在行业选择的初期,都会把绝大多数的注意力放在备选行业的利润率上。诚然,追求利润本身就是创业者的初衷所在,但是一些高利润行业,如通信类和生物制药类,进入的门槛过高,有较高的科技含量的要求,对于经营的场地和启动资金都有着严格的要求,这对于大学生创业者们是一个不小的挑战。所以大学生创业者在创业初期对于利润率要有一个比较理性的认识,不应盲目地把利润率的高低作为衡量行业优劣的标准。简言之,利润率在行业选择的影响因素中占有一席之地,但不应是唯一的因素。

(三)启动资金

一般地,资金是创业者目前创业活动中遇到的最大障碍,也是制约他们行业选择的主要因素。一些具有极高的科技含量和发展潜力的项目就是因为资金的匮乏,缺少相应的投资而搁浅。创业者应根据自己的资金状况来选择相应的行业,尽量使自己在未来的发展中可以处于行业的较高水平,获得高额利润。

(四)竞争程度

创业者应考虑所选行业的竞争程度。研究表明,现在有很少的创业者会抓住行业的空白进行创业,如果所选的行业比较传统,行业的竞争度就比较高。竞争度的高低决定企业未来在行业中的发展水平。

(五)兴趣和爱好

众所周知,兴趣是最好的老师,爱好是不竭动力的源泉。创业者在创业时如果能结合自己的兴趣,通过创业的方式让自己的爱好转变成现实中的一种职业,将有助于创业的成功。这是因为,创业者是基于自身的兴趣来选择创业行业的,所以对顾客的心理需求有着很好的把握,在顾客服务方面有着优势,能够将心比心,凭借细致入微的服务赢得顾客的认同,就会为创业成功打好基础。

(六)自身的优势

很多大学生在创业的时候希望能够结合自己大学所学的专业知识,因为知识和技能水平高是大学生创业群体最显著的特征。知识和技能对于经济发展和社会进步的推动作用是巨大的。知识和技能是起支配作用的生产要素;缺乏知识和技能,就在很大程度上失去了核心竞争力和生存空间。大学生经历了系统的高等教育,积累了诸如语言表达、写作、管理等技能,以及大量的金融、会计、营销等专业知识,是社会中的精英,这为大学生创业搭建了更高、更宽阔的平台。

四、大学生寻找项目的方法

所有的创业行为都要落实在一个个具体的创业项目之上。创业项目的寻找和选择至关重要,在探寻创业项目时要舍得花工夫。

(一)基于解决别人困难,选定创业项目

"别人的困难往往就是企业成功的机会。"企业通过为他人提供有益的服务、为他人解决工作和生活中的困难可以获得正当合法的盈利。譬如,北大方正公司创始人王选先生为解决印刷行业困难,发明了激光照排系统,一举创业成功;有人针对大城市中的三口之家,夫妻两人上班经常为接送孩子上学和孩子吃饭的事发愁这一困难,开办托教服务项目,投资少、见效快,也取得了成功。

(二)分析已有商品存在的问题,选定创业项目

市场上销售的商品总会存在这样或那样的问题。有的样式呆板,有的颜色单一;有的在功能和性能方面不够完善,有的在结构方面不够合理等。创业者经过调查分析,针对这些商品存在的问题,进行改进、完善、提高,以此作为创业项目往往成功率很高。比如,美国迪士尼乐园的创始人迪士尼,就是针对当时市场上卡通影片存在的问题,通过改进技术创业的。

(三)透视热销商品背后隐藏的商机,选定创业项目

以热销商品为导向,认真分析热销商品背后隐藏的商机,再选定创业项目进行经营。例如,当看到市场上鸡蛋热销时,分析预测鸡蛋热销背后隐藏的商机:一是马上会兴起养鸡热,二是当养鸡热兴起后,鸡饲料将会供不应求。因此,既不去卖鸡蛋也不去养鸡,而是跳过两个阶段去生产鸡饲料。这样当养鸡热兴起后,自然就会财源滚滚。

（四）基于市场供求差异分析，选定创业项目

从宏观上看，任何产品或服务的市场需求总量和市场供给总量之间往往都会存在一定的差距。通过调查分析，若发现哪个产品或服务的市场供给不足，就可以从中找到创业机会，选定创业项目。市场需求不仅是多样化的，而且是不断变化的。因此，即使有时市场供求总量平衡，但结构也会出现不平衡，这样就会有需求空隙存在。创业者通过分析供需结构差异，也可以从中发现创业机会，选定创业项目。比如，我国饮料市场的供求状况总体上看是供过于求的。但广东三水酒厂厂长李经纬先生，当年创业时就是在这供过于求的市场状态中，通过分析供需结构差异发现了创业机会，开发出运动保健饮料，起名"健力宝"，一举打开市场，不断发展壮大为今天的健力宝公司。

（五）利用市场细分，选定创业项目

所谓市场细分，就是根据整体市场上顾客需求的差异性，以影响顾客需求和欲望的某些因素为依据，把某种商品的整体市场划分为若干个消费者群的一种市场分类方法。通过市场细分划分出的每个消费者群就是一个子市场。每个子市场都是具有相同或类似需求倾向的消费者构成的群体。因此，属于同一子市场的消费者对同一商品的需求极为相似；分属不同子市场的消费者对同一商品的需求则存在着明显的差异。因此，进行科学的市场细分有利于发现市场机会，选定目标市场，确定创业项目。

课堂活动

活动一 创业想法及初步评估

1. 请同学们仔细观察并思考大学校园内有哪些创业机会，记录下来，通过头脑风暴的方式进行小组讨论，分享彼此的思考成果。

2. 在上述的创业想法中，对你而言，最可能成功的一个想法是：

3. 用下面的表格评估你这个想法是否是好的商业机会。

评估方面	盈利时间	市场规模	资金需求	毛利率	成本结构	门槛限制	竞争性	缺陷	可控性
评估结果									
你的结论									

活动二 趋势带来的创业机会

1. 头脑风暴：未来的趋势。即思考未来5年、10年、20年内产品和服务的发展方向，可能包括：世界资源的再平衡、移动设备、随时随地的三维通信、全息印刷、机器人，等

等。全班一起生成一个趋势列表。

2. 每个小组从趋势列表中选择三个趋势，讨论这些趋势会如何影响顾客细分和顾客关系、产品或服务设计，以及组织业务流程的新方法，如产品和服务的分销，从而发现机会空间，最终开发出小组的未来世界蓝图。小组需要在纸上把自己的未来情境描绘出来。

3. 小组汇报：自身小组的三种趋势、未来情境以及如何利用新兴趋势和机会空间。

4. 反思自己为未来而创造时的感受，理解"是趋势创造了市场"。

活动三　创业项目的简单评估

大学生创业项目：团队开发出人工仿生蛋白，能够修复牙釉质和牙本质，在此基础上研发的护齿凝胶，可以用于龋齿预防和治疗，无氟、安全、高效。龋齿，俗称虫牙，发生在牙釉质和牙本质，被世界卫生组织与肿瘤和心血管疾病并列为人类三大重点防治疾病。通过再矿化技术预防和治疗龋齿意义重大。目前使用的再矿化产品有含氟高，只能修复牙釉质，作用范围有限，疗效不持久。未来该项目将通过互联网进行产品销售，让患者更方便地买到护齿产品。

请根据以上项目信息，评估该项目是否可行。

活动四　开启创业之旅

创业者的创业之旅，一般始于以下三种情况：

1. 拥有创意：有可以改变世界的新点子或是能够改善现有做法的新思路，而且非常乐于加以实施。

2. 拥有技术：掌握了某种技术突破，希望进行商用；知道如何对技术进行快速配置，从而对社会造成积极影响；或者了解一种技术成就，希望通过创业使其发挥巨大潜力。

3. 拥有激情：自信乐观，希望以最全面的方式拓展自己各方面的能力，认为创业是积极影响世界的最好方式。

现实中，很多对创业感兴趣的大学生都只有一腔激情，毫无创意或相关技术。但大学生们并不需要为此担忧，可以努力养成个人兴趣，发现自己的长处和能力，这样才能更好地发现新机遇。同学们可以自行或与潜在合作伙伴一起思考下面的问题：

- 知识：你的教育或职业中侧重哪些方面的知识？
- 能力：你最擅长做好哪些工作？
- 人脉：你是否认识在不同行业中拥有专业能力的人？是否认识其他创业者？
- 资金：你能否吸引大量资本？还是依靠微薄的个人存款创业？
- 特长：你和你的合作伙伴有哪些专业特长，甚至是专业里的知名人士？
- 经验：在以往的学习或工作经验中，你有哪些低效行为或存在哪些"痛脚"？
- 针对特定市场的热情：你对哪些行业的改善情有独钟？
- 承诺：你是否拥有努力改变现状的时间？是否做过尝试？有没有准备好针对上述

目标创建新企业？

通过回答以上问题，同学们可能会发现自己的创业团队正倾向甚至热衷于某些行业或项目，从而把对创业的激情，发展为拥有创业所需的创意或技术。

课外实践与作业反馈

创业项目甄选与评估

小组通过讨论与市场调研，寻找身边的创业机会，并根据本章理论方法，进行分析评估机会的价值。各小组通过介绍自己的创业项目，进行团队评比。

标准	专家与同行评分			
	极好（3分）	好（2分）	一般（1分）	总分
产品生命长久（3年）				
易操作性				
市场接受度				
不存在任何致命缺陷				
成长潜力				

延伸阅读

一、适合大学生创业的领域与方式

大学生创业只有根据自身特点，找准"落脚点"，才能闯出一片真正适合自己的新天地。

方向一：高科技领域

身处高新科技前沿阵地的大学生，在这一领域创业有着近水楼台先得月的优势，"易得方舟"、"视美乐"等大学生创业企业的成功，就是得益于创业者的技术优势。但并非所有的大学生都适合在高科技领域创业，一般来说，技术功底深厚、学科成绩优秀的大学生才有成功的把握。有意在这一领域创业的大学生，可积极参加各类创业大赛，获得脱颖而出的机会，同时吸引风险投资。

推荐商机：软件开发、网页制作、网络服务、手机游戏开发等。

方向二：智力服务领域

智力是大学生创业的资本，在智力服务领域创业，大学生游刃有余。例如，家教领域就非常适合大学生创业，一方面，这是大学生勤工俭学的传统渠道，积累了丰富的经验；另一方面，大学生能够充分利用高校教育资源，更容易赚到"第一桶金"。此类智力服务创业项目成本较低，一张桌子、一部电话就可开业。

推荐商机：家教、家教中介、设计工作室、翻译事务所等。

方向三：连锁加盟领域

统计数据显示，在相同的经营领域，个人创业的成功率低于20%，而加盟创业的则高达80%。

对创业资源十分有限的大学生来说，借助连锁加盟的品牌、技术、营销、设备优势，可以较少的投资、较低的门槛实现自主创业。但连锁加盟并非"零风险"，在市场鱼龙混杂的现状下，大学生涉世不深，在选择加盟项目时更应注意规避风险。一般来说，大学生创业者资金实力较弱，适合选择启动资金不多、人手配备要求不高的加盟项目，从小本经营开始为宜；此外，最好选择运营时间在5年以上、拥有10家以上加盟店的成熟品牌。

推荐商机：快餐业、家政服务、校园小型超市、数码速印站等。

方向四：开店

大学生开店，一方面可充分利用高校的学生顾客资源；另一方面，由于熟悉同龄人的消费习惯，因此入门较为容易。正由于走"学生路线"，因此要靠价廉物美来吸引顾客。此外，由于大学生资金有限，不可能选择热闹地段的店面，因此推广工作尤为重要，需要经常在校园里张贴广告或和社团联办活动，才能广为人知。

推荐商机：高校内部或周边地区的餐厅、咖啡屋、美发屋、文具店、书店等。

二、易于切入的大学生创业项目

对于大学生创业者而言，一般可以考虑以下几类易于切入和运作的项目：

(一) 借助学校品牌的项目

1. 各类教育与培训

比如大学生所在的学校有医学、心理学、教育学，便可借助大学的品牌优势和专业师资资源，开展各种培训项目。

2. 成熟的技术转让

理、工、农、医类院校，都有一些技术课题和成熟的技术项目。大学生可以把这件事做起来，为技术寻找市场，实现转化。

3. 各种专业的咨询

经济管理等专业的大学生，可成立企业咨询组织，邀请业内权威专家组成"专家顾问组"，提供咨询服务。

(二) 利用优势的服务项目

1. 家教服务中心

可以在同学中挑选能够胜任的，组成团队。另外，通过与重点中学、小学的老师合作，选择有优势，又有市场需求的家教科目。

2. 成人考试补习

可以与本校的成教学院或其他相关部门合作，以其名义独立运作。

3. 会议礼仪服务

成立一家某大学的礼仪服务队，既可以与专业的礼仪公司合作，也要直接面向各类大型会议。

4. 速记训练经营

许多场合，如研讨会、新闻发布会、各种论坛等，都需要速记。针对速记市场，可以训练专业的速记人才并提供相应的服务。

（三）可以独立运作的专业项目

1. 各种专业外包服务

有些研发或服务项目，其业务特点可以外包开发，适合专业人才或小团队独立自主地去做。互联网又为这种方式提供了可行且便利的条件。这种业务外包和分包的模式，为大学生创业项目选择提供了一个新途径。

2. 图书制作前期工作

比如选题策划，文字录入、版式设计、包装设计，还有校对等，都适合具有该方面特长的大学生独立来做。

3. 各类平面设计工作

比如广告、宣传画、书皮、商标等。此类事情对有艺术设计特长者特别适合，属于创意设计类项目。

4. 各种专项代理业务

专利申请代理，技术产权代理，各类注册代理。比如，商标注册，域名注册。

（四）利于对外合作的项目

1. 婚礼化妆司仪

婚礼经济是长盛不衰的，又总是与双休日捆绑在一起的，服务内容又是分门别类的。不限于化妆和司仪，任何一个单项，都可以独立打造自己有特色、有创意的服务内容。

2. 服装鞋帽设计

服装鞋帽的生命力在于推出新款式，设计是这类企业的生命。设计出新款后，做成样品，让大鞋商定货，再拿订单委托鞋厂加工。

3. 各类信息服务

不论哪类信息，只要够专业、够翔实、够深度就会有许多人需要，大到行业，小到名录都有商业价值。

4. 主题假日学校

凡是与中小学生的德、智、体发展有益的事情都可以办主题鲜明的假日学校。做好这件事，选题很重要，借助有影响、有公信力的资源，亦可以与旅游公司联手举办相关活动。

（五）小型多样的经营项目

1. 手工制造

有位大学女生，把剪纸做得很专、很透、很有规模，销到了许多国家，还搞起了专业培训。

2. 特色专柜

在黄山有个幽静的山谷，那里的农民自己采摘、炒制野山茶。北京有位大学生，在一家大茶庄开了个专柜，专门经营这种野山茶。

3. 网络维护

许多企业、事业单位为了节约成本，使用兼职的网络维护员。许多大学生有网络维护的技术专长，不妨成立项目组，同时为几家做兼职维护服务。

4. 体育用品

山东的一个大学生搞了个"体育文化工作室"，直接从厂家进运动服装和体育用品，在本校和几个周边学校经营。

三、互联网＋带来的创业机会

未来互联网＋的"＋"，不仅仅是技术上的"＋"，也是思维、理念、模式上的"＋"。互联网＋的发展趋势则是大量"互联网＋模式"的爆发以及传统企业的"破与立"。

1. 互联网＋工业

"互联网＋工业"即传统制造业企业采用移动互联网、云计算、大数据、物联网等信息通信技术，改造原有产品及研发生产方式，与"工业互联网"、"工业4.0"的内涵一致。"工业4.0"是应用物联网、智能化等新技术提高制造业水平，将制造业向智能化转型，通过决定生产制造过程等的网络技术，实现实时管理，它"自下而上"的生产模式革命，不但节约创新技术、成本与时间，还拥有培育新市场的潜力与机会。譬如，"移动互联网＋工业"、"云计算＋工业"、"物联网＋工业"、"网络众包＋工业"等新型结合形式。

"互联网＋工业"和正在演变的"工业4.0"，将颠覆传统制造方式，重建行业规则，例如小米、乐视等互联网公司就在工业和互联网融合的变革中，不断抢占传统制造企业的市场，通过价值链重构、轻资产、扁平化、快速响应市场来创造新的消费模式，而在互联网＋的驱动下，产品个性化、定制批量化、流程虚拟化、工厂智能化、物流智慧化等等都将成为新的热点和趋势。

2. 互联网＋农业

互联网带来的新技术，不仅可改变农产品流通模式，催生农产品电子商务的繁荣，也可推动新农人群体的诞生。

首先，数字技术可以提升农业生产效率。例如，利用信息技术对地块的土壤、肥力、气候等进行大数据分析，并提供种植、施肥相关的解决方案，能够提升农业生产效率。其次，农业信息的互联网化将有助于需求市场的对接，互联网时代的新农民不仅可以利用互联网获取先进的技术信息，也可以通过大数据掌握最新的农产品价格走势，从而决定农业生产重点以把握趋势；再次，农业互联网化，可以吸引越来越多的年轻人积极投身农业品牌打造中，具有互联网思维的"新农人"群体日趋壮大，将可以创造出更为多样模式的"新农业"。

3. 互联网＋金融

传统金融向互联网转型，金融服务普惠民生，成为大势所趋。"互联网＋金融"的结合将掀起全民理财热潮，低门槛与便捷性让资金快速流动，大数据让征信更加容易，P2P和小额贷款发展也越加火热。这也将有助于中小微企业、工薪阶层、自由职业者、进城务工人员等普罗大众获得金融服务。

互联网金融模式下，金融服务边界不断拓展，服务人群将包括3.6亿尚未被互联网金融覆盖的长尾互联网用户，以及迅速增长的农村手机上网用户。金融不再像工业时代时以企业为中心，以生产为中心，而开始以普通消费者为中心，金融服务和产品深度嵌入人们日常生活。

4. 互联网＋医疗

现实中存在看病难、看病贵等难题，互联网＋医疗有望从改善这一医疗生态。具体来讲，互联网将优化传统的诊疗模式，为患者提供一条龙的健康管理服务。在传统的医患关系中，患者普遍存在事前缺乏预防，事中体验差，事后无服务的现象。而通过互联网医疗，患者有望从移动医疗数据端监测自身健康数据，做好事前防范；在诊疗服务中，依靠移动医疗实现网上挂号、询诊、购买、支付，节约时间和经济成本，提升事中体验；并依靠互联网在事后与医生沟通。

互联网医疗的未来，将会向更加专业的移动医疗垂直化产品发展，可穿戴监测设备就将会是其中最可能突破的领域。大数据和移动互联网、健康数据管理未来有较大的可能改变健康产品的营销模式。同时，随着互联网个人健康的实时管理的兴起，在未来传统的医疗模式也或将迎来新的变革，以医院为中心的就诊模式或将演变为以医患实时问诊、互动为代表的新医疗社群模式。

5. 互联网＋教育

一张网、一个移动终端，几百万学生，学校任你挑、老师由你选，这就是"互联网＋教育"。在教育领域，面向中小学、大学、职业教育、IT培训等多层次人群开放课程，可以足不出户在家上课。互联网＋教育的结果，将会使未来的一切教与学活动都围绕互联网进行，老师在互联网上教，学生在互联网上学，信息在互联网上流动，知识在互联网上成型，线下的活动成为线上活动的补充与拓展。

K12在线教育、在线外语培训、在线职业教育等细分领域成为中国在线教育市场规模增长的主要动力，很多传统教育机构，正在从线下向线上教育转型，而一些在移动互联网平台上掌握了高黏性人群的互联网公司，也在转型在线教育，将用户需求深度挖掘，而通过大数据技术，可以实现个性化推荐，而基于移动终端的特性，用户可以用碎片化时间进行沉浸式学习，让在线教育切中传统教育的一些痛点和盲区。

6. 互联网＋商贸

在零售、电子商务等领域，过去这几年都可以看到和互联网的结合，特别是移动互联网对原有的商贸行业起到了很大的升级换代的作用。在全球网络企业前10强排名中，有4

家企业在中国，互联网经济成为中国经济的最大增长点。

此外，如果说电子商务对实体店生存构成巨大挑战，那么移动电子商务则正在改变整个市场营销的生态。智能手机和平板电脑的普及，大量移动电商平台的创建，为消费者提供了更多便利的购物选择，例如微信将推出购物圈，就在构建新的移动电商的生态系统，移动电商将会成为很多新品牌借助社交网络走向市场的重要平台。

应该说，互联网＋是一个人人皆可获得商机的概念，但是，互联网＋不是要颠覆，而是要思考跨界和融合，更多是思考互联网时代产业如何与互联网结合以创造新的商业价值，企业不能因此陷入互联网＋的焦虑和误区，互联网＋更重要的是"＋"，而不是"－"，也不是毁灭。

7. 互联网＋文化传媒

文化创意产业的核心是创意。是以创意为核心，向大众提供文化、艺术、精神、心理、娱乐等产品的新兴产业。互联网与文化产业高度融合，推动了产业自身的整体转型和升级换代。互联网带来的多终端、多屏幕，将产生大量内容服务的市场，而在内容版权的衍生产品，互联网可以将内容与衍生品与电商平台一体化对接，无论是视频电商、TV电商等等都将迎来新机遇；一些区域型的特色文化产品，将可以使用互联网，通过创意方式走向全国，未来设计师品牌、族群文化品牌、小品类时尚品牌都将迎来机会；而明星粉丝经济和基于兴趣为细分的社群经济，也将拥有巨大的想象空间。

互联网对于媒体的影响，不只改变了传播渠道，在传播界面与形式上也有了极大的改变。融入互联网后的媒体形态则是以双向、多渠道、跨屏等形式，进行内容的传播与扩散，此时的用户参与到内容传播当中，并且成为内容传播介质。交互化、实时化、社交化、社群化、人格化、亲民化、个性化、精选化、融合化将是未来媒体的几个重要的方向。

8. 互联网＋生活服务

"互联网＋服务业"将会带动生活服务O2O的大市场，互联网化的融合就是去中介化，让供给直接对接消费者需求，并用移动互联网进行实时链接。例如，家装公司，理发店，美甲店，洗车店，家政公司，洗衣店等等，都是直接面对消费者，如河狸家、爱洗车、点到等线上预订线下服务的企业，不仅节省了固定员工成本，还节省了传统服务业最为头疼的店面成本，真正的将服务产业带入了高效输出与转化的O2O服务市场，再加上在线评价机制，评分机制，会让参与的这些手艺人，精益求精，自我完善。当下O2O成为投资热点，事实上，这个市场才刚刚开始，大量的规模用户，对于传统垂直领域的改造，形成固定的黏性，打造平台都还有很大的探索空间。

"互联网＋交通"不仅可以缓解道路交通拥堵，还可以为人们出行提供便利，为交通领域的从业者创造财富。例如，实时公交应用，可以方便出行用户对于公交汽车的到站情况进行实时查询，减少延误和久等；滴滴和快的不仅为用户出行带来便捷，对于出租车而言也减少了空车率。而在旅游服务行业，旅游服务在线化、去中介化会越来越明显，自助游会成为主流，基于旅游的互联网体验社会化分享还有很大空间，而类似Airbnb和途家等共享模式可以让住房资源共享起来，旅游服务、旅游产品的互联网化也将有较大的想象空间。

专家视点

克里斯坦森：只有颠覆性创新才能带来价值增长

如今的消费者是要求比较高的需求者。在市场上可以看到，企业在创新发展的过程中产品不断丰富，这体现了企业不断向上的能力，也体现了消费者利用企业进步的这种能力。

最开始企业的产品不够好，达不到消费者的需求，但是随着时间的流逝，企业不断地创新，超越了消费者的需求。在这个过程中，企业不断提升，实现了跨越式发展，这种创新叫作持续性创新。

而颠覆性创新是指把复杂繁冗的细节简单化，使市场底端的消费群体接触到以前不能接触到的产品，使产品能够被大众买得起。

市场分为不同层级，每个市场中最底层都是很简单的产品。随着产品层级升高，复杂度也随之增加，最终达到高端的产品层级。以钢铁产业为例，从底层的产品到最高精尖的产品。全球各地的钢铁产业主导者都是综合型的大企业，他们的投资需求高达上百亿美元。

然而在新技术的启发下，从市场底层出现了一些小企业，这些企业通过一些电子性的熔炉的方式，推动了行业技术的发展。起初这些企业的起点低，产品级别也比较低。后来这些企业通过先进的炼钢技术，包括钢筋制造，不断探索新的技术推动产品升级，以非常简单的产品和技术进入这个领域，通过生产不同类型的钢铁产品包括钢板、型钢、钢筋等，逐渐攀升到市场的不同级别，提高市场占有率。

而综合性的大型钢厂，由于产能过剩逐渐被市场淘汰。小钢厂市场占比只有20%，不受产能困扰，收益较多。1979年，小作坊一步步的在竞争中取胜，取代了综合性钢厂。

整个发展过程包含了一种模式：小的新兴者从底层做起，把市场大鳄干掉。早些时候，大公司垄断高端市场，然后小的电脑公以颠覆性的技术从底层发展，逐渐地提升他们的功能性，不断地攀升市场级别，最后把行业大鳄打败，逐渐占领更多的市场份额。这个模式对于国家发展同样适用。

对中国而言，中国经济发展非常迅速，当中国在遇到更多的竞争的时候，实际上就是失去底层的竞争优势。之后，中国会进到市场的更高一级的地位上去，进行更高一级的竞争，这是一种同样的机制，也会让其他竞争者遇到同样的困难。

总结来说，共有三种不同的创新：

持续性创新：就是让已经很好的产品变得更好。如今的绝大部分创新，都是持续性创新。持续性创新可以帮助公司长期赚取利润，赢得更多的市场份额。

颠覆性创新：就是把曾经非常昂贵和复杂的产品，变得简单且便宜。因为这样的创新，才能真正地创造出增长。

效率创新：即用现有投入创造出更多的东西，这个结果会降低就业率，但是会创造出更多的现金流。

当下全球范围经济增长放缓就是因为我们失去了颠覆式创新的能力。对颠覆性创新的投入少。金融投资学最重要的一个原则就是投资回报率，急于追求回报导致人们不能真正做出能够产生增长的投资。需要明确的是，不是所有的创新都会带来整个经济和科技的增长，只有颠覆性的创新才能带来增长。

网上精品视频课程

创业机会

用手机"扫一扫"下面的二维码，用浏览器打开相应网址，进入视频课程学习。

第三章　创业风险识别与防范

不要控制失败的风险，而应控制失败的成本。

——美国麦克马斯特大学教授　罗伯特·A. 库伯

创业是不拘泥于当前资源条件的限制下对机会的追寻，将不同的资源组合以利用和开发机会并创造价值的过程。

——美国学者　布鲁斯·R. 巴格林

第三章 创业风险识别与防范

本章地图

第三章 创业风险识别与防范
- 【案例故事】"六味面馆"的失败
- 【基础知识与理论】
  - 主题一 认识风险
    - 一、风险的构成要素
    - 二、风险的常见分类
  - 主题二 认识创业风险
    - 一、创业风险来源于缺口
    - 二、创业风险的常见分类
    - 三、大学生创业常见风险
- 【基本流程与方法】
  - 一、创业风险识别与防范
  - 二、创业风险分析与应对
  - 三、创业者风险承担能力评估
- 【课堂活动】
  - 活动一 风险偏好与收益
  - 活动二 创业风险案例分析
- 【课外实践与作业反馈】项目风险分析与应对策略
- 【延伸阅读】
  - 一、大学生创业意识风险
  - 二、创业风险控制的四个方法
  - 三、创业风险规避九大策略
- 【专家视点】精益创业降低创业风险

案例故事

"六味面馆"的失败

成都市一所高校食品科学系6名研究生声称自筹资金20万元，在成都著名景观——琴台故径边上（非繁华商业市区）开起了"六味面馆"。

第一家店还未开张，六位股东已经把目光放到了5年之后，一说到今后的打算，他们6位异口同声地说：当然是开分店啦！今年先把第一家店搞好，积累经验，再谈发展。我们准备两年内在成都开20家连锁店，到时候跟肯德基、麦当劳较量较量。

原本想以"研究生"之名来制造广告轰动效应，但事情的发展却出人预料。一番豪华装修后，6位研究生就各自回到学校，忙于功课，店堂内经常无人管理。附近居民表示："味道不好，分量不足，吃不饱。"

不久，由于面馆长时间处于无人管理和经营欠佳的状况，投资人已准备公开转让。这家当初在成都号称"第一研究生面馆"的餐馆仅仅经营了4个多月，就不得不草草收场。

问题：
1. 分析此案例创业失败的原因。
2. 你有什么好的办法让面馆盈利吗？

背景信息分析	问题诊断及原因分析	策划可选解决方案解
时间：当代　地点：成都　人物：六位在校研究生	目标不切实际； 面馆初期准备草率、考虑不周 管理不规范，甚至无人管理 产品质量不高……	重新定位、规范管理、专人负责、提高质量……
方案评估	决策选择	得出结论
是否有能力继续经营？	重新包装、重新定位	创业需要有自知之明，做好充足的准备

新创办企业的失败率很高，统计表明，中国企业的平均寿命只有 7 年左右，民营企业的平均寿命只有 3 年。中国百姓创业致富网上调查显示，58.1％的企业不到 1 年就关闭，2～3 年的占 24.7％，4～5 年的占 9.5％，5 年以上的仅占 7.7％。另据美国近期的调查，24％的企业在 2 年内倒闭，在 6 年内有 64％的企业彻底失败。

基础知识与理论

主题一　认识风险

一、风险的构成要素

构成风险的要素主要包括风险因素、风险事件和风险损失三个方面。

（一）风险因素

风险因素是指能够引起或增加风险事件发生的机会或影响损失的严重程度的因素，是事故发生的潜在条件，一般又称为风险条件。

风险因素从形态上可以分为物的因素和人的因素，物的因素属于有形的情况或状态，如生产线上的关键设备故障；人的因素指道德、心理情况和状态，如欺骗、疏忽、违纪等。具体可分为：

实质风险因素，属于有形因素，指增加某一标的风险发生机会或损失严重程度的直接条件，如恶劣的气候、地壳的异常变化等。

道德风险，属于无形因素，与人的品德修养有关，是指由于个人不诚实或不良企图，故意使风险事件发生或扩大已发生的风险事件的损失程度的因素。

心理风险因素，也属于无形因素，是指由于人们主观上的疏忽或损失，如粗心大意、玩忽职守等行为而导致增加风险事件发生的机会或扩大了损失严重程度的因素，如违章工作，下班时忘记关掉电源等。

风险因素从性质上可以分为自然因素，如火灾、地震等；社会因素，如社会制度、经济政策等。

引发风险的因素是多方面的综合性的，但在风险因素作用过程中有主次之分，有时是人的因素为主，有时是物的因素为主；有时是社会因素为主，有时是自然因素为主，并且主要风险因素与次要风险因素的地位也是随着条件的变化而改变的。

（二）风险事件

风险事件是风险因素综合作用的结果，是产生风险损失的原因，也是风险损失产生的媒介物。换言之，风险事件是指风险的可能变成了现实，以致引起损失的后果。如火灾、水灾、地震、爆炸、碰撞等均是典型的风险事件。风险事件与风险因素是不同的，之所以要严格区分风险事件与风险因素，是因为两者在风险损失形成过程中的作用是不一样的，两者之间存在着先后的逻辑关系。

（三）风险损失

风险损失是指非故意的，非预期的，非计划的利益的减少，这种减少可以用货币来衡量。一般而言，风险和损失构成一对因果关系，风险为因，损失为果。但是，风险并不是损失的同义词，风险是发生损失的可能性，而损失是实际上发生的财产物资的损耗或消耗。风险只有转化为现实，才能造成损失，但它本身并不是损失。应该注意的是，风险与损失的这种因果关系只适用于分析纯粹风险（静态风险），而不适用于投机风险（动态风险）。

风险损失有两种形态：一是直接损失，包括财产损失、收入损失、费用损失等；二是间接损失，包括商业信誉、企业形象、业务关系、社会利益等损失，以及由直接损失而导致的第二次损失。如某一国际企业的海外子公司等被国有化或因违规操作被关闭，除了财产上的损失（直接损失）之外，企业不能再从该国从事生产经营活动，从而引起该企业全球战略被破坏（间接损失）。

风险因素引起风险事故，风险事故导致风险损失。风险因素，风险事故，风险损失密切相关。它们三位一体构成了风险存在与否的基本条件。

二、风险的常见分类

基于有效分析和管理风险的目的，需要对风险进行合理的分类。从不同的角度，可以有不同的分类方法。

（一）动态风险和静态风险

动态风险是由于企业外部环境变化而带来的损失可能性。企业外部环境变化主要是宏观经济、产业发展、竞争对手以及客户等因素的变化，这些变化不可控制，但是它们均有可能为企业带来潜在的经济损失。比如，科学发展观的提出和落实，对那些高投入、高消耗并带来高污染的企业，便是致命的打击。而静态风险是指在经济环境没有变化时发生损失的可能性，往往是由于自然客观因素或者不遵守规章制度造成。比如自然界的洪涝灾害、地震、火灾等以及人为的偷盗、诈骗、呆账、坏账等带来的损失。

动态风险和静态风险划分的标准是外部社会经济环境是否发生变化。二者的区别之一是动态风险的影响范围会大于静态风险，后者往往只对少数当事人产生影响。区别之二是静态风险对社会带来的是实实在在的损失，而动态风险往往是对社会一部分人有弊而对另一部分人有益。比如消费者偏好的改变会使对产品的需求在不同的厂家之间变换。所以，从风险管理的角度看，加强静态风险管理更具有合理性和必要性。

（二）纯粹风险和投机风险

纯粹风险是指只有损失机会，而无任何利益的危险。人们通常概念中的风险——自然灾害以及意外事故，都属于纯粹风险，比如疾病、火灾、交通事故以及失窃等。相反，投机风险是指既有损失可能性，也有盈利可能性的风险。比如，购买股票或者外汇所面临的资本市场风险就是属于投机风险。人们对纯粹风险是避之唯恐不及，而有一部分人为了追求高回报而甘愿承受投机风险。

二者的区别之一是：纯粹风险只能产生有损失和无损失两种结果，而投机风险可以产生有损失、无损失和有利益三种结局。区别之二是：纯粹风险的风险事故及其损失程度一般可以通过大量的统计资料进行科学预测，而投机风险则很难做到这一点。因为投机风险很大程度上受到了宏观环境的不可控因素影响。很多时候，纯粹风险和投机风险又会交织在一起。比如，房屋所有者在购买房屋之后，一方面将会面临房价上涨或者下跌的投机性风险，另外一方面还要面临房屋遭受火灾等损失的纯粹风险。

（三）可分散风险和不可分散风险

有的风险可能会影响到整个人类，比如环境污染问题或者世界范围的经济危机问题等。而有的风险是可以通过足够多地参与者进行联合而分摊的，比如个别人所面对的疾病风险或者交通事故风险。

在资本市场中，风险的可分散性体现得非常明显。比如，紧缩的宏观调控政策基本上会为每个企业带来一定程度上的不利影响。但是，对个别产业的政策调整，则会由于不同产业或者不同企业受到的影响不同，从而可以通过持有一揽子公司的股票对此政策变动产生的可分散风险进行抵消。比如，同时持有煤炭企业和发电企业的股票，则可以分散国家调整电煤价格带来的投资风险。

区分可分散风险和不可分散风险具有很大的必要性，因为它将影响风险管理中联合或者风险分担是否有效。比如，对于普通疾病可以通过多人联保的形式，来减小个别主体在患有疾病的情况下无钱医治的风险。但是对于在某一范围内普遍传播的疾病，则无法通过此范围内的分担而减少这种疾病带来的风险。所以，可分散风险是风险管理的重要内容。

主题二　认识创业风险

创业风险，一是指风险因素，即创业过程中有可能遇到某些风险因素的干扰；二是一旦某些风险因素真正发生，创业者即会阶段性遇到很难克服的困难，导致创业活动很难推进，甚至导致创业的失败。

面对某个创业机会，创业者将面临相应的技术风险、财务风险、市场风险、政策法律风险、宏观环境风险，特别是团队风险。这是多数创业者都可能面临的问题。

一、创业风险来源于缺口

创业环境的不确定性，创业机会与创业企业的复杂性，创业者、创业团队与创业投资者的能力与实力的有限性，是创业风险的根本来源。

由于创业的过程往往是将某一构想或技术转化为具体的产品或服务的过程，在这一过程中，存在着几个基本的、相互联系的缺口，它们是上述不确定性、复杂性和有限性的主要来源，也就是说，创业风险在给定的宏观条件下，往往就直接来源于这些缺口。

（一）融资缺口

融资缺口存在于将概念转化为有市场的产品原型（这种产品原型有令人满意的性能，对其生产成本有足够的了解并且能够识别其是否有足够的市场）过程中。创业者可以证明其构想的可行性，但往往没有足够的资金将其实现商品化，从而给创业带来一定的风险。通常，只有极少数天使基金愿意鼓励创业者跨越这个缺口，如富有的个人专门进行早期项目的风险投资，以及政府资助计划等。

（二）研究缺口

研究缺口主要存在于仅凭个人兴趣所做的研究判断和基于市场潜力的商业判断之间。当一个创业者最初证明一个特定的科学突破或技术突破可能成为商业产品基础时，他仅仅停留在自己满意的论证程度上。然而，这种程度的论证后来不可行了，在将预想的产品真正转化为商业化产品（大量生产的产品）的过程中，即具备有效的性能、低廉的成本和高质量的产品，在能从市场竞争中生存下来的过程中，需要大量复杂而且可能耗资巨大的研究工作（有时需要几年时间），从而形成创业风险。

（三）信息和信任缺口

信息和信任缺口存在于技术专家和管理者（投资者）之间。也就是说，在创业中，存在两种不同类型的人：一是技术专家；二是管理者（投资者）。技术专家知道哪些内容在科学上是有趣的，哪些内容在技术层上是可行的，哪些内容根本就是无法实现的。管理者（投资者）通常比较了解将新产品引进市场的程序，但当涉及具体项目的技术部分时，他们不得不相信技术专家，可以说管理者（投资者）是在拿钱冒险。如果技术专家和管理者（投资者）不能充分信任对方，或者不能够进行有效的交流，那么这一缺口将会变得更深，带来更大的风险。

(四) 资源缺口

资源与创业者之间的关系就如颜料和画笔与艺术家之间的关系。没有了颜料和画笔，艺术家即使有了构思也无从实现。创业也是如此。没有所需的资源，创业者将一筹莫展，创业也就无从谈起。在大多数情况下，创业者不一定也不可能拥有所需的全部资源，这就形成了资源缺口。如果创业者没有能力弥补相应的资源缺口，要么创业无法起步，要么在创业中受制于人。

(五) 管理缺口

管理缺口是指创业者并不一定是出色的企业家，不一定具备出色的管理才能。进行创业活动主要有两种：一是创业者利用某一新技术进行创业，他可能是技术方面的专业人才，但却不一定具备专业的管理才能，从而形成管理缺口；二是创业者往往有某种"奇思妙想"，可能是新的商业点子，但在战略规划上不具备出色的才能，或不擅长管理具体的事务，从而形成管理缺口。

二、创业风险的常见分类

(一) 按创业风险产生的原因划分

按风险产生的原因进行划分，可分为主观创业风险和客观创业风险。

1. 主观创业风险，是指在创业阶段，由于创业者的身体与心理素质等主观方面的因素导致创业失败的可能性。

2. 客观创业风险，是指在创业阶段，由于客观因素导致创业失败的可能性，如市场的变动、政策的变化、竞争对手的出现、创业资金缺乏等。

(二) 按创业风险产生的内容划分

按创业风险产生的内容划分，可分为技术风险、市场风险、政治风险、管理风险、生产风险和经济风险。

1. 技术风险，是指由于技术方面的因素及其变化的不确定性而导致创业失败的可能性。

2. 市场风险，是指由于市场情况的不确定性导致创业者或创业企业损失的可能性。

3. 政治风险，是指由于战争、国际关系变化或有关国家政权更迭、政策改变而导致创业者或企业蒙受损失的可能性。

4. 管理风险，是指因创业企业管理不善产生的风险。

5. 生产风险，是指创业企业提供的产品或服务从小批试制到大批生产的风险。

6. 经济风险，是指由于宏观经济环境发生大幅度波动或调整而使创业者或创业投资者蒙受损失的风险。

(三) 按创业风险对资金的影响程度划分

按风险对所投入资金即创业投资的影响程度划分，可分为安全性风险、收益性风险和流动性风险。

创业投资的投资方包括专业投资者与投入自身财产的创业者。

1. 安全性风险，是指从创业投资的安全性角度来看，不仅预期实际收益有损失的可能，而且专业投资者与创业者自身投入的其他财产也可能蒙受损失，即投资方财产的安全存在危险。

2. 收益性风险，是指创业投资的投资方的资本和其他财产不会蒙受损失，但预期实际收益有损失的可能性。

3. 流动性风险，是指投资方的资本、其他财产以及预期实际收益不会蒙受损失，但资金有可能不能按期转移或支付，造成资金运营的停滞，使投资方蒙受损失的可能性。

（四）按创业过程划分

按创业过程划分，可分为机会的识别与评估风险、准备与撰写创业计划风险、确定并获取创业资源风险和新创企业管理风险。

创业活动须经历一定的过程，一般而言，可将创业过程分为四个阶段：识别与评估机会；准备与撰写创业计划；确定并获取创业资源；新创企业管理。

1. 机会的识别与评估风险，指在机会的识别与评估过程中，由于各种主客观因素，如信息获取量不足，把握不准确或推理偏误等使创业一开始就面临方向错误的风险。另外，机会风险的存在，即由于创业而放弃了原有的职业所面临的机会成本风险，也是该阶段存在的风险之一。

2. 准备与撰写创业计划风险，指创业计划的准备与撰写过程带来的风险。创业计划往往是创业投资者决定是否投资的依据，因此创业计划是否合适将对具体的创业产生影响。创业计划制订过程中各种不确定性因素与制订者自身能力的限制，也会给创业活动带来风险。

3. 确定并获取资源风险，指由于存在资源缺口，无法获得所需的关键资源，或即使可获得，但获得的成本较高，从而给创业活动带来一定风险。

4. 新创企业管理风险，主要包括管理方式，企业文化的选取与创建，发展战略的制订、组织、技术、营销等各方面的管理中存在的风险。

（五）按创业与市场和技术的关系划分

按创业与市场和技术的关系划分，可分为改良型风险、杠杆型风险、跨越型风险和激进型风险。

1. 改良型风险，是指利用现有的市场、现有的技术进行创业所存在的风险。这种创业风险最低，经济回报有限，即风险虽低，但要想生存和发展，获取较高的经济回报也比较困难，一方面会遭遇已有市场竞争者的排斥或进入壁垒的限制，另一方面即便进入，想要占有一定的市场份额非常困难。

2. 杠杆型风险，是指利用新的市场、现有的技术进行创业存在的风险。该风险稍高，对一个全球性公司来说，这种风险往往是地理上的，常见于挖掘未开辟的市场，如彩电行业，利用原有技术进入农村市场。

3. 跨越型风险，是指利用现有市场、新的技术进行创业存在的风险。该风险稍高，主要体现在创新技术的应用方面，往往反映了技术的替代，是一种较常见的情况，常见于企业的二次创业，领先者可获得一定的竞争优势，但模仿者很快就会跟上。

4. 激进型风险，是指利用新的市场、新的技术进行创业存在的风险。该风险最大，如果市场很大，可能会带来巨大的机会，对于第一个行动者而言，其优势在于竞争风险较低，但是知识产权保护力度很弱，市场需求不确定，确定产品性能有很大的风险。

（六）按创业中技术因素、市场因素与管理因素的关系划分

按创业中技术因素、市场因素与管理因素的关系划分，可分为技术风险、市场风险和代理风险。

代理风险，是指高级经营管理人才、组织结构以及生产管理等能否适应创业的快速增长或战胜创业企业危机阶段的动态不确定性因素的风险。

这三类风险之间相互作用，使得创业企业运作的各个层面上的诸多因素的不确定性更加复杂，并且在创业企业不同的发展阶段上，各因素的风险性质也将产生一定的变化。

创业风险的具体分类如下表所示：

风险类别	一级风险因素	二级风险因素
系统风险	商品市场风险	新产品市场多是潜在、待开发、待成长的
		很难确定市场接受新产品的具体时间
		很难预测新产品的市场需求成长速度
		很难预测未来同行市场竞争的实际态势
	要素市场风险	资本市场的资金可得性多是不确定的
		技术市场的技术可得性、实用性是不确定的
		人力资源市场存在"趋存而流"的不确定性
		上游产品市场供应商往往存在机会主义行为
	法律及政策规制风险	法律或政府政策的出台有可能超出创业者的预期
		政府许可也具有不确定性
非系统风险	技术风险	新产品研发能否成功是不确定的
		相关行业能否提供技术配套是不确定的
	财务风险	新产品研发的资金需求极难判定
		新产品市场开发的资金需求是不确定的
	团队分化风险	团队成员缺乏共识的利益、目标、规则等
		部分成员的"畏惧心理"和机会主义
		没有形成领袖人物造成的团队风险

三、大学生创业常见风险

大学生创业者要认真分析自己创业过程中可能会遇到哪些风险，这些风险中哪些是可以控制的，哪些是不可控制的，哪些是需要极力避免的，哪些是致命的或不可管理的。一旦这些风险出现，你应该如何应对和化解。特别需要注意的是，一定要明白最大的风险是什么，最大的损失可能有多少，自己是否有能力承担并渡过难关。

大学生创业的风险主要有以下几个方面：

风险一：项目选择

大学生创业时如果缺乏前期市场调研和论证，只是凭自己的兴趣和想象来决定投资方向，甚至仅凭一时心血来潮做决定，一定会碰得头破血流。

大学生创业者在创业初期一定要做好市场调研，在了解市场的基础上创业。一般来说，大学生创业者资金实力较弱，选择启动资金不多、人手配备要求不高的项目，从小本经营做起比较适宜。

风险二：缺乏创业技能

很多大学生创业者眼高手低，当创业计划转变为实际操作时，才发现自己根本不具备解决问题的能力，这样的创业无异于纸上谈兵。一方面，大学生应去企业打工或实习，积累相关的管理和营销经验；另一方面，积极参加创业培训，积累创业知识，接受专业指导，提高创业成功率。

风险三：资金风险

资金风险在创业初期会一直伴随在创业者的左右。是否有足够的资金创办企业是创业者遇到的第一个问题。企业创办起来后，就必须考虑是否有足够的资金支持企业的日常运作。对于初创企业来说，如果连续几个月入不敷出或者因为其他原因导致企业的现金流中断，都会给企业带来极大的威胁。相当多的企业会在创办初期因资金紧缺而严重影响业务的拓展，甚至错失商机而不得不关门大吉。

另外如果没有广阔的融资渠道，创业计划只能是一纸空谈。除了银行贷款、自筹资金、民间借贷等传统方式外，还可以充分利用风险投资、创业基金等融资渠道。

风险四：社会资源贫乏

企业创建、市场开拓、产品推介等工作都需要调动社会资源，大学生在这方面会感到非常吃力。平时应多参加各种社会实践活动，扩大自己人际交往的范围。创业前，可以先到相关行业领域工作一段时间，通过这个平台，为自己日后的创业积累人脉。

风险五：管理风险

一些大学生创业者虽然技术出类拔萃，但理财、营销、沟通、管理方面的能力普遍不足。要想创业成功，大学生创业者必须技术、经营两手抓，可从合伙创业、家庭创业或从虚拟店铺开始，锻炼创业能力，也可以聘用职业经理人负责企业的日常运作。

创业失败者，基本上都是管理方面出了问题，其中包括：决策随意、信息不通、理念不清、患得患失、用人不当、忽视创新、急功近利、盲目跟风、意志薄弱等。特别是大学生知识单一、经验不足、资金实力和心理素质明显不足,更会增加在管理上的风险。

风险六:竞争风险

寻找蓝海是创业的良好开端,但并非所有的新创企业都能找到蓝海。更何况,蓝海也只是暂时的,所以,竞争是必然的。如何面对竞争是每个企业都要随时考虑的事,而对新创企业更是如此。如果创业者选择的行业是一个竞争非常激烈的领域,那么在创业之初极有可能受到同行的强烈排挤。一些大企业为了把小企业吞并或挤垮,常会采用低价销售的手段。对于大企业来说,由于规模效益或实力雄厚,短时间的降价并不会对它造成致命的伤害,而对初创企业则可能意味着彻底毁灭的危险。因此,考虑好如何应对来自同行的残酷竞争是创业企业生存的必要准备。

风险七:团队分歧

现代企业越来越重视团队的力量。创业企业在诞生或成长过程中最主要的力量来源一般都是创业团队,一个优秀的创业团队能使创业企业迅速地发展起来。但与此同时,风险也就蕴含在其中,团队的力量越大,产生的风险也就越大。一旦创业团队的核心成员在某些问题上产生分歧不能达到统一时,极有可能会对企业造成强烈的冲击。

事实上,做好团队的协作并非易事。特别是与股权、利益相关联时,很多初创时很好的伙伴都会闹得不欢而散。

风险八:核心竞争力缺乏的风险

对于具有长远发展目标的创业者来说,他们的目标是不断地发展壮大企业,因此,企业是否具有自己的核心竞争力就是最主要的风险。一个依赖别人的产品或市场来打天下的企业是永远不会成长为优秀企业的。核心竞争力在创业之初可能不是最重要的问题,但要谋求长远的发展,就是最不可忽视的问题。没有核心竞争力的企业终究会被淘汰出局。

风险九:人力资源流失风险

一些研发、生产或经营性企业需要面向市场,大量的高素质专业人才或业务队伍是这类企业成长的重要基础。防止专业人才及业务骨干流失应当是创业者时刻注意的问题,在那些依靠某种技术或专利创业的企业中,拥有或掌握关键技术的业务骨干的流失是创业失败的最主要风险源。

风险十:意识上的风险

意识上的风险是创业团队最内在的风险。这种风险来自于无形,却有强大的毁灭力。风险性较大的意识有:投机的心态、侥幸心理、试试看的心态、过分依赖他人、回本的心理等。

提醒:大学生创业过程中所遇到阻碍并不仅此十点,在企业发展过程,随时都将可能有灭顶之灾的风险。为此,大学生必须始终保持积极的心态,多学习,多汲取优秀经验,并且在此基础上结合自身既有的特长优势,只有这样,创业的步伐才会越走越远,越走越稳。

基本流程与方法

一、创业风险识别与防范

(一) 创业风险的识别

既然创业风险是创业过程中不可避免的现象,那么直面风险并化解之,是创业过程中的重要任务。

风险识别是应对一切风险的基础,只有识别了风险才可能有化解的机会。同时风险也是一种机会,应该开拓、提高它积极的作用。

创业风险识别是创业者依据企业活动,对创业企业面临的现实以及潜在风险运用各种方法加以判断、归类并鉴定风险性质的过程。创业者都必须掌握风险识别的能力,并不断提高这种能力。

1. 树立风险识别的基本理念

作为创业者,应该正确树立识别企业风险的基本理念,主要具备以下意识:

(1) 有备无患的意识。创业风险的出现是正常的,带来一些损失也是正常的,既不能怨天尤人,也不能骄兵轻敌。关键的问题是要密切监视风险,减少损失,化解不利,甚至转化为盈利的机会。

(2) 识别风险的能力。发现和识别风险,是为了防范和控制风险。如果创业者在企业未发生损失之前就能够识别风险发生的可能性,那么这个风险是可能被管理的,因此,风险识别是进行风险管理的基点。

(3) 未雨绸缪的观念。创业风险需要创业者通过创业活动的迹象、信息归类,认知风险产生的原因和条件,不仅要识别风险所面临的性质及可能的后果,更重要的是(也是最困难的)识别创业过程中各种潜在的风险,为采取有效措施提供依据。

(4) 持之以恒的思想。由于创业风险伴随着整个创业过程,同时风险具有可变性和相关性的特点,所以创业者必须要有"持久战"的准备。风险的识别工作应该是连续地、系统地进行,并成为企业一项持续性、制度化的工作。

(5) 实事求是的精神。虽然风险识别是一个主观过程,但是必须遵循客观规律。风险识别是一项复杂而细致的工作,要按特定的程序、步骤、选用适当的方法逐层次地进行分析各种现象,并实事求是地作出评估。

2. 掌握风险识别的基本途径

创业风险的识别途径,重点从风险的来源上入手,即自然因素和人为因素两大方面。

(1) 自然因素。比如说,地震多发区、台风多发区和炎热地区。这与企业的选址、项目有着密切关系。又如对于许多行业来说,必须注意到影响到原材料供应的矿产、能源、农产品以及交通问题。

(2) 人为因素。主要应了解一个国家或者地区的政经制度、法律政策、民情民俗以及企业周边的营运环境等。

3. 了解识别风险的方法和步骤

在风险识别之后，就必须进行风险评估，这需要一定的专业知识，必须根据不同性质与条件，按照一定的途径，运用一定的方法，或者借助一定的工具来实施。

一般而言，风险识别的方法包括：信息源调查法、数据对照法、资产损失分析法、环境扫描法、风险树分析法、情景分析法、风险清单法。

有能力的企业也可以自行设计识别的方法，比如专家调查法、流程图分析法、财务报表分析法、SWOT分析法等。

识别风险的步骤如下：

（1）信息收集。首先要通过调查、问讯、现场考察等途径获得；其次，需要敏锐的观察和科学的分析对各类数据及现象作出处理。

（2）风险识别。根据对于信息的分析结果，确定风险或潜在风险的范围。

（3）重点评估。根据量化结果，运用定量分析、定性分析、假设、模拟等方法，进行风险影响评估，预计可能发生的后果，提出方案选择。

（4）拟定计划。提出处理风险的方法和行动方案。

风险识别过程中要注意以下问题：

（1）信息收集要全面。收集信息可以通过两个途径，一是内部积累或者专人负责；二是借助外部专业机构的力量。后者可获得足够多的信息资料，有助于较全面、较好地识别面临的潜在风险。

（2）因素罗列要全面。根据企业在运营过程中可能遇到的风险，逐步找出一级风险因素，然后再进行细化，延伸到二级风险因素，再延伸到三级风险因素。例如管理风险属于一级风险因素、管理者素质属于二级风险因素。

（3）最终分析要进行综合。既要进行定性分析，也要进行定量分析。

（二）创业风险的防范

创业风险可分为共同风险和特有风险。共同风险是指所有创业类型都会有的风险，主要是指宏观环境的风险，包括产业政策、法律法规的约束限制、企业股权结构和团队风险等；特有风险是指每种创业类型由于其特点所特别具备的风险，包括市场风险、资金风险、潜在竞争者的风险等。据此，除了共同风险之外，不同的创业类型有各自独特的风险防范办法。

1. 共同风险

共同风险主要是来自宏观环境的风险，包括产业政策、法律法规的约束限制、企业团队和股权结构的风险。

2. 资金型的特有风险

项目的资金预算是否准确，资金的补给能否胜任项目后续投资需求。对于项目资金预算，要对项目的资金需求做准确的测量，因为如果预算过低，则会投资不足，预算过高，会使筹资压力增大和增加财务成本。规避这一风险的方法是制订详细的财务预算，包括营运资本和现金流的预算。

不同来源资金的回报要求与项目是否匹配。相应的风险规避的方法是：对于自有资金，所投项目要高于市场平均收益率，一般可参照同期银行贷款利率；对于负债资金，资金成本不能高于该项目预期收益率，偿还期限不能短于项目投资回收期限；对于权益资本，一方面要控制其股权比例，另一方面要对权益资本的退出机制做出合理约定，因为一旦其撤资很可能会使整个项目陷于瘫痪。

来自具有资金优势的同行的威胁。潜在进入者的威胁是永恒存在的现象，所以，在今天具有资金优势的创业者，明天就有可能遭到资本大鳄的挑战和威胁。为规避这样的风险，在进入这样的行业后，必须从技术、产品开发、服务延伸等方面拓展、延伸，逐步弱化资金优势，拓展市场竞争的着力点，实行多点竞争。

3. 技术型的特有风险

技术的生命周期。对于拥有技术的创业者来说，技术的生命周期，从某种程度上而言就决定了产品的生命周期，也就进而影响到企业的生命周期，因此，技术的生命周期长短就自然成为创业者要着重考虑的因素之一。

技术的可复制和替代性。对于依靠技术优势创业的企业而言，技术能否成为市场的独秀峰，很大程度上决定了企业产品的市场占有率。

技术的壁垒是否建立。目前，由于民众法制观念的淡薄，很多拥有专有技术的创业者缺乏对知识产权保护的意识，以至技术被仿冒盗用的现象时有发生。

4. 创意型的特有风险

可复制性。对于一些容易复制的创意，比如说一些商业模式、新的商业机会、创新的业务，这类业务技术含量低、大部分资金进入门槛也不高，一旦面市，很容易被复制、移植，从而对创业者造成威胁，侵蚀市场份额。对于这类风险，一方面，当商业模式取得市场话语权后应通过直营、加盟、特许等方式快速铺开网点，占领市场先机，提高潜在竞争者的复制成本；另一方面是不断改善、提高创意内容，拓宽创意的市场面，以变应变。

创意的持续生命力。创意是昙花一现还是持续的发挥独特作用，对企业的持续经营和成长至关重要。要使创意长盛不衰，需要对创意做充分的市场调查，重点考察现有市场和潜在市场，包括目标市场人口群体、行业现状（蓝海还是红海）、市场现有容量以及拓展潜力等；并且对创意作深入挖掘，拓展创意的市场空间。

对资金和技术的依赖度。一般而言，如果一项创意对资金和技术的依赖程度越高，其被潜在竞争者复制的风险也就越小，同时，对创业者的要求也越高。对于依赖度低的，风险规避方法同前述风险1；对于依赖度高的，来自市场的风险较小，但内部风险较大，即由于技术和资金要求较高，该创意付诸商业化的难度较大，一方面要寻求技术支持，另一方面要积极筹措资金。

5. 社会资源型的特有风险

资源的掌控程度是否足够高，人脉资本持续时间长短。对于以人脉关系、代理特许等方式创业的情况，其风险主要来自对该资本掌控程度的高低、人脉关系能否持久和特许期限的长短。一般而言，代理特许和人脉关系都会有一定时限，所以，其风险的规避也就着重在延长时限和寻找替代项目上。

是否有法律上的保障。对于依靠掌控一定社会资源创业者来说，所掌控的社会资源是否合法、能否获得法律上的保障是创业能否持续、创业成功后能否长期守业的关键。其规避方法主要是创业项目要合法，另一方面是对所有代理特许要从法律层面明确各方责权利关系。

二、创业风险分析与应对

（一）创业企业风险分析

创业企业的风险分析，可以从管理、技术、市场、财务、环境等几个方面进行评估。具体评估指标，如图 3-1 所示：

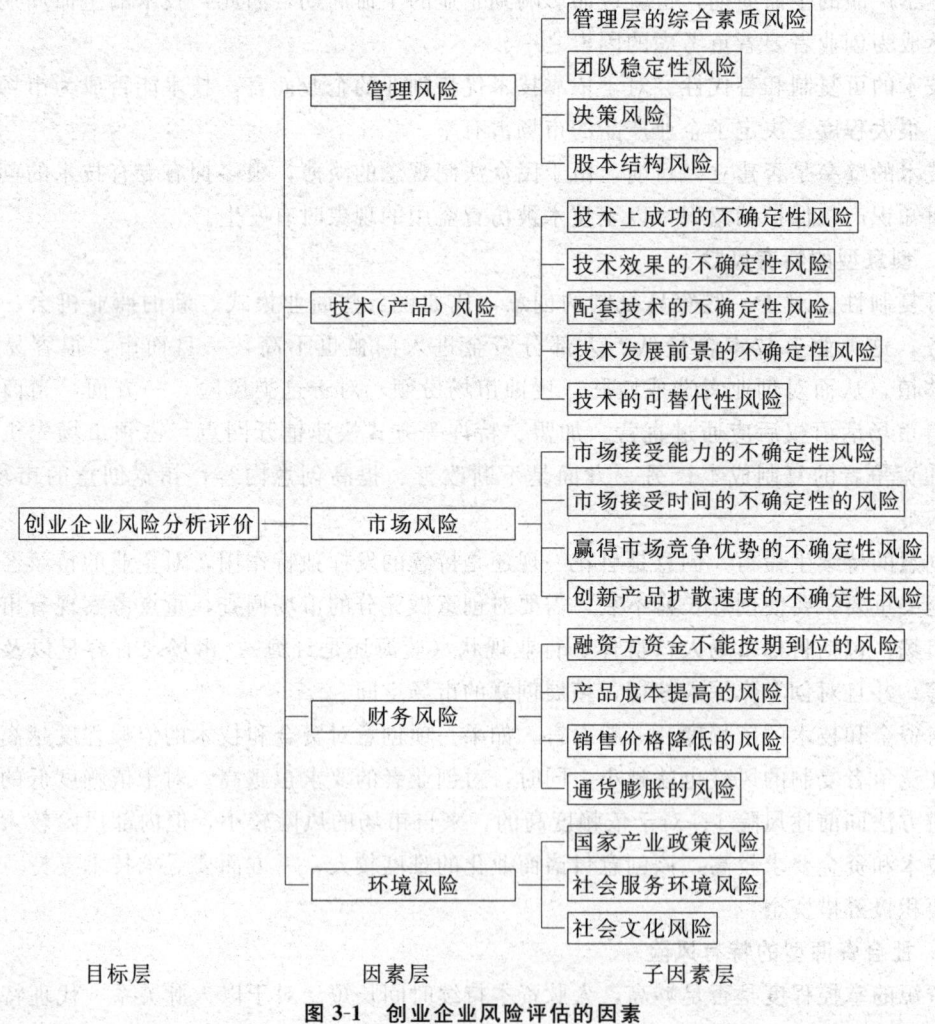

```
创业企业风险分析评价
├── 管理风险
│   ├── 管理层的综合素质风险
│   ├── 团队稳定性风险
│   ├── 决策风险
│   └── 股本结构风险
├── 技术（产品）风险
│   ├── 技术上成功的不确定性风险
│   ├── 技术效果的不确定性风险
│   ├── 配套技术的不确定性风险
│   ├── 技术发展前景的不确定性风险
│   └── 技术的可替代性风险
├── 市场风险
│   ├── 市场接受能力的不确定性风险
│   ├── 市场接受时间的不确定性的风险
│   ├── 赢得市场竞争优势的不确定性风险
│   └── 创新产品扩散速度的不确定性风险
├── 财务风险
│   ├── 融资方资金不能按期到位的风险
│   ├── 产品成本提高的风险
│   ├── 销售价格降低的风险
│   └── 通货膨胀的风险
└── 环境风险
    ├── 国家产业政策风险
    ├── 社会服务环境风险
    └── 社会文化风险
```

目标层　　　　　因素层　　　　　子因素层

图 3-1　创业企业风险评估的因素

(二）企业创业阶段风险规避策略

1. 应对技术风险

为应对技术风险，创业企业除了要加大研发投入，缩短研发周期外，还要加强市场研究，迅速获得现有与潜在市场的产品信息，引领所在领域产品的潮流。并继续开展与所在高校的研究合作，快速完成技术更新。另外，要注意申请技术专利保护，防止技术的扩散给创业企业带来的损失。

一是采用模仿创新战略。模仿创新就是在创新者已经成功的技术创新基础上，投入不多的资金，模仿该项技术，并对其进行补充、提高、改良、完善的过程。模仿创新虽然有跟风之嫌，但却可以节省大量的开发费用，提高成功率，缩短从技术到市场的时间，从而大大降低技术风险。

二是组建技术研发联合体。企业进行技术创新，特别是自主技术创新，风险大，时间长，复杂性高，单个企业往往难以承受。这时如能组建技术开发联合体，可以在一定程度上化解技术开发风险。技术联合体是指两个以上的国内外法人组织联合致力于某一技术或产品的研究开发，实现优势互补、风险共担、利益共享的一体化组织。技术联合体通常是企业和科研机构以及大学之间的联合。建立技术联合体，可以获得符合本企业特点的新技术，并能迅速将技术转化为新产品，有效避免企业与科研院所的体系脱节，或缺乏必要的中介组织所致的企业不易获得具有开发价值的新技术问题。从而在较低风险的条件下，获得自主创新的技术，形成企业的核心竞争力。

2. 应对市场风险

创业企业要结合发展战略，针对目标市场要求，根据外部环境因素，最有效地利用本身的人力、物力和财力资源，制订企业最佳的市场营销组合策略，最大程度地起到缓解市场风险的作用。可以在以下几个方面采取有效措施。

第一，树立以市场为导向的整合营销理念。要在瞬息万变，竞争激烈的市场中生存，创业企业必须树立正确的市场营销理念，重视市场营销的作用，这是企业开展一切营销活动的前提。无论是微软、IBM，还是联想、TCL，这些成功的高科技企业不一定拥有最先进的技术和最好的产品，但他们一定拥有正确的营销理念和最好的营销策略。因此创业企业要规避市场营销风险首先应该增强现代营销观念，把市场营销工作放在重要的地位。此外，在进行产品规划、价格制订、渠道选择、促销策略制订时都要以市场为导向，从顾客角度出发，同时生产研发部门应注意与营销部门配合，响应市场需求，实现技术与市场的完美结合。

第二，生产适销对路的产品。面对消费需求的不断变化和竞争对手产品更新步伐的加快，加快新产品研发的速度是预防产品风险的重要途径。面对业已发生的产品风险，尽快开发出符合市场需要的新产品是企业走出困境、摆脱困境的有效举措。企业应根据市场需求和企业目标，对产品组合的宽度、深度和关联度进行决策。在一般的情况下，扩大产品组合的宽度、增加产品线的深度和加强产品组合的关联程度，可以使企业降低投资风险，增加产品的差异性，适应不同顾客的需求，从而提高企业在某一地区或某一行业的声誉。

3. 应对财务风险

第一，根据企业的经营战略确定合理的债务结构。企业应当根据企业的经营战略安排企业的资产结构和负债结构，最优的资本结构是指企业综合资金成本率最低，股东投资利润率最高的资本结构，同时也是财务风险最小的资本结构。企业要根据自身生产经营发展状况来合理设计资本结构中各种比例关系，如负债和总资产的比例关系，负债中短期负债和长期负债的比例关系，通过对不同来源、不同时期、不同层次的各种资本要素的有机协调，达到降低财务风险，有利于企业发展的目的。

第二，做好现金预算，加强财务预算控制。创业企业在借款时就应注意安排未来还本付息的资金，否则需要借新债还旧债，但民营创业企业举债能力较弱，容易发生不能支付到期债务的现金流量风险。企业可以通过编制现金预算，合理调度资金，加快资金周转，加强收支管理，加强财务预算控制，控制未来的发展规模，在现金预算和其他财务预算的监督下，避免发生由于盲目发展而陷入资金不足的困境。

第三，保持资产流动性。企业资金流转总是周而复始地进行的，因此流动性是企业的生命。企业必须加速存货周转、缩短应收账款周转期，以保持良好的资产流动性。创业企业应降低整体资产中固定资产的比重，这样就可以大大降低产品中固定成本的比重，降低了企业的经营风险。

4. 应对管理风险

创业企业需要建立一套完整的管理制度和科学的决策程序。

第一，建立健全的现代企业制度。建立科学的决策和监督机制是高技术企业控制管理风险的前提，而这些又离不开合理的产权制度与健全的创业企业内部治理结构。所以，为减少企业管理风险，企业必须要按照现代企业制度的要求，建立起真正的完善的法人治理结构。经营者激励机制也是法人治理结构中不容忽视的重要问题，解决好经营者特别是中高层管理人员的利益分配问题，不仅可以引导他们致力于企业利益最大化，尽可能把决策风险和操作风险降到最低程度，减少经营者的短期行为，而且可以对企业"内部人控制"现象起到遏制作用。

第二，完善企业的内部控制制度。完善企业的内部控制制度的一个重要手段就是建立健全严密的内部控制系统。企业内部控制系统必须覆盖到企业的各项业务、各个部门和各级人员，并渗透到投资决策、执行、监督、反馈等各个环节。同时企业还必须建立科学的授权制度和岗位分离制度，对掌握企业内幕信息的人员实行严格的批准程序和监督处罚措施。

第三，提高决策者、管理者的自身素质。对企业中高层管理人员的使用必须坚持德才兼备的用人标准，在人员甄选过程中两方面的素质都应该列入考核内容，同时还应加强员工的职业道德教育和业务培训工作。

企业在创业的过程中，机遇与风险并存。风险控制应采取分类重点控制和阶段性控制相结合，同时要进行风险的整体监控，建立风险监控体系，使风险的控制措施更趋系统化。

三、创业者风险承担能力评估

当同学们必须对两个或更多潜在结果不明确的备选方案进行主观评估、决定取舍的时候，就产生了风险情景。风险就意味着既可能成功也可能失败。潜在的损失或收益越大，存在的风险就越大。

风险承担者要对不确定的情况作出决定，需要平衡潜在的成功与损失。在对某个可能的选择进行决策的过程中需要考虑一下这些因素：

a. 这一选择有多么的吸引人
b. 风险承担者可以接受的损失底线
c. 成功和失败的相对概率
d. 个人努力对增加成功可能性、减少失败可能性的影响程度

每个人对于风险的承受能力是不一样的，有的人有足够的能力和资源去驾驭风险，那么风险因素对他来说影响并不是最重要的考量指标；而有的人可能自身无法承受创业失败带来的损失（包括物质和心理上），那么就应该分析一下现在选择创业时机是否正确，又或者是自己根本不适合创业。对于风险的承受能力其实更多的是对创业者心理素质的考量，因为创业者一旦选择创业，那么他面对的将不再是自己个人的事情：家庭、员工、社会责任、个人前途每一个环节都需要认真仔细地考虑、衡量。

创业者风险承担能力的评估，主要通过以下几个方面进行综合评估：

1. 与个人目标契合程度

创业过程中遭遇的困难与风险极大，因此有必要了解创业者的创业动机，以利于判断他愿意为创业活动付出的代价程度。一般认为，新创业机会与个人目标的契合程度越高，则创业者投入意愿与风险承受意愿自然也会越大，新创业目标最后获得实现的机率也相对较高。

2. 机会成本

一个人一生的黄金岁月大约只有30年光景，期间可分为学习、发展与收获等不同阶段，而为了这项创业机会，自己将需要放弃什么？可以由其中获得什么？得失的评价如何？参与创业，需要仔细思考创业所要付出的机会成本，经由机会成本的客观判断，可以得知新创业机会是否真的对于个人生涯发展具有吸引力。

3. 对于失败的底线

古人说，留得青山在，不怕没柴烧。创业必然需要面对可能失败的风险，但创业者也不宜将个人声誉与全部资源都压在一次的创业活动上。理性的创业者必须要自己设定承认失败的底线，以便保留下次可以东山再起的机会。失败的底线，可以有效判断创业者的风险承受能力。

4. 个人风险偏好

创业者个人的风险偏好不同。一般来说，喜欢冒险，具有风险意识的创业者要比安全保守的创业者风险承受能力强。

5. 风险承受度

每个人的风险承受度都不一样。一般而言，风险承受度太高或太低均不利于新创业的发展。风险承受度太低的创业者，由于决策过于保守，相对拥有的创新机会也会比较少。但风险承受度太高的创业者，也会因为孤注一掷的举动，而常将企业陷入险境。一个能以理性分析面对风险的人，才是比较理想的创业者。

6. 负荷承受度

创业者的耐压性与负荷承受度，也是评量创业者风险承担能力的一项重要指针。负荷承受度与创业者愿意为新创业投入工作量多寡，以及愿意忍受的辛苦程度密切相关。

课堂活动

活动一 风险偏好与收益

1. 游戏说明

(1) 投掷序号。活动前，让学生报数，学生的"报号"就是他（她）正式投掷时的比赛序号（游戏人数不超过16人）。

(2) 站位要求。参与者站位基本与地面垂直，不能过度前倾。这样可以保证科学的投掷距离，体现比赛的公平性。

(3) 熟悉游戏。正式投掷前，每位参与者可进行3次试投，不计成绩，以判断自己的手感。

(4) 记分规则。记分时，结合"站位"进行。比如，张三比赛投掷时，三次站位分别为5、6、7，结果只有第一次投中，记录成绩组合为（5,5），（6,0）、（7,0），积5分。

2. 准备工作

(1) 准备1个篮子，1把尺子，粉笔若干，1个弹力球；

(2) 若干奖品；

(3) 计分表（见"风险投掷游戏得分"汇总表）。

3. 操作步骤

第1步，在教室空地里放好篮子位置，并组织游戏参与者标号投掷序号。

第2步，确定投掷位。最远投掷位和篮子之间的距离约为3米。在最远投掷位和篮子之间分10个等距。每个等距为一个投掷位（共10个投掷位），用粉笔在地面上用横线来表示每个投掷位，并标出分数（从离篮子最近的投掷位开始依次从1到10）（如图3-2所示）。

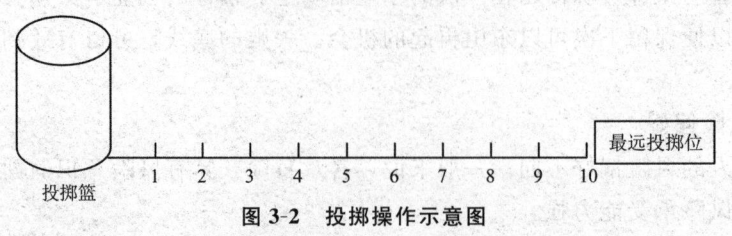

图 3-2 投掷操作示意图

第 3 步，主持人宣布游戏规则和奖品。

第 4 步，游戏开始，每个参与者可以投掷三次，可以自行选择离目标物不同距离的投掷位。请一个工作人员作记录员，依次完整记录投掷者每次投掷（球进篮中）的分数，失败投掷记"0"分。（见"风险投掷游戏得分"汇总表）

第 5 步，参与者根据第一轮实践，进行第二轮投掷。两次得分总和即为参与者最后得分，分数由高到低，给分数最高的学生颁发奖品。

表 3-1　投掷得分汇总表

序号	站位	得分	积分	序号	站位	得分	积分	序号	站位	得分	积分	序号	站位	得分	积分
1				2				3				4			
5				6				7				8			
9				10				11				12			
13				14				15				16			

4. 游戏结果评估总结

(1) 那些得分最高的参与者有哪些成功的做法？比如，怎样使风险最小化？承担风险前收集了哪些信息，做了哪些准备？最大目标实现没有，没有实现的最大障碍在什么地方？

(2) 那些得分较低的参与者的问题出在什么地方？比如，这个目标值得冒险吗？决定承担风险前，需要收集哪些信息？

(3) 那些得分居中的学生对于游戏中的风险采用了什么方法应对？

(4) 如果进行第 2 轮游戏，参与者做了哪些调整来提高比赛成绩，为什么？

通过游戏，不难发现获胜的是两类人：一类是投掷技巧娴熟，"艺高胆大"者；另一类是善于搜集信息，"知己知彼"者。这两类人在自己试投时，善于评估自己的投掷实力，确定投掷风险；在别人投掷时，注意他们的试投表现，收集对方信息；在"知己知彼"的基础上，确定自己的投掷目标；在正式投掷比赛中，实施备选方案。

活动二 创业风险案例分析

案例：

与欧洲毫不相干的浙江海宁皮件厂的老总在报纸上看到欧元发行的新闻之后，连夜根据新的欧元大小和面额，设计出一批欧元的精美的皮质钱包，发往使用欧元的国家去销售。

同学们自己的分析：

(1) 该决策的风险主要有：＿＿＿＿＿＿＿＿＿＿＿＿＿＿＿＿＿＿＿＿＿＿＿＿＿

(2) 以上风险，哪些可以规避：＿＿＿＿＿＿＿＿＿＿＿＿＿＿＿＿＿＿＿＿＿＿；
哪些不能规避：＿＿＿＿＿＿＿＿＿＿＿＿＿＿＿＿＿＿＿＿＿＿＿＿＿＿＿＿＿＿

(3) 要实现该决策的销售目标，除了该方案，请你设计一个备选方案：＿＿＿＿＿
＿＿＿＿＿＿＿＿＿＿＿＿＿＿＿＿＿＿＿＿＿＿＿＿＿＿＿＿＿＿＿＿＿＿＿＿＿＿

(4) 权衡这2个方案，还需要搜集哪些方面的信息：＿＿＿＿＿＿＿＿＿＿＿＿＿

(5) 如果使风险最小化，你认为有哪些应对措施：＿＿＿＿＿＿＿＿＿＿＿＿＿＿

课外实践与作业反馈

项目风险分析与应对策略

各小组基于自己的创业项目，利用本章的风险分析知识方法，分析项目的主要风险，并给出规避和应对的策略。注意，创业主要风险不能太多，一般只有一个。因为，如果创业项目到处都是风险，这项目谁还能做成，谁还会投资呢？

延伸阅读

一、大学生创业意识风险

创业意识是最大的创业风险。大学生对创业存在诸多认识误区也是直接或间接制约和影响成功创业的重要原因。下面是常见的认识误区：

(一) 误区一：什么赚钱干什么

做企业像做人一样，时时刻刻都会面临各种"利益"的诱惑。千万不要过分贪心，只看到钱赚的多少而忽略自身的情况和其背后所要付出的代价，否则很可能抓到的不是"馅饼"而是"陷阱"。

（二）误区二：自己的事自己干

自己擅长的事自己干，自己不擅长的事应该交给其他擅长的人去干，这样才能组成优势互补的创业团队，成本会更低，风险也会更小，资本运营效率自然会高得多。

（三）误区三：小马拉大车

做事情要眼光远，但也不能好高骛远。创业者往往雄心万丈，最易犯这个错误。从自己能做的做起，从某个细分市场切入，或者利用技术的先进性先为大公司做外包，获得收入才能支持自己的快速成长。

（四）误区四：心急想吃热豆腐

很多创业者看到身边的朋友因做某个生意一下子赚大钱了，心里直痒痒，恨不得三五天就发大财，因而在处理问题时容易考虑不够周全或者在做出决策时对风险评估不足，结果自然可想而知。

（五）误区五：技术优势＝创业成功

大学生创业容易拥有技术优势，有的甚至握有专利，但是创业是一种商业行为，技术的先进性不等于成熟性。技术型创业有投入周期，技术转变为产品再成为盈利产品是需要时间的，在技术创业之前必须经过周密的市场调研和论证以及对商业和管理知识的学习与运用。

（六）误区六：复制成功的商业模式就一定成功

有的人在选择项目时，看到此类项目在国外或其他省份有运行成功的商业模式便原版复制过来，忽略了本地具体的创业条件和市场发育状况。殊不知，在国外成功并不意味着国内也能成功，别人成功也并不意味着自己也能成功。

（七）误区七：创业大赛成功＝创业成功

如今各类创业大赛层出不穷，为大学生了解创业、尝试创业提供了很好的渠道，但是创业大赛不同于真正的创业，仍然只是"纸上谈兵"，真实的创业过程中，最终的评委是客户。在时机成熟之前，不妨先到行业领先公司或其他创业型公司历练，培养自己的综合素质能力和对市场和商业的理解力。

（八）误区八：好朋友＝好团队

好友共同创业成功的案例不少，但并不意味着只要是好朋友就一定成为创业的好伙伴。价值观一致、能力和经验互补、明确的决策模式是建立好团队的必要条件。技术型创业要特别注意吸收理解技术而擅长商业运作的团队伙伴，而且应当在实际的合作中磨合以达到默契。

（九）误区九：拿到投资＝创业成功

拿到第一笔投资对于创业团队来说无疑是一剂强心针。获得投资，意味着投资人对项目和团队的看好，但是创业团队更应该关注第一笔投资如何发挥其最大的效益，否则项目很快也会草草收场。

实际生活中，大学生在创业过程中经常容易出现下图所示的误区：

```
× 什么赚钱干什么
× 自己的事自己干
× 小马拉大车
× 心急想吃热豆腐
× 技术优势=创业成功
× 复制成功的商业模式就一定成功
× 创业大赛成功=创业成功
× 好朋友=好团队
× 拿到投资=创业成功
× 创业就是当老板
× 唯我独尊，盲目自信
× 缺乏市场意识及管理经验
× 缺乏依法经营和自律观念
× ……
```

图 3-3　大学生创业认识误区

二、创业风险控制的五个方法

常用的风险控制方法如下：

（一）风险回避

创业企业在既不能有效降低风险发生的概率，又无法降低风险损失，更无法直接承担该风险时，只有采取回避的策略主动放弃、中止或者是调整创业方案，如将经营方向从高科技领域转向常规技术领域，或采取迂回的策略等。

（二）风险预防

即事先采取相应的措施以预防和阻止风险损失的发生，防患于未然。如重视信息收集，减少信息不对称性；实行民主化决策等。

（三）风险转移

即创业企业将自己不能承担的或不愿承担的，以及超过自身财务能力的风险损失或损失的经济补偿责任以某种方式转移给其他单位或个人。它可以通过如下 3 种途径实现转移：一是以合同的形式向其他主体转移，如业务外包和工程承包等；二是以投保的形式把风险全部或部分转移给保险公司；三是利用各种风险交易工具转嫁风险，如利用外汇期货、期权或利率期货及期权工具转嫁汇率风险和利率风险等金融风险。

（四）风险分散

创业主体通过多元化经营，使风险在不同经营活动中分散化。主要策略如下：一是多项目投资，这是风险分散通常采用的方法；二是产品多样化；三是策略组合，即同时采取多种创业策略，如联合投资、合资合营和兼并扩张等。

（五）风险利用

在风险已经出现、风险损失已经发生的情况下，积极采取措施，抑制风险的进一步扩大，变被动为主动；或者当风险后果较严重时，尽量通过各种手段减少风险所造成的损失。

三、创业风险规避九大策略

规避风险的九招如下：

（一）以变制胜。所谓"适者生存"，强调的就是"变"，经营者要适应外部环境的变化，随时做出调整。

（二）出其不意，攻其不备。核心是一个"奇"字，用出奇的产品、出奇的经营理念、出奇的经营方式和服务方式去战胜竞争对手。

（三）以快制胜。机不可失，时不再来，比对手快一分就能多一分机会。对什么都慢慢来、四平八稳左顾右盼的人必然被市场淘汰，胜者属于那些争分夺秒、当机立断者。

（四）后发制人。从制胜策略看，后发制人比先发制人更好，可以更多地吸收别人的经验，时机抓得更准，制胜把握更大。

（五）集中优势重点突破。这一策略特别适用于小企业，因为小企业人力、物力、财力比较弱，如果不把有限的力量集中起来很难取胜。

（六）趋利避害，扬长避短。经营什么产品，选择什么样的市场，都要仔细掂量，发挥自己的优势。干应该干的，干可以干的，有所为，有所不为。

（七）迂回取胜。小企业与人竞争不能搞正面战，搞阵地战，而应当搞迂回战，干别人不敢干的，干别人不愿干的。

（八）积少成多，积微制胜。"积少成多"是一种谋略，一个有作为的经营者要用"滴水穿石"、"聚石成山"的精神去争取每一个胜利，轻微利、追暴利的经营者未必一定成功。

（九）以廉制胜。"薄利多销"是不少经营者善于采用的一种经营策略。"薄利多销"前提是能多销，"薄利少销"则是不可取的。

专家视点

精益创业降低创业风险

最近出现了一种反传统的创业模式，可极大地降低创业风险。这种模式叫作"精益创业"，它注重实验而非精心计划，聆听用户反馈而非相信直觉，采用迭代设计而非"事先进行详细设计"的传统开发方式。精益创业所阐述的一些概念，例如最简化可行产品，已经快速在创业圈生根发芽。

精益创业模式的核心定义是：一个为寻找可重复和可扩展的商业模式而设立的临时组织。

精益创业有三个主要原则：

首先,创业者承认他们在创业第一天只有一系列未经检验的假设,也就是一些不错的"猜测"。创始人一般会在一个被称为"商业模式画布"的框架中总结出其假设,而不是花几个月来做计划和研究,并写出一份完备的商业计划书。从本质上说,这是一张展示公司如何为自己及客户创造价值的图表。

其次,精益创业者积极走出办公室测试他们的假设,即所谓的客户开发。他们邀请潜在的使用者、购买者和合作伙伴提供反馈,这些反馈应涉及商业模式的各个方面,包括产品功能、定价、分销渠道以及可行的客户获取战略。该方法的关键在于敏捷性和速度,新公司要快速生产出最简化且可实行产品,并立即获取客户的反馈,然后根据消费者的反馈对假设进行改进。创业者会不断重复这个循环,对重新设计的产品进行测试,并进一步做出调整,或者对行不通的想法进行转型。

最后,精益创业者采取敏捷开发的方式。敏捷开发最早源于软件行业,是一种以人为核心、迭代、循序渐进的产品开发模式,它可以与第一步中的客户开发有机结合。传统的开发方式是假设消费者面临的问题和需求,周期常常在一年以上。敏捷开发则完全不同,通过迭代和渐进的方式,它预先避开无关紧要的功能,杜绝了浪费资源和时间。这是初创公司创建最简化可行产品的过程。

第四章 创业团队组建与管理

我更喜欢拥有二流创意的一流创业者和团队，而不是拥有一流创意的二流创业团队！

——风险投资管理之父 多里特

领军人物好比是阿拉伯数字中的1，有了这个1，带上一个0，它就是10，两个0就是100，三个0是1000。创业团队成员选择的一种平衡方法是，在知识、技能和经验方面主要关注互补性，而在个人特征和动机方面则考虑相似性。

——联想创始人 柳传志

本章地图

第四章 创业团队组建与管理

- 【案例故事】马云的创业团队
- 【基础知识与理论】
  - 主题一 认识创业团队
    - 一、创业团队及其要素
    - 二、创业的团队优势
  - 主题二 创业团队精神
    - 一、成功创业团队的基本特征
    - 二、创业团队精神的培育方法
    - 三、创业团队的社会责任
- 【基本流程与方法】
  - 一、创业团队的组建
  - 二、创业团队的管理
  - 三、合伙人的标准
  - 四、如何分配创业股权
- 【课堂活动】
  - 活动一 感受团队
  - 活动二 选择合适的创业伙伴
  - 活动三 团队管理的"分粥"机制
  - 活动四 迷失丛林
- 【课外实践与作业反馈】团队组建与评估
- 【延伸阅读】
  - 一、创业团队要找好三种人
  - 二、创业团队报酬如何分配
- 【专家视点】优化创业团队的六种方法
- 【网上精品视频课程】创业团队组建与管理

案例故事

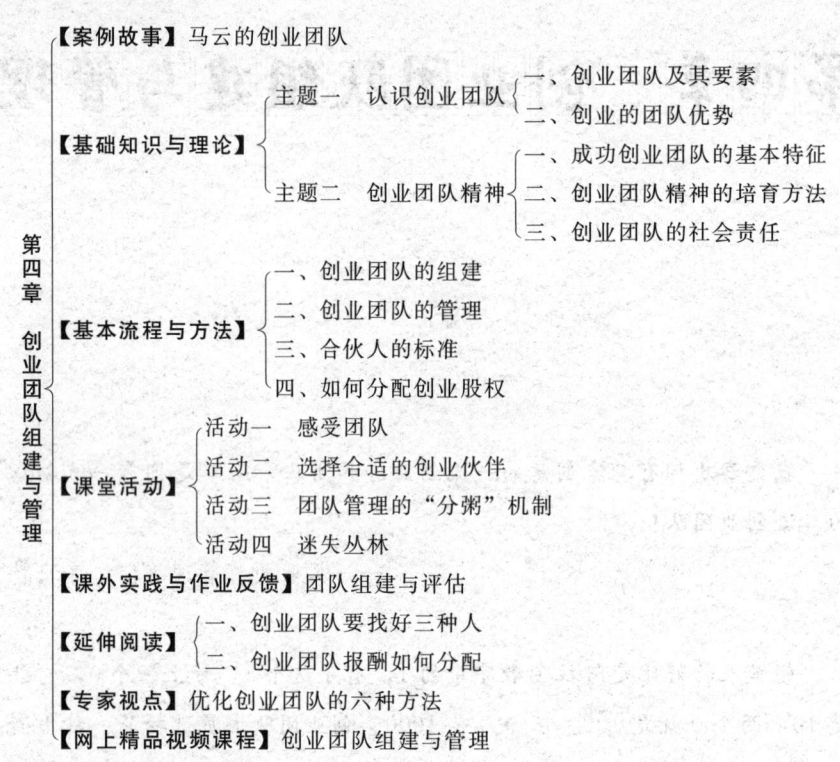

马云的创业团队

阿里巴巴目前是全球最大的电子商务平台。然而,阿里巴巴的成功也是马云从一开始18人的小团队开始的:1999年春,阿里巴巴刚成立时,在杭州湖畔花园马云家中,马云妻子、同事、学生、朋友共18个人围着马云,听马云慷慨陈词:"从现在起,我们要做一件伟大的事情。我们的B2B将为互联网服务模式带来一次革命!"

关系再好的团队,由于朝夕相处,不免还是有磕磕碰碰的地方。从创业一开始,马云团队就定下了一些原则,从某种意义上说,这些原则是马云团队最终并肩走得足够远的保证。这些原则中,与团队有关的最重要的一条是解决矛盾的原则:从一开始,马云和他的创业伙伴就定下原则说,团队中任何两个人发生矛盾,必须由他们自己互相面对面地解决。只有在双方都认为对方无法说服自己的情况下,才引入第三者作为评判。

简单、开放议事原则的提出和确立,对于阿里巴巴团队的建设至关重要。它使阿里巴巴基本杜绝了"办公室政治",大大减少了交流沟通成本,减少了内耗,大大增强了团队的凝聚力和战斗力。

成功拿到高盛 500 万美元资金后，阿里巴巴从湖畔花园拥挤的居民楼搬到华星大厦宽敞的办公楼，随之公司正规化建设开始：划分部门、明确分工。在 18 个创始人中，分成了两拨：4 个官和 14 个兵。马、张、孙、彭之外的十几个创始人来到一家咖啡馆聚餐。楼文胜倡议："说了这么多，屁股一拍就走，于事无补，我们应该写出来送给马云。"大家纷纷响应。楼文胜将这份东西整理成一封长信，发给了马云。马云收到后立即把 18 位创始人召集到一起，马云说："今天大家不用回去了，既然你们有那么多怨恨，很多人有委屈，现在当事人都在，都说出来，一个个骂过来，想哭就哭，所有都摊在桌面上，不谈完别走！"

那天的会从晚上 9 点开到凌晨 5 点多。那是一次彻底的宣泄，也是一次彻底的灵魂洗礼。会上许多人情绪激动，许多人痛哭失声。整整一夜，这些跟随马云浴血奋战了少则两年多则 5 年的老战友，吵过、喊过、哭过之后，一切疑虑都已消散，一切误解都已消除，一切疙瘩都已消解。

事后 18 罗汉之一的吴泳铭说："我们能写出来告诉马云，说明我们是一支很好的团队。"如果那 14 位创始人不这样做，而是任其发展，让误解和矛盾蔓延下去，那么 18 位创始人团队的分崩离析是早晚的事。

选择创业，就是选择一种生活方式，选择一种人生旅行的道路。创业，特别是创大业，需要一个强大的创业团队，而不能仅靠某个人的打拼。创业团队的组建和管理，需要考量很多因素。创业的团队打造往往需要很长的一个过程。只有在创业实践过程中的充分磨合与历练，才能最终形成一支有战斗力和凝聚力的团队。

基础知识与理论

主题一　认识创业团队

一、创业团队及其要素

创业团队，就是由少数具有技能互补的创业者组成的团队，创业者为了实现共同的创业目标和一个能使他们彼此担负责任的程序，共同为达成高品质的结果而努力。

创业团队需要具备五个重要的团队组成要素，称为 5P。

（一）目标

创业团队应该有一个既定的共同目标，为团队成员导航，知道要向何处去。没有目标，这个团队就没有存在的价值。

（二）人

人是构成创业团队最核心的力量，在一个创业团队中，人力资源是所有创业资源中最活跃、最重要的资源。应充分调动创业者的各种资源和能力，将人力资源进一步转化为人力资本。

（三）定位

创业团队的定位包含两层意思：

1. 创业团队的定位。创业团队在企业中处于什么位置，由谁选择和决定团队的成员，创业团队最终应对谁负责，创业团队采取什么方式激励下属？

2. 个体（创业者）的定位。作为成员在创业团队中扮演什么角色，是制订计划还是具体实施或评估？是大家共同出资，委派某个人参与管理，还是大家共同出资，共同参与管理，或是共同出资，聘请第三方（职业经理人）管理？在创业实体的组织形式上，是合伙企业还是公司制企业？

（四）权限

创业团队当中领导人的权力大小与其团队的发展阶段和创业实体所在行业相关。一般来说，创业团队越成熟，领导者所拥有的权力相应越小，在创业团队发展的初期阶段，领导权相对比较集中。高科技实体多数是实行民主的管理方式。

（五）计划

计划有两层含义：

1. 目标最终的实现，需要一系列具体的行动方案，可以把计划理解成达到目标的具体工作程序。

2. 按计划进行可以保证创业团队的顺利运行。只有在计划的操作下，创业团队才会一步一步地接近目标。

一般来说，创业团队构成的要素之间相互影响、相互作用，缺一不可。它包括以下四个方面的含义：

（一）创业团队有共同的价值观、统一的目标和标准

这是组成创业团队的前提，创业团队必须为统一的目标而奋斗，并有一致的价值观，这样组成的创业团队才有战斗力。没有一致的目标和共同的价值观，创业团队即使组建起来了，也形不成合力，缺乏战斗力。

（二）创业团队成员负有共同的责任

有了统一的目标和价值观后，创业团队成员还必须共同负起责任来达到目标。一个好的创业团队一定是一个其成员能共同负责任的团队。

（三）创业团队成员的才能互补

这是组建创业团队的必要条件。当组建起来的创业团队成员的知识、才能可以互补时，这个团队就可发挥出"1＋1＞2"的作用。如果创业团队成员的知识、能力不能互补，就失去了组建团队的意义，即使组成了团队，也不能起到很好的作用，甚至是限制了某些有能力的人发挥作用。

（四）创业团队成员愿为共同的目标做出奉献

这是创业团队能否取得成功的关键。创业团队成员除了有责任心以外，还要有甘于奉

献的精神和行动,才能成为企业的核心,在共同奉献中,带领企业前进。

二、创业的团队优势

共同创业有利于分散创业的失败风险;通过团队成员之间的技能互补可提高驾驭环境不确定性的能力,从而降低新创企业的经营失败风险;更为重要的是,共同创业具有更强的资源整合能力,能同时从多个融资渠道获取创业资金等资源,保证创业企业的成功。

许多调查显示,团队创业成功的机率要远远高于个人独自创业。

(一)团队把互补的技能和经验组织到一起,超过个人效能

这种技能和技巧在更大范围内的组合使团队能应付多方面的挑战,比如创新、质量和客户服务,并形成一种协同工作的整体优势。

(二)团队对待变化是灵活而敏感的

在共同形成明确目标和方法的过程中,团队可以建立起能支持立即解决问题和提出倡议的交流方式。因此,团队能用比个人更为快速、准确和有效的方法打入大型组织的联系网,根据新的信息和挑战调整自己的行为方式。

(三)团队可加强组织发展和管理实现价值深化

通过共同努力克服障碍,团队中的人们对相互的能力建立起信任和信心。并加强共同追求高于和超乎个人和职能工作之上的团队业绩的愿望。工作的意义和成员的努力都使团队价值深化,从而使团队的业绩最终成为对团队自身的激励。

(四)团队有利于营造更轻松愉快的心理环境

团队的良好氛围与团队的业绩是相辅相成的,它能够使团队的成员愿意为了实现团队的目标而一起工作,并且为了团队的业绩成果而相互充分信任。这种令人满意的心理环境支持创造了团队的业绩,也因团队的优异业绩而得以延续。

没有团队的创业企业也许并不注定失败(事实上也不乏个人创业成功的案例),但是要建立一个没有团队仍具有高成长潜力的企业却是十分困难的。一般而言,个人创业型的新企业成长较慢,因为风险投资者在投资新企业时,都会将团队因素列为重要的评估指标,而不愿意考虑个人创业型的项目。

主题二 创业团队精神

一、成功创业团队的基本特征

成功的创业团队,需要在目标、理想、理念、文化、价值观等方面有共同的语言,并能取得默契,从而形成一个利益共同体。一般而言,一个成功的创业团队运作应该具备以下特征:

(一) 具有坚强的凝聚力

团队并非简单的几个人的集合，它是由一群有共同理想、能同甘共苦的人组合在一起的。在这个组合中，成败属于整体而非个人，成员不但同甘共苦，而且公开合理地分享经营成果，整个团队具有坚强的凝聚力与一体感。

(二) 团队利益至上

每一位团队成员都能充分认识到个人利益是建立在团队利益的基础之上的，自觉将团队利益置于个人利益之上，团队中每一位成员的价值，表现为其对于团队整体价值的贡献。

(三) 坚持正确的经营原则

一个成功的创业团队必须坚守顾客第一、质量至上、保障工作安全与员工福利、诚信无欺等正确的经营原则，并以此作为组建团队的基本理念，具体落实到企业的各项规章制度之中。

(四) 切实做到对企业的长期承诺

对于企业经营成功给予长期的承诺，每一位成员均了解企业在成功之前将会面临一段艰苦的挑战，因此承诺不会因为一时利益或困难而退出，并同意将股票集中管理，如有特殊原因而提前退出团队者，必须以票面价值将股权出售给原公司团队。

(五) 正确处理好短期利益和长期利益的关系

不能用牺牲长远利益的办法来换取短期利益，尤其在创业之初，团队成员要发扬艰苦奋斗的精神，不计较眼前的短期薪金、福利、津贴，而将创业目标放在成功后的利益分享上。

(六) 致力于创造新企业价值

创业就是一种创造新价值的事业，所以创业团队都要致力于创造新价值。团队成员均应一致认识到创造新企业价值才是创业活动的主要目标，并认识到唯有新企业得到发展，不断增值，创业团队各成员的利益才能有保障。

(七) 合理分配股权

团队成员的股权分配不一定要均等，但需要合理、透明与公平。通常主要贡献者会拥有比较多的股权，但只要与他们所创造价值、贡献上能相配套，就是一种合理的股权分配。平均分配股权并不能体现权、责、利的统一，无助于企业的发展和团队成员积极性的发挥。如果创业者碍于面子，不根据团队成员的才能、贡献分配股权，或没有一个合理的股权分配机制，就会挫伤团队成员的积极性，也会造成团队的分裂。

(八) 公平弹性的利益分配机制

创业之初的股权分配与以后创业过程中的贡献往往并不一致，常会发生某些具有显著贡献的团队成员拥有股权数较低，贡献与报酬不一致的不公平现象。因此好的创业团队需要有一套公平弹性的利益分配机制，来弥补上述不公平的现象。例如，企业可以保留10%盈余或股权，用来奖赏以后有显著贡献的创业成员。

（九）合理分享经营成果

这里指的范围更广，除了团队成员要有合理的分配机制外，对员工也要有合理的分配制度，能使大家共同分享经营的成果，从而使企业能够长存。国外企业一般是拿出10%～20%的利润分配给关键岗位的员工。我国的一些成功创业企业，尤其是一些高新技术企业，用员工持股的办法，使员工合理享受到企业的经营成果。

（十）专业能力的完美搭配

创业者寻找团队成员的目的，主要在于弥补创业目标与当前能力的差距所需要的配套成员。一个好的创业团队，成员之间要有良好的能力互补，而这种能力互补既有助于强化团队成员间彼此的合作，又能保证整个团队的战斗力，更好地发挥团队的作用。

当然创业团队也并非一蹴而就，往往是在新企业发展过程中才逐渐孕育形成的。在这一过程中，创业成员也可能因为理念不合等原因，在创业过程中不断替换。有人统计，在美国创业团队成员的分手比率要高于离婚率，由此可见团队组成的不易。虽然有诸多不易，团队组成与团队运作水平对创业集资与创业成败都具有关键影响力，因此创业者必须重视如何发展创业团队的问题，并培养自己在这一方面的能力。

【链接】

没有烂Idea，只有不会执行的团队

一般人对于"创业"最大的误解，是对"创意""创新"的盲目崇拜，认为只要找到一个超级点子，就能够成功创业。创业往往是在极度竞争中，创业团队经过长时间的尝试、失败，最后碰撞、研磨、变形出来的成果。

"脸书"是近年来最成功的创业公司。早在"脸书"成功之前，他们经历了好几年的辛苦挣扎。马克·扎克伯格创办"脸书"时，他想的只是"如何让所有哈佛的学生加入这个网站"。要说他当年早就想到、知道、预测到这就是一个"超级点子"，6年后全世界将会有7亿人在使用这个网站，那根本就是痴人说梦。

更重要的是，当"脸书"忙着吸引哈佛的1万名学生加入时，那时如日中天的社群网站"我的空间"早已拥有上千万会员。打开电台、电视，每个歌手、艺人，每天在聊的都是谁在"我的空间"的朋友比较多。北美的创投、互联网圈的专家都不相信"脸书"能够有一天打败"我的空间"。

改变这一切的不是"脸书"的想法有多好，而是它团队的"执行力"：不断地更新产品，不断地从使用者的回馈中求进步、找成长、累积用户。

这两年热门的苹果产品，也是另外一个想法不值钱的例子。用任何标准去看，"智能手机"现在听起来都像是一个超级棒的产品种类，每家硬件厂商都抢着推出自有品牌的产品。但如果把时空拉回到2007年，苹果执行长乔布斯站到台上宣布苹果手机之前，市场上早就充斥着许多不怎么成功的同类手机，当时大家对这个主意其实是半信半疑的。第一代苹果手机上市后15个月的时间中，苹果总共只卖出了600万部手机，这比他们现在一个月卖出的手机还少。

智能手机这个想法，虽然不是苹果想到的，但是是乔布斯团队把它执行到了极致，才变成了一个超级成功的产品。

而如果连社交网站、智能手机这些"老梗"，都能被"脸书"和苹果产品做成今天的成绩，那只证明了这个世界上没有烂点子，只有不会执行的团队。所以，如果你有任何创业的想法：快去做吧！别再想了！

二、创业团队精神的培育方法

团队精神是一种集体英雄主义，是个人与群体在目标一致基础上的融合。通过最佳的排列组合，个体能量以及由个体能量相乘所形成的整体能量的超水平释放，形成整体大于部分之和的裂变效应。

创业企业只有在目标的认同上凝聚在一起，才能形成坚强的团队，以激励团队成员团结奋进。因此，要有导向明确、科学合理的目标，把经营目标、战略、经营观念，融入每个员工头脑中，成为员工的共识。同时，必须把目标进行分解，使每一部门、每一个人都知道自己承担的责任和应做出的贡献，把每一部门、每一个人的工作与组织总目标紧密结合在一起。同学们在培养创业团队精神的同时，要努力做好以下几方面：

（一）培育共同的企业价值观

价值观的内化，首先在于企业领导者要以身作则、言行一致。还要不断把企业价值观向员工灌输，同时建立、健全和完善必要的规章制度，特别是相应的激励和约束机制，使员工既有价值观的导向，又有制度化的规范。

（二）领导者自身的影响力

领导者是组织的核心，一个富有魅力和威望的领导者，自然会把全体员工紧紧团结在自己的周围。领导者的威望取决于他的人格、品德和思想修养，取决于自身的知识、经验、胆略、才干和能力，取决于自己是否严于律己、率先垂范、以身作则、全身心地投入事业中去，更取决于能否公平、公正待人，与员工同甘共苦、同舟共济等。

（三）激发参与热情

奥运精神强调"重在参与"，同样企业团队精神的形成也有赖于员工的全员参与。只有全方位参与企业的经营管理活动，把个人的命运与企业的未来捆绑在一起，员工才会真心关心企业，才会与企业结成利益共同体、命运共同体。为了激发员工的参与热情，可以请员工提合理化建议，让员工参加管理，实施"从群众中来，到群众中去"的群众路线，让员工成为股东，企业通过合理的激励机制，即通过建立有效的物质激励体系，彻底摆脱员工给企业打短工的心理，使企业与员工之间形成荣辱与共、休戚相关的组织命运共同体。

（四）树立危机和忧患意识

危机和忧患意识是团队精神形成的外在客观环境。不管承认与否，没有压力的企业是不存在的，世界500强每年排名的变化就说明了这一点。"我们的公司离破产只有12个月",这是世界著名的微软公司总裁发出的声音。

(五)保持协调和经常性沟通

沟通主要是通过信息和思想上的交流达到认识上的一致,协调是取得行动的一致,两者都是形成集体的必要条件。企业中的各种例会、内部刊物、有线电视、内部联网、电话、文件传递、汇报总结、非正式接触等,都激活了组织信息的上下、左右各个方向的流动,从而形成团队的耳目。

三、创业团队的社会责任

一般认为,创业团队的社会责任就是创业团队在创业过程中创造利润、对股东利益负责的同时,还要承担对员工、消费者、对社区和环境的社会责任,包括遵守商业道德、保障生产安全和职业健康、保护劳动者的合法权益、保护环境、支持慈善事业、捐助社会公益事业和保护弱势群体等。

创业团队的社会责任具体体现在三个方面:

第一,就创业企业生存的基础而言,创业企业要生存就必然要追逐利润。创业团队经营企业的重点在于讲究效益,在于充分合理地利用有限的资源,以最少的成本,获取最大的利润。在追逐利润的同时,创业企业也向国家缴纳了税赋。为巩固国防、社会建设、丰富和满足民众生活提供了保障。因此,创造最大的经济效益,是创业团队首要的社会责任。

第二,从创业企业内部管理来说,创业团队还要注重创业企业内部员工在分配上的公平合理,注重对员工的培训和教育。要按规定给员工办理各种保险,要保证员工的各种合理的福利。社会就业扩大、员工素质的提高、员工收入的不断增长是社会稳定的重要基础,也是创业企业对社会稳定做出的重要贡献。

第三,就创业企业和外部的关系而言,在创业企业利益和社会利益发生冲突时,如在国家无力对创业企业造成的污染进行治理时,创业团队宁可牺牲自己的利益也要保护社会的利益。再比如,有的创业企业经营活动和社会责任具有密切的关系,如教育机构和新兴的网络公司等行业,其经营活动直接影响社会大众的思想观念,这些创业团队在追逐利润的同时更要注重社会道德。

基本流程与方法

一、创业团队的组建

(一)创业团队的构成原则

创业团队的构成应遵循以下三点原则:

1. 互补原则

创业者之所以寻求团队合作,其目的就在于弥补创业目标与自身能力间的差距。只有当团队成员相互间在知识、技能、经验等方面实现互补时,才有可能通过相互协作发挥出"1+1＞2"的协同效应。

2. 精简高效原则

为了减少创业期的运作成本、最大比例地分享成果,创业团队人员构成应在保证企业高效运作的前提下尽量精简。

3. 动态开放原则

创业过程是一个充满了不确定性的过程,团队中可能因为能力、观念等多种原因不断有人离开,同时也有人要求加入。因此在组建创业团队时,应注意保持团队的动态性和开放性,使真正完美匹配的人员能被吸纳到创业团队中来。

（二）创业团队组建的程序

创业团队的组建是一个相当复杂的过程,不同类型的创业项目所需的团队不一样,创建步骤也不完全相同。概括来讲,大致的组建程序如下：

1. 明确创业目标

总目标确定之后,为了推动团队最终实现创业目标,再将总目标加以分解,设定若干可行的、阶段性的子目标。

2. 制订创业计划

一份完整的创业计划,必然包含创业核心团队的计划和人力资源计划。通过创业计划可以进一步明确创业团队的具体需求,比如人员的构成、素质和能力要求、数量要求等。创业团队的组建需要契合创业计划的要求,以匹配创业项目的运作。

3. 招募合适的人员

招募合适的人员是创业团队组建中最关键的一步。关于创业团队成员的招募,主要应考虑两个方面：一是考虑互补性,一般而言,创业团队至少需要管理、技术和营销三个方面的人才,只有这三个方面的人才形成良好的沟通协作关系后,创业团队才可能实现稳定高效；二是考虑适度规模,适度的团队规模是保证团队高效运转的重要条件,团队成员太少则无法实现团队的功能和优势,而过多又可能会产生交流的障碍,团队很可能会分裂成许多较小的团体,进而大大削弱团队的凝聚力。一般认为,创业团队的规模控制在2～12人之间最佳。

4. 职权划分

创业团队的职权划分就是根据执行创业计划的需要,具体确定每个团队成员所要担负的职责以及所享有的相应权限。

5. 构建创业团队制度体系

创业团队制度体系体现了创业团队对成员的控制和激励能力,主要包括团队的各种约束制度和各种激励制度。

6. 团队的调整融合

随着团队的运作,团队组建时在人员匹配、制度设计、职权划分等方面的不合理之处会逐渐暴露出来，这时就需要对团队进行调整融合，这是一个动态持续的过程。

(三) 创业团队组建的关键要素分析

影响创业团队组建的因素很多，可以区分为基本因素和其他因素。其中基本因素包括创始人、商业机会、外部资源供给、机会成本、失败的底线；其他因素则包括与个人目标的契合程度、个人偏好等。

1. 创始人

需要什么类型的团队取决于创业机会的性质和带头人的能力与作用。对创业战略进行准确的评价是创业带头人建立团队的关键步骤。创业者需要考虑建立团队是值得的还是必需的，以及他是否打算把企业发展成一个更具潜力的企业；然后再具体评价拥有的人才、专业技术、接纳功能、实战业绩、关系网络和其他资源，即已经获得的"资源组合"。一切就绪时，创业者就要进一步考虑企业必须具备什么条件才能获得成功，以及在什么时候需要什么样的人才与自己形成优势互补。最好的创业者真心希望提高自己的工作绩效，努力去弄清哪些是他们所知道的，哪些是他们不知道的，并对此实事求是。创始人所需要考虑的问题包括以下几个方面：

（1）需要哪些与行业、市场及技术有关的技术知识和经验？

（2）是否拥有所必需的关系网络（以及已有的网络能否为企业带来竞争优势），是否需要在这方面寻找合适的合伙人？

（3）是否能够吸引且能够有效协调这些人和其他团队成员之间的关系？

（4）是否知道将来要做出的牺牲和贡献有多大？为此做好了准备吗？

2. 商业机会

需要什么样的团队取决于创业者与创业机会之间的匹配程度，以及打算以多快的速度和多大的举措来推进创业。尽管大多数的新企业都打算依靠自身的资源来求得发展，而且只有在公司负担得起的情况下才会招募其他团队成员。然而如果打算寻找风险资本或者私人投资者支持的话，将团队越早地组建，其价值就越高。这方面要考虑的问题包括以下几点：

（1）做这项业务的附加值和经济利益如何？与谁共同获利？

（2）能够影响拟建企业成功与否的关键变量是什么？需要什么因素或什么人来对这些变量产生积极影响？

（3）是否拥有或得到把握创业机会所必需的关键外部关系，如投资人、律师、银行家、顾客、供应商、管理机构等？需要这方面的帮助吗？

（4）应该具有哪个方面的优势和竞争战略？什么样的人是推行这一战略或优势的必要人选？

3. 外部资源

通过获取外部资源来弥补企业的一些空白点，如董事会、会计师、律师、咨询顾问等。通常来说，税务和法律方面的专家在最初阶段最好以兼职的方式聘请，如果某些外部资源只需要一次或只在某个阶段有需求，或者这些需求对企业经营的关键任务、目标和活动来说并不重要的话，那么比较妥当的做法是聘请咨询顾问。创业者需要考虑的问题有：

（1）那些专业性强、具有一次性特点或可请兼职人士提供的专业知识对于企业来说是不太重要，还是至关重要的？

（2）如果从外部获得专业技能，是否会泄露商业机密？

4. 机会成本

为了创业，你将放弃什么？可以从中获得什么？得失的评价如何？在决定进行创业之前，所有参与创业的成员都需要仔细思考创业所要付出的机会成本。必须通过机会成本的客观判断，才能得知创业机会是否真的对个人生涯发展具有吸引力。

5. 失败的底线

古人说："留得青山在，不怕没柴烧。"创业必然要面对可能失败的风险，因此创业者不必也不宜将个人声誉与全部资源都压在一次创业活动中。理性的创业者（团队）必须设定承受失败的底线，以保留下次东山再起的能力与机会。因而需要了解团队成员有关创业团队对失败底线的看法。

（四）创业团队的组建策略

创业团队的组建，没有统一的程式化规程。创业者走到一起，多是机缘巧合，兴趣相同、技术相同、同事朋友、甚至是有相同的想法的人都可以合伙创业。关于创业团队的成员，马云曾经说过"创业要找最合适的人，不要找最好的人"，一支豪华的创业团队，所创企业并不一定就是最好的企业。

创建团队，就是一个寻找人才的过程。而新企业由于自身的竞争实力难以与成功的大企业相比，而所需的人才又要求较高，这就造成了创业团队的组建困境。创业者如何解决这个问题，是考验其领导才能的关键。创业者在招聘时，并不是高薪就能吸引人才，新创企业的企业愿景、蓬勃的活力，优秀的企业文化才是吸引人才加入的因素。对于想加入创业的人员来说，创业者的个人魅力、公司的发展潜力、长远回报、个人价值等因素对他们的吸引远比单纯的钱要大得多。组建团队，创业者应遵循以下原则：

1. 具有共同理想，利益兼顾

大学生创业时，一般首先会想到邀请与自己志同道合的同学、室友、工作中的同事加入，形成创业之初的合伙人团队，这是最初创业团队的形成的方式之一。这样的团队成员往往有共同的理想、技能、兴趣爱好，合伙人之间相互了解，共同奋斗，往往是团队第一，个人第二。在创业过程中，尤其是创业初期，当公司的利润并不显现的时候，创业者与合伙人更多考虑的是公司的利益，而耻于谈钱，友谊是维系他们之间的关系的主要纽带。这种合伙人关系貌似牢固，但也有很大弊病。当企业发展步入正轨，运营平稳，利润增加的时候，个人的利益观念就会凸显，合伙人一方会因付出与得到的不相同或者以为不相同而产生情绪，容易导致离开团队，影响公司的继续发展。因此，在创建团队时，即使是最好的朋友也应该建立一个合理的利益分配制度并得到合伙人的支持；考虑建立一个制度健全公司组织形式与绩效制度，这样公司就不会因为某个人的离去而无法正常运作，为公司的发展打下良好的基础。

2. 技能与优势互补

建立一支互补性的团队有利于公司的发展。在组建创业团队时，应强调补缺性。这种补缺性是指在性格，能力，观念，甚至是技术上的互补，因为创业者在公司的管理上不可能面面俱到。技术性的创业者需要一个管理人才帮助自己建立公司的组织结构并进行日常的绩效监督，财务的管理也需要专业的人员，当创业者自己不能做这些工作时，可以由团队成员共同提出解决方案。这种平衡和补充的作用可以保证新创的企业健康的发展。

3. 追求稳定

一开始就拥有一支成功的，不变的创业团队是每一个创业者的梦想。但现实是，创业合伙人分手的机率是很大的，即使企业成功的存活下来并得到发展，创业团队仍然有分手的可能，团队成员的离去有可能带走股份或需要收购股权，造成公司的资金紧张。如果团队成员急于离开，创业者就应该考虑是不是公司的管理出了问题并及时与团队成员沟通，解决问题。公司发展的初期团队成员的离开有时会造成"灾难性后果"，这一点创业者应当在招募时就想到，并与团队成员做出约定。

4. 重视计划与沟通

创业者在组建团队时，首先应制定一份计划，至少应该在心里有一个明确的想法，如需要哪方面的人，希望对方从事什么工作，能够给予对方哪些有利条件等。沟通在"心理学"领域是非常重要的技巧，创业者应当成为一个沟通高手，通过沟通，可以是双方都了解彼此的需要，这样可以更好地找到合适人选。

在创业初期，各项业务开展会遇到障碍，这需要团队成员有充分的准备，若有成员离开，可能会导致新公司倒闭，这时团队沟通就显得格外重要。一方面，通过沟通可以使团队成员相互了解，增加信任；另一方面，创业者也可以沟通理解团队成员的技能优势，思想状态，提前决策。

5. 寻找相同或相似背景的伙伴

创业团队成员之间若有共同理想，相似的背景以及多年的了解会有很多默契，在个人与集体利益发生冲突时，会很好沟通，有利于问题的解决。但这种人员搭配会有些单调，例如，技术类的创业者往往首先找到技术类人才，这是由自己的生活圈子决定的。因此组建团队应当有完整的团队建设方案，并注重人员的搭配，有意识地跳出自己生活的圈子，寻找一些有自己完全不同的人才，这样更利于创业成功。

（五）相关问题及解决办法

创业团队组成之初，可能彼此都有高度的承诺与无悔的付出，但随着时间流逝，事业成长，矛盾、认知差距、利益冲突等问题就会逐渐地浮出台面。其中经常会出现的问题有：

1. 团队中唯一权威主管问题

企业需要权威的主管，同样，创业团队要成功也必须有强势领导人。但大家一同创业，谁应该是主导者？谁来做最后决定？当发生严重利害冲突或彼此意见不一致的时候由谁来仲裁决定？在创业企业中，团队的创始人是至关重要的，他必须有创业者的胸怀和品质，有素养和能力来组建团队和发挥团队的作用，并在企业的发展过程中，随时做好团队成员间的协调工作，使团队的整体水平不断提高，以适应企业发展的需要。

2. 团队成员间的相互信任问题

互信是形成团队的基础，而互信往往要经过长期合作才能形成。事实上，自私自利当属大部分人的本性，能义无反顾地将团队利益置于个人利益之前者，恐怕还是少数。因此，盲目地信任团队成员，恐怕也是非常不明智的决定。自相矛盾的是，不能互相信任难以形成团队；盲目互信，却又要冒很大的风险。可见，建立团队成员间相互信任时，既要培养和发展团队中人与人之间的信任，又要建立正常的监督机制，以避免产生用错人的风险。

3. 妥善处理不同意见和矛盾

创业团队成员经常会过于执著于创业构想，极力维护自己的主张，但又同时逃避自己的缺点。这种固执己见、争权夺利、逃避弱点等人性缺失，往往会使团队难以追求问题的最佳解决方案。有的团队成员会非常在意自己的地位与利益，将自己凌驾于团队之上，感性凌驾于理性之上。因此必须有善于倾听意见，并善于概括总结出正确意见的领导者来克服这些矛盾。创业者在组织团队和领导团队时，应体现出高超的领导能力和协调能力。

4. 合理分配股权问题

创业团队成员股权分配也是一个敏感、困难，但又十分重要的问题。尤其当几个人一起创业时，经常会采取平均分配股权的方式，但这种平均主义会带来许多负面后果。如果贡献与获利不成比例，团队整体力量就更加难以发挥。股权分配本身就是在创建团队时必须首先解决的问题。在企业发展过程中，还需要及时调整股权，使新进入企业的主要技术骨干和高级管理人员也能合理得到股权。

5. 妥善处理团队成员间利益

除了能否把股权分给对企业发展有贡献的伙伴外，能否及时转让股权以使企业加快发展，也是个重要的问题。是死死守住企业创始人对企业的控制权，还是为了企业发展，可以不要控制权，是注重于绝对控制还是可以考虑相对控制，这些问题都涉及创业者和创业团队的利益，必须妥善处理。事实上，创业的目的不应该是为掌控新企业，因此自己所拥有股权的比重高低并非关键，关键的是要懂得利用股权交易来增加企业的价值。拥有一个平庸企业的100%股权，还不如拥有一家成功企业的20%股权，因为后者的价值往往是前者的数十倍。

二、创业团队的管理

创业者可以从以下几方面着手去管理创业团队：

（一）注重团队凝聚力

在创业过程中，团队所有成员都认同整个团队是一股密切联系而有缺一不可的力量。团队的利益高于团队每一位成员的利益，如果团队成员能够为团队的利益而舍弃自己的小利时，团队的凝聚力就获得了最大。虽然创业团队中，每一位成员都可以独当一面，但是合作仍然是团队成员首先要学会的东西，成功的创业公司中，团队的成功远远高于个人的成功，创业者与团队核心成员相互配合，共同激励。

（二）致力于价值创造

团队的每一位成员都致力于价值的创造，大家想尽办法解决问题，一旦决策方案提出，大家都会执行，每一位成员在公司的成长期发展到成熟期的过程中，都尽力做好，这一过程，不但获得了丰厚的物质回报，同时个人的技能也得到提升。

（三）分享成果

在新创企业中，一般的做法是将公司的股份预留出10%到20%，作为吸引新的团队成员的股份，团队中不仅包括资金的分享，还包括理念、观点、解决方案的分享。

（四）重视绩效考核

绩效是指给评估者和被评估者提供所需要的评价标准，以便客观地讨论、监督、衡量绩效。绩效管理可以使团队成员明确自己的职、责、权与团队的目标和计划，明确自己的角色与承担的工作，时事也可以根据自己的价值对自己的薪资产生期待。

（五）充分发挥决策者的作用

决策者的角色一般由企业的拥有者承担，他们不但对问题进行决策，而且承担决策产生的后果，所以在公司作出每一项重要的决策时，决策者通常都会在决策前召开团队成员讨论解决方案，作为团队中的决策者，如果大家的意见与决策者相左时，就应该重新分析方案的可行性，并对方案进行修改。决策的主要内容是公司发展的长期目标与一定阶段的计划，还有一些是与公司发展相关的重大决策。

（六）明确执行者的任务

执行者是根据公司制定的业务计划和目标，从职能领域安排自己的工作和计划，细化量化自己的工作，具体执行决策者的决策。

有时会遇到团队成员职、责、权混淆的情况，这时就需要制定出规范化的企业制度保证团队成员的工作，而且企业的拥有者也应该时刻记得自己的角色分配。需要明确的是，决策者的角色并不是一成不变的，决策者应首先从一个执行者要求自己，只有当自己完成方案时，才能将方案交给其他执行者去执行。

三、合伙人的标准

（一）认识合伙人

合伙人是指公司股权的持有人，主要包括合伙人团队（创始人与联合创始人）、员工与外部顾问（期权池）与投资方。其中，合伙人是公司最大的贡献者与股权持有者。

既有创业能力，又有创业心态，有3—5年全职投入预期的人，是公司的合伙人。这里要说明的是合伙人是在公司未来一个相当长的时间内能全职投入预期的人，因为创业公司的价值是经过公司所有合伙人一起努力一个相当长的时间后才能实现。因此对于中途退出的联合创始人，在从公司退出后，不应该继续成为公司合伙人以及享有公司发展的预期价值。合伙人之间是长期、强关系的深度绑定。

创业选择合伙人必须看两点：一是价值观一致和事业方向认同；二是能力资源互补。大部分创业团队散伙分家要么是由于创始人价值观不一致或不认同而产生严重分歧，要么是某人能力或资源对公司发展未带来核心价值被迫出局。股东之间的理念、性格及信任程度，决定了公司生死。

在找合伙人之前，应该问问自己为什么要找合伙人。参与创业的每一个合伙人应该是优势互补且在创业过程中不可替代的。比如创业项目需要一个研发，可以找一个研发合伙人；但是，如果项目并不是技术主导的，那也许把这个技术外包出去更划算。这种情况下，技术合伙人不是必需的。如果创业项目是技术方向，某人正好是技术大牛或者能够管理技术人才，那么请他来一起合伙可能是很有必要的。可以替代的合伙人都不要，尽管你们私交可能很好。

另外在选择合伙人时，尽量选择自己熟悉和了解的人，例如你的同学、同事或你信任的人推荐的朋友，你们对彼此的价值观和性格、能力、资源等方面有较深的了解，创业初期的强执行力往往来自于创始团队的相互熟悉与信任。

（二）哪些人不应该成为公司的合伙人

请神容易送神难，创业者应该慎重按照合伙人的标准发放股权。

1. 短期资源承诺者

很多创业者在创业早期，可能需要借助很多资源为公司的发展起步，这个时候最容易给早期的资源承诺者许诺过多股权，把资源承诺者变成公司合伙人。

创业公司的价值需要整个创业团队长期投入时间和精力去实现，因此对于只是承诺投入资源，但不全职参与创业的人，建议优先考虑项目提成，谈利益合作，而不是股权绑定。

2. 兼职人员

对于技术能力强、但不全职参与创业的兼职人员，最好按照公司外部顾问标准发放少量股权。如果一个人不全职投入公司的工作就不能算是创始人。任何边干着他们的全职工作边帮公司干活的人只能拿工资或者工资"欠条"，但是不要给股份。如果这个"创始人"一直干着某份全职工作直到公司拿到风投，然后辞去全职工作过来公司干活，他（们）和第一批员工相比好不了多少，毕竟他们并没有冒其他创始人一样的风险。

3. 天使投资人

创业投资的逻辑是：（1）投资人投大钱，占小股，用真金白银买股权；（2）创业合伙人投小钱，占大股，通过长期全职服务公司赚取股权。简言之，投资人只出钱，不出力。创始人既出钱（少量钱），又出力。因此，天使投资人购股价格应当比合伙人高，不应当按照合伙人标准低价获取股权。

这种状况最容易出现在组建团队开始创业时，创始团队和投资人根据出资比例分配股权，投资人不全职参与创业或只投入部分资源，但却占据团队过多股权。

4. 早期普通员工

给早期普通员工发放股权并不合适，原因是激励成本过高且激励效果很有限。在公司早期，给单个员工发5%的股权，对员工很可能都起不到激励效果，甚至认为公司是在忽悠、画大饼，起到负面激励。

但是，如果公司在中后期（比如，B轮融资后）给员工发放激励股权，很可能5%股权解决500人的激励问题，且激励效果特好。

四、如何分配创业股权

（一）最大责任者一股独大

在美国，几个创始人平分股权，公司也能做起来。但中国正相反，能够做起来的公司，更多是一股独大。比较成功的模式是这样的，有一个大家都信服的大股东作为牵头人，他是公司决策的中心，对公司承担最大的责任；另外搭配1-2个占股权10-20%、与大股东互补的能力和资源的合伙股东，能发出跟大股东不同的声音，对公司有一定的影响力。基于这样的一个模式，既保持有不同的意见，又有人拍板和承担责任。

股权分配在根本上是要让所有人在分配和讨论的过程中，心里感觉到合理、公平，从而事后忘掉这个分配而集中精力做事，这是最核心的，也是容易被忽略的。复杂、全面的股权分配分析框架和模型显然有助于各方达成共识，但是绝对无法替代信任的建立。创始人最好开诚布公的谈论自己的想法和期望，任何想法都是合理的，只要赢得创业弟兄们的由衷认可。

投资人在投资早期项目的时候，通常会认为比较好的股权结构是：创始人50-60%+联合创始人20-30%+期权池10-20%。

这里常见的一个问题是，很多创业者认为点子是自己提出来的，所以自己理所应当占据最大的股份，这是一个非常典型的误区：创业是一个艰苦的多年过程，而不是一个点子。创业都是做出来的，过程中充满了各种的试错和调整，创业项目能够成功，所有的产品和业务与当初最早的点子相比，早已面目全非。如果点子提出者在公司成长过程中无法做出真正的贡献和价值，其他创始人很大可能因为分配不公而抛弃你另立炉灶。

【链接】

创始人的身价如何确定

1. 初始（每人均分100份股权）。我们给每个人创始人100份股权。假设加入公司现在有三个合伙人那么一开始他们分别的股权为100/100/100。

2. 召集人（股权增加5%）。召集人可能是CEO、也可能不是CEO，但如果是他召集了大家一起来创业，他就应该多获得5%股权。假设A是召集人。那么，现在的股权结构为105/100/100。

3. 创业点子及执行很重要（股权增加5%）。如果创始人提供了最初的创业点子并执行成功，那么他的股权可以增加5%（如果你之前是105，那增加5%之后就是110%）。

4. 迈出第一步最难（股权增加5%-25%）。如果某个创始人提出的概念已经着手实施，比如已经开始申请专利、已经有一个演示原型、已经有一个产品的早期版本，或者其他对吸引投资或贷款有利的事情，那么这个创始人额外可以得到的股权，从5%到25%不等。

5. CEO，即总经理应该持股更多（股权增加5%）。CEO作为对公司贡献最大的人理应拥有更大股权。一个好的CEO对公司市场价值的作用，要大于一个好的CTO，所以担任CEO职务的人股权应该多一点点。

6. 全职创业是最有价值的（股权增加200%）。如果有的创始人全职工作，而有的联合创始人兼职工作，那么全职创始人更有价值。因为全职创始人工作量更大，而且项目失败的情况下冒的风险也更大。

7. 信誉是最重要的资产（股权增加50—500%）。如果创始人是第一次创业，而他的合伙人里有人曾经参与过风投，且投资成功了的项目，那么这个合伙人比创始人更有投资价值。在某些极端情况下，某些创始人会让投资人觉得非常值得投资，这些超级合伙人基本上消除了"创办阶段"的所有风险，所以最好让他们在这个阶段获得最多的股权。

8. 现金投入参照投资人投资。很可能是某个合伙人投入的资金相对而言多得多。这样的投资应该获较多的股权，因为最早期的投资，风险也往往最大，所以应该获得更多的股权。

9. 最后进行计算。现在，如果最后计算的三个创始人的股份是为200/150/250，那么将他们的股份数相加（即为600份）作为总数，再计算他们每个人的持股比例：33%/25%/42%。

（二）杜绝平均和拖延

创业团队的股权分配绝对不能搞平均主义。很多时候，创始人不愿意谈论股权分配问题，这个话题不容易启齿，所以他们要么完全回避这个问题，要么只是说一些模棱两可的约定，比如"大家是平等的"、"先做事其他好商量"，或者拖延这个问题的讨论说"我们之间还有什么不好说的，以后再说吧"。如果有3个或3个以上的创始人，这种讨论就变得更加困难了。

创始人普遍会犯的错误是：没有在第一天就把股份的分配问题谈清楚，并写下来。股权的分配等得越久，就越难谈。随着时间的推移，每个人都会觉得自己是项目成功必不可少的功臣，关于股权分配的讨论就会变得越来越难以进行。

对此，建议是，尽早进行股权分配的讨论并达成共识。谈这个问题的理想时间是，几个人决定一起做事情之前、正式开始做事情之后。

（三）股份绑定，分期兑现

仅仅达成股份比例的共识还不够，如果一个创始人拿了很多股份，但后来做事不给力怎么办？如果有人中途离开公司怎么办，股份如何处置？

在美国，初创公司一般对创始股东的股票都有关于股权绑定的机制设置，公司股权按照创始人在公司工作的年数或月数逐步兑现。任何创始股东都必须在公司做够起码1年才可持有股份（包括创始人）。好的股份绑定计划一般按4—5年期执行，例如4年期股份绑定，第一年给25%，然后接下来每年兑现25%。这个事容易忽略。如果股权已经分配好，忘了谈这个事情，大家必须坐到一块，加上股权兑现的约定。

中国的创业公司没有执行"股权绑定"是极其普遍的现象，后果可能十分严重，甚至直接导致项目失败或公司倒闭。你看到有些公司的几个创始人没日没夜地工作了好几年，然后你发现有些人加入后两个星期就离开，然后他还以为他仍然拥有公司25%的股份，就因为他工作过的那两个星期。没有"股权绑定"条款，你派股份给任何人都是不靠谱的！

"股权绑定"还有另外一个好处：有效平衡合伙人之间出现股份分配不公平的情况，例如最初订立的股权分配比例更多是拍脑袋，但项目进行一段时间之后，发现之前股权分配较少的乙对项目的贡献或重要性，比股权分配较多的甲要多，董事会可与甲乙商量后做决议，把双方的还没有绑定的股份重新分配，甲乙都会比较容易接受。因为已经绑定的股份不变。而且如果一方不接受的话，离开公司，也有一个明确公平的已经绑定的股份。

股权绑定是一个很公平的方法，因为创业公司是做出来的。做了，应该给的股权给你。不做，应该给的不能给，因为要留给真正做的人。避免一些创始人离开公司以后手上一直还有公司股权，不劳而获。

没有经历过股权纠纷的创业者，都不喜欢股权绑定，因为担心自己一旦在项目中发挥不出真正的价值而失去股份。而那些经历过股权纠纷的创业者，会在项目一开始的时候就和他的合伙人商量好股权绑定的方式。

（四）遵守契约精神，赢得信任与激励

股权分配最核心的原则是"契约精神"。对所有的创始团队成员而言，股权一旦定下来，也就意味着利益分配机制定好了，除去后期的调整机制不说，接下来干活的时候，每个人的努力和贡献其实和这个比例没啥关系，尽自己的最大努力是最基本的要求。对于所有的早期创业者来说，一定要明白一个道理：创业成功了，即使只拿1%也很多；创业不成功，就算占有100%也分文不值。

【链接】

如何评估和认定股权架构是否科学

1. 股权结构简单明晰。"明晰"是指股东数量和股比、代持人、期权池等；"简单"是指股东不要太多，初创公司最科学的配置是3个人，这样在沟通方面会有缓冲地带，建议人数不要太多。

2. 存在一个核心股。也就是有一个老大，要有带头大哥，如果股东当中，谁说话都算数，就等于都不算数。

3. 股东资源互补也就说：我少不了你，你少不了我，彼此互相帮衬，如果功能职责太过接近，一定会发生纠纷，最后很容易另起炉灶。

4. 股东之间信任合作彼此各自独当一面，各干各的活，互相不干涉，彼此信任，背靠背。

课堂活动

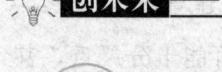

活动一 感受团队

活动目标：理解团队和团队精神的内涵，学会沟通和团队协作

活动过程：

1. 小组成员到一个空场地围成一个圆圈站好；
2. 指导老师宣布：开始2分钟的小组沟通（没有任何明确的任务）；
3. 沟通时间到了以后，提醒戴眼镜的人可摘下眼镜，然后给每个成员分发眼罩；
4. 要求每个成员戴上眼罩，原地转2圈；
5. 指导老师分别给小组成员发号码牌（事先准备好），并让成员确认自己的号码，然后检查眼罩佩戴情况，防止作弊；
6. 宣传任务：请小组成员在3分钟的时间内，按号码牌的大小，依次排成一队，在排队过程中，不允许发出任何声音；
7. 其他学员观察排队结果；
8. 换另外一个小组，重复以上步骤，对比两组的过程和结果；
9. 参与活动与观察者代表做总结发言。

活动二 选择合适的创业伙伴

创业者选择一位好的合作伙伴（或者是多个合作伙伴）是一项重要的任务。为了做出正确的选择，同学们需要三个方面的基本信息：(1) 清晰的自我评价（在列表中技术、能力、知识等相关方面，你能够带来什么？）；(2) 清楚描述出你从需要的潜在合作伙伴中想要获得的是什么；(3) 准确地评估他人的能力，以便你能够知道他们是否具备你所需要的东西。这项练习能够帮助你获得这三方面的信息。

1. 自我评价

对你自己在以下每一个维度做出等级评价，尽可能地诚实和准确！对于每一个维度，请选择数字1—5（1=很低 2=低 3=中等 4=高 5=很高）

a. 与你新创企业相关的经验_____（填写从1到5的一个数字）

b. 与你新创企业相关的技术知识_____

c. 人际技能（与人相处、劝说他人等方面有用的技能）_____

d. 成就的动机_____

e. 对新创企业的承诺_____

f. 适合做一位创业者的个人属性_____

g. 不适合成为一位创业者的个人属性_____

2. 你对合作创业者需要的是什么

考虑到第一部分中的等级评价，列出你从合作创业者中想获得的是什么。例如：如果你在技术知识方面是低的，你对合作伙伴需要的就是这种知识；如果你在人际技术方面是低的，你就需要在这方面有较高的合作伙伴，等等。

a. _____
b. _____
c. _____
d. _____
e. _____
f. _____

3. 你准确评价他人的能力如何

为了回答这一问题，请指出下列每一项陈述是正确的还是错误的程度：（1）根本不正确；（2）不正确；（3）既不正确也不错误；（4）正确；（5）十分正确。

a. 我能够很容易地发现其他人什么时候在说谎。
b. 我能够推测其他人的真实感受，如果他们试图对我隐瞒的话。
c. 我能够识别出他人的弱点。
d. 我是其他人的一位好裁判。
e. 我通常能够通过观察其他人的行为，准确地识别出其他的特点。
f. 我能够辨别出人们为什么会以多数情况下的方式来做事。

把你的答案相加。如果你的得分为 20 分或者更高，你就可以把自己确认为擅长评价他人。为了发现这一结论是否准确，可以请对你很熟悉的人对同样的这些项目作出评价。换言之，变换这些项目，就成了"_____能够很容易地发现别人在说谎"（横线上填写你的名字）。如果他们的评价与你的相一致，那么，就要祝贺你啦！因为你不但擅长于评价他人，也擅长于评价自己。

活动三 团队管理的"分粥"机制

有 7 个人组成的小团体，其中每个人都是平凡而且平等，但不免自私自利。他们想通过制定制度来解决每天的吃饭问题——要分食一锅粥，但并没有称量用具。那么怎么分才最有效呢？

方法一：指定一个人负责分粥事宜。很快大家就发现，这个人为自己分的粥最多。于是又换了一个人，结果总是主持分粥的人碗里的粥又多又好。阿克顿勋爵作的结论是："权力会导致腐败；绝对的权力导致绝对的腐败。"

方法二：大家轮流主持分粥，每人一天。虽然看起来平等了，但是每个人在一周中只有一天吃得饱且有剩余，其余 6 天都饥饿难挨。大家都认为这种办法造成了资源浪费。

方法三：大家选举一个信得过的人主持分粥。开始这位品德尚属上乘的人还能公平分粥，但不久他开始为自己和溜须拍马的人多分。

方法四：选举一个分粥委员会和一个监督委员会，形成监督和制约。公平基本上做到了，可是监督委员会常常提出种种议案，而分粥委员会又据理力争，等粥分完时，粥早就凉了。

方法五：每个人轮流值日分粥，但是分粥的那个人要最后一个领粥。令人惊奇的是，在这个制度下，7只碗里的粥每次都是一样的多。每个主持分粥的人都认识到，如果7只碗里的粥不同，他确定无疑将享用那份最少的。

你认为以上哪种方法最好，为什么？

活动四　迷失丛林

形式：先以个人形式，之后再以小组形式完成

类型：团队建设

时间：30分钟

材料及场地：迷失丛林工作表及专家意见表，教室及会议室

适用对象：所有学生

活动目的：通过具体活动来说明，团队的智慧高于个人智慧的平均组合，只要学会运用团队工作方法，就可以达到更好的效果。

操作程序：

1. 老师把"迷失丛林"工作表发给每一位学生，而后讲下面一段故事：

你是一名飞行员，但你驾驶的飞机在飞越非洲丛林上空时飞机突然失事，这时你必须跳伞。与你们一起落在非洲丛林中有14样物品，这时你们必须为生存作出一些决定。

2. 在14样物品中，先以个人形式把14样物品以重要顺序排列出来，把答案写在第一栏。

3. 当大家都完成之后，分小组，让他们开始进行讨论，以小组形式把14样物品重新按重要顺序再排列把答案写在工作表的第二栏，讨论时间为20分钟。

4. 当小组完成之后，老师把专家意见表发给每个小组，小组成员将把专家意见转入第三栏。

5. 用第三栏减第一栏，取绝对值得出第四栏，用第三栏减第二栏得出第五栏，把第四栏累加起来得出一个个人得分，第五栏累计起来得出小组得分。

6. 老师把每个小组的分数情况记录在白板上，用于分析：

小组个人得分、团队得分、平均分。

表 4-1　迷失丛林游戏统计表

供应品清单		个人排序（写数字）	小组排序（写数字）	专家排序	个人与专家比较（绝对值）	小组与专家比较（绝对值）
A	药箱					
B	手提收音机					
C	打火机					
D	3支高尔夫球杆					
E	7个大的绿色垃圾袋					
F	指南针					
G	蜡烛					
H	手枪					
I	一瓶驱虫剂					
J	大砍刀					
K	蛇咬药箱					
L	一盆轻便食物					
M	一张防水毛毯					
N	一个热水瓶（空的）					
绝对值总计						

课外实践与作业反馈

团队组建与评估

一、制作广告

在小组内（也可以小组外）寻找合伙人共同创业，基于前面找到的创业项目创办企业，请拟一份征集合伙人的广告。注意以下几个方面：

你是召集人，不一定是领导者；

创业的初始目标、计划；

你掌握的资源，及你需要的资源；

所需伙伴的数量和特点；

你对股权分配、团队管理的设想；

有吸引力的回报，及可能的风险；

其他你认为需要说明的问题。

二、三分钟演讲

张贴你的广告，并用三分钟演讲宣传你的优势，吸引同学加入你的团队。

同学共同评估，选出几位同学做团队创建者，并自愿加入一个团队。

三、评估团队结构

同学们从以下4个方面，分析哪个团队组成更好？每项25分，总分为100。哪个队的分数高？落后的队谈谈，将如何赶超对方？

(1) 团队成员加入的目的

(2) 团队成员的知识结构

(3) 团队成员的性格、个性、兴趣

(4) 团队成员的价值观念

四、确定团队成员

团队创建者可以根据同学对下面五个问题的解答情况，决定其去留。

(1) 团队中唯一权威主管问题

(2) 团队成员间的相互信任问题

(3) 妥善处理不同意见和矛盾

(4) 合理分配股权问题

(5) 妥善处理团队成员间利益

然后请团队中的一成员，对本团队做出最后调整（增人或减人）。

五、团队展示

各团队经过讨论，完成下表，并进行集体展示。

团队名称	
设计 LOGO	
团队口号	
团队愿景	
创业项目	
团队领导者	
团队成员及分工	
团队管理制度	

六、推选最佳团队

最后，同学们重新评估这几个团队，推选出最佳团队！

延伸阅读

一、创业团队要找好三种人

组建团队第一步：评估你的合伙人

第一个极其困难的步骤就是评估你的合伙人。在这个阶段，人员的素质将决定公司后续发展的 DNA。坚决执行这个步骤至关重要。

哪怕只有一个人的表现不合格，都有可能破坏整个团队。如果组建的团队里有一两名比较平庸的成员，很快你就会知道自己组建的团队只是一个平庸的组织而已。

扪心自问：这些人是不是能与之一起共事的最佳人选？如果答案是肯定的，这说明该是分派角色、划分职责的时候了。

搞清公司股权结构，这个也非常重要。它将有助于避免公司未来发展道路上可能会遇到的法律问题，而解决这些问题的成本是昂贵的。

顾问：五种类型必不可少

对于任何一家初创公司，五种类型的顾问必不可少：营销专家、行业内人脉广泛的人、行业内的名人、相关权威和技术专家。

随着业务的增长，如果发现因为时间不够用或者缺乏专业知识，造成完不成任务的后果，就是这些顾问发挥作用的时候了。确定你及你的合伙人缺少的技能，然后寻找兼职顾问及承包商，由他们来填补空白。接受任何顾问的帮助，都应签署一份法律协议，保证公司机密不会外泄，并确保任何工作中所产生的权益都为你所有。

招聘第一个全职员工

什么时候应该聘请你的第一个全职雇员呢？通常情况下，要看你的财务状况。一般你获得资金的时候，不管是天使投资，还是银行贷款，就该增加人手了。

招聘员工时，要想想他们是否具备在初创公司获得成功的气质。在全新的公司里，业务流程和角色往往不是一成不变的，随机应变是员工必须具备的能力。对于那些在大公司工作时间太久的人，并不一定适合初创公司。

最后，你必须要找到那些在尽力做好自己本分工作之余，还能为实现公司更大利益而努力工作的人员。那些拥有明显优势的人，身上也存在着一些显而易见的弱点。但作为一支团队，他们以特有的方式运作，大部分创始人想要团队能够和谐相处。要注意的是，过于和谐的团队，有可能没办法创造出卓越的绩效。

二、创业团队报酬如何分配

（一）形成分享财富的理念

创业团队的分配理念和价值观可以归结为一条简单的原则：首先，与帮助企业创造价值和财富的人一起分享财富。其次，吸引到风险投资的企业其最终目标往往是获得5～10倍于原始投资的报酬。从美国创业企业 IPO 的经验来看，创始人一般可以获得 100 万～300 万股，价值 1200 万～4500 万美元。由此，同学们就很容易理解为何寻找好的创业机会、建立优秀创业团队并采取分散型持股方式实行财富共享远比拥有公司多少股权份额重要。另外，成功的创业者往往不只是创建一个企业。因此，当前的企业可能并非其最后一家企业，最重要的事情是取得这次创业的成功。做到这一点之后，将来还会有很多商机。

（二）综合考虑企业与个人目标

如果一个企业不需要外部资本，就可以不考虑外部股东对报酬问题的态度或影响，不过还是需要考虑其他一些有关事宜。例如，如果一家企业的目标是在未来 5～10 年获得大量资本收益，那么就需要针对如何完成这一目标以及如何保持大家的长期敬业精神来达到这个目标等两个方面来制订报酬制度。

（三）规范制订报酬制度的程序

创业带头人要建立起一个氛围，让每一个团队成员都觉得自己的付出应该对得起所得的报酬。每一个关键团队成员都必须致力于寻找有关合理制订报酬制度的最佳方案，使它能够尽可能公平地反映每位团队成员的责任、风险和相对贡献。

（四）实施合理分配方案

关于如何分配的问题，目前还没有任何有效的公式可以套用，也没有简单而行之有效的答案。在制订方案时，需要对各团队成员的贡献大小进行衡量。可以重点考虑以下几个方面：

1. 创业思路

对创业思路提出者的贡献应当予以充分考虑。尤其是提供对原型产品或服务极为重要的商业机密、特定技术，或是对产品、市场进行了调研的当事者。

2. 商业计划准备

制订一份优秀的商业计划往往需要花费很多的时间、资金和精力。因此，商业计划书制订者的贡献也应该适当考虑。

3. 敬业精神和风险

一个把大部分个人资产投入到企业的团队成员，不仅要在企业失败时承担巨大的风险，还将牺牲一定的个人利益、投入大量的时间和精力并接受较低的报酬。因此，应充分考虑员工的敬业精神和所承担的风险。

4. 工作技能、经验、业绩记录或社会关系

团队成员可能为企业带来工作技能、经验、良好的工作记录或是在营销、金融和技术等方面的社会关系。如果这些对于新创企业而言是至关重要的而且是来之不易的，那么就必须予以考虑。

5. 岗位职责

团队成员在不同的岗位上为企业做贡献，而岗位所需技能和工作强度各不相同，应该考虑为不同的岗位分配不同的权重。

在衡量每一位团队成员的贡献率时，需要充分考虑上面列举的各项因素，团队成员不

仅要自己协商，达成对各项贡献价值的一致意见，而且还应该保持充分的灵活性，以适应今后的变化。

（五）综合考虑分配时机和手段

报酬分配制度往往会在企业发展的第一阶段就被制订出来并加以实施，不过这还应该按个人在企业整个周期内的业绩来定。创业团队可以综合采用月薪、股票期权、红利和额外福利，可以用作反映业绩变化的一种措施。但是运用上述手段的能力，在一定程度上取决于企业发展的程度。

以现金报酬为例，创业者把现金作为报酬分给员工还是留着用于企业发展，这其间存在一个平衡问题。因此，在企业成立的初期阶段，薪金往往需要维持在较低的水平甚至不发薪金，其他红利和福利等则先不作考虑。薪金、红利和福利都要吞噬现金，而在企业盈利之前，现金往往优先用于支持企业的经营和发展。就算企业在获得盈利之后，现金的支付仍然会制约企业的成长。只有在企业顺利实现盈亏平衡后，薪金的提高才会促进企业的竞争力。至于红利和额外福利，可能还是保持在最低水平比较好，直至企业持续多年获利，才可以考虑进一步加以提高。

专家视点

优化创业团队的六种方法

以下六种方法有助于创业者更好的优化的团队，并从中收益：

（一）与热爱事业的人一起工作

一群有共同事业追求的人会共同的目标而努力，所做的一切事情都是为了支持这项事业，成为行业内的标杆企业。

创业者需要定义自己的事业，然后吸引志同道合的人一起加入，不要忽略自己真正想实现什么。

（二）推动团队行动整齐一致

一个团队需要保持一致，并且从一个单一的方向入手，一起工作，向同一个方向共同努力，这样会比各自为政更容易和频繁地走向成功。但在此过程中，团队还需要不断地调整方向。

保持一致是指既要保持团队内部的一致，又要有一个面对客户的统一流程。不论是书面或者口头的流程，只要正确，就要采取并遵循。

（三）减少不必要的繁文缛节

对于小公司而言，要考虑到以下几点：

1. 本身不是一家大公司；
2. 团队无法创造并维持很多复杂的流程；
3. 许多庞大的流程实际上是非常低效的。

作为一家小创业公司或者小微企业，应当尽量减少不必要的繁琐程序。

（四）确保团队坦诚地反馈，且提出富有建设性的建议

要鼓励多元性的思维和方法，尤其是那些富有经验，并有娴熟技能的队员，只要他们的反馈是专业的，并经过深思熟虑，且有利于团队的客户，只有这样才会能塑造出一个积极拼搏的团队。

（五）团队要集中目标，抓大放小

设定目标时应把精力集中在不多的几项工作上，不应该撒大网捞小鱼。在达成上述几个目标后，可以进一步努力达成其他更多的目标。因为设定太多的目标往往容易无从下手。但如果团队制定了合理目标，团队成员就不需要做过多判断，可以少走弯路。

（六）保持稳定而集中的沟通

对于一个团队来说，一个很重要的元素就是稳定的沟通。不管是电子邮件、电话会议、面对面会议还是网络会议，有开放的沟通渠道对公司的成功至关重要。想获取较好效果，还可以利用一个可以集中沟通的平台。

网上精品视频课程

创业团队组建与管理

用手机"扫一扫"下面的二维码，用浏览器打开相应网址，进入视频课程学习。

第五章　创业资源整合与融资

> 创业者在企业成长的各个阶段都会努力争取用尽量少的资源来推进企业的发展，他们需要的不是拥有资源，而是要控制这些资源。
>
> ——哈佛商学院教授霍华德·史蒂文森

本章地图

第五章 创业资源整合与融资

- 【案例故事】"创二代"的融资故事
- 【基础知识与理论】
  - 主题一 创业资源及其作用
    - 一、创业资源及其分类
    - 二、创业资源的作用
    - 三、技术资源是关键资源
    - 四、人力资源是最核心资源
  - 主题二 认识创业融资
    - 一、融资基础
    - 二、融资基本概念
    - 三、创业融资渠道与方法
  - 主题三 融资准备
    - 一、融资前的准备
    - 二、融资资料与计划
- 【基本流程与方法】
  - 一、获取各类资源的途径
  - 二、资源整合及其利用技巧
  - 三、创业资金的测算
  - 四、创业融资分析
- 【课堂活动】
  - 活动一 矿泉水瓶的用途
  - 活动二 创业资源分析与选择
  - 活动三 融资计划制订
  - 活动四 体验融资
- 【课外实践与作业反馈】"白手起家"
- 【延伸阅读】
  - 一、挑选适合自己的创业融资渠道
  - 二、融资估值常用的六种方法
- 【专家视点】天使大腕儿们的投资命门
- 【网上精品视频课程】创业资源整合

案例故事

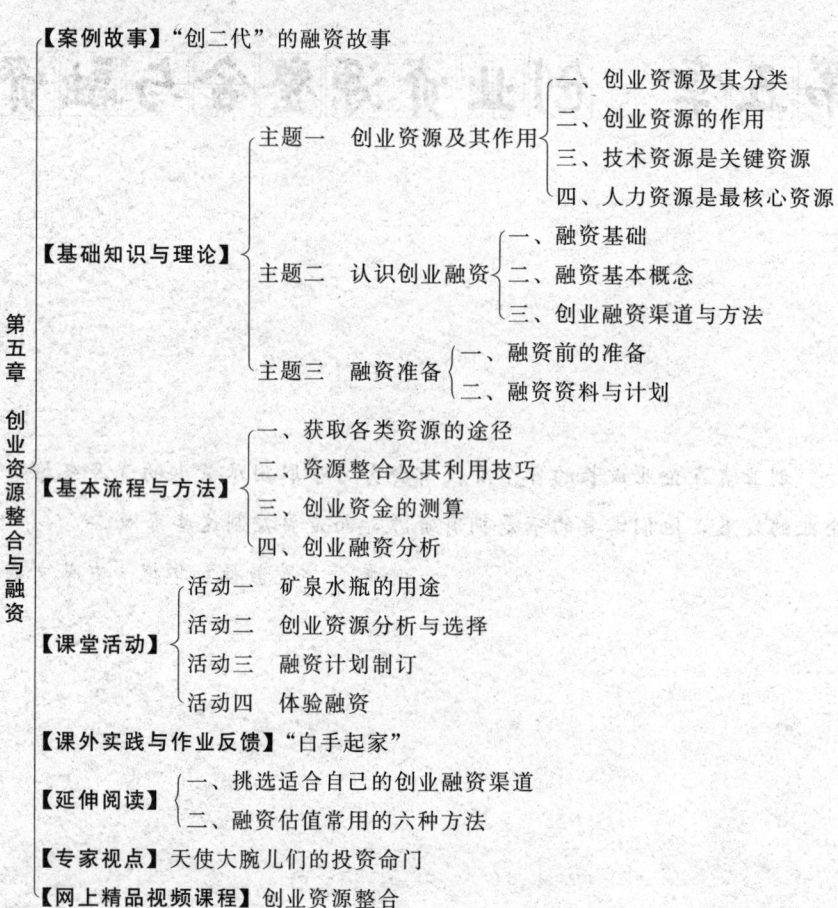

"创二代"的融资故事

一口京腔十足的普通话，1米86的高大身板，顶着一头与80后极不相符的花白头发，会时不时交叉揉搓着双手……这就是段刘文。他是"中关村之父"段永基之子，他弃医从商，独立创业，短短几年，将50万元的"小作坊"打造成为市值数亿元的大企业，成为从富二代到"创二代"的经典案例。

段刘文和几个朋友在中关村北理工留创园创办了汉朗光电，公司的启动资金很大一块来自于中关村留学人员创业基金的资助。2008年，公司还成功申请到科技部中小企业创新基金，并成立了汉朗光电南京生产中心。

整个创业过程中，段刘文有条原则：凡是跟自己家沾上点儿关系的人，他们的钱就坚决不要。这个原则看似不像出自一位精明的商人，但段刘文有自己的观点："生意就是生意，VC的钱也不是自己的，他们后面还有LP（有限合伙人）。VC像秃鹫，眼睛盯着回报，如果你不能给他创造价值，他不会管你是谁。中国人做生意讲究私人关系，西方人做生意注重法律合同。在这点上，我的理解是做生意应先理智客观地选择商业伙伴，而不要把私人关系掺杂进来，但在日后的合作中要与对方发展良好的私交，这样的合作既稳固又理智。"

创业公司发展的速度永远比不上烧钱的速度。2009年，公司的资金已经非常紧张，融不到钱就得破产。段刘文从不接受家族或者熟人的钱。而吸引风险投资，一开始并不容易。

他最后打动投资方的正是公司的专业特长。2009年，段刘文为了融资跑了20多家VC，未果。最后，段刘文遇到了软银，它们几乎是最苛刻也是最有实力的。当时，汉朗光电已经在液晶屏上做出黑白汉字，对方说："我们不看汉字，只看图片。"段刘文和他们解释，汉字和图片在工程原理上是一样的。但软银的人却回答："技术原理只是基础，实际功能才是我们最关心的。如果显示不了图片，对于我们来说意义就没有那么大了，我们明天就走了。"当天夜晚，段刘文和团队一起，熬了整整一个通宵。第二天早上，他和孙刚博士来到软银门口等候，不知不觉睡着了。软银投资人见到此景很奇怪，后来，段刘文拿着屏幕走上前："您要的图片，我们做出来了。"软银被他们的专业和诚恳打动，融资成功。

段刘文认为，相比老一辈企业家，二代所处的经济环境更开放，成功的机会也更多，关键是把心态摆正，脚踏实地。当然还要经得起诱惑，没有父辈的帮扶，一样可以生活得精彩。

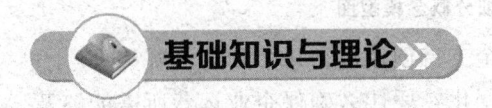

基础知识与理论

主题一　创业资源及其作用

一、创业资源及其分类

（一）创业资源的内涵

常言道："巧妇难为无米之炊。"同样，没有资源，创业者也只能望（商）机兴叹。

资源就是任何一个主体，在向社会提供产品或服务的过程中，所拥有或者所能够支配的能够实现自己目标的各种要素以及要素组合。林强以及林嵩曾对创业资源给出了学术定义。他们认为，创业资源是企业创立以及成长过程中所需要的各种生产要素和支撑条件。奥瓦瑞泽和布森尼兹认为创业本身也是一种资源的重新整合。简单地说，"创业资源"就是创业者所需具备的一些创业条件。

创业资源是新创企业在创造价值的过程中需要的特定资产，包括有形资产与无形资产，主要表现为创业人才、创业资本、创业机会、创业技术和创业管理等方面。对创业企业来说，创业者是其独特的资源，也是无法用钱买到的资源。

（二）创业资源的分类

1. 直接资源和间接资源

学者林强、林嵩、姜彦福等人按照资源要素对企业战略规划过程的参与程度，认为创业资源有间接资源和直接资源之分。财务资源、经营管理资源、市场资源、人才资源是直接参与企业战略规划的资源要素，可以把他们定义为直接资源；政策资源、信息资源、科技资源这三类资源要素对于创业成长的影响更多的是提供便利和支持，而非直接参与创业战略的制订和执行，因此，对于创业战略的规划是一种间接作用，可以把它们定义为间接资源。根据上述分析，创业资源的概念模型如图5-1所示：

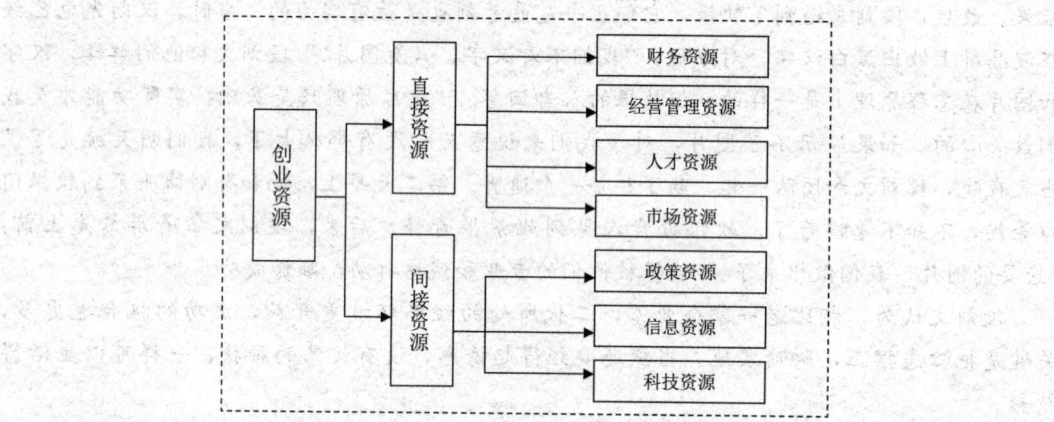

图5-1　林强等人的创业资源细分概念模型图

财务资源：是否有足够的启动资金？是否有资金支持创业最初几个月的亏损？

经营管理资源：凭什么找到客户？凭什么应对变化？凭什么确保企业运营所需能够及时足量地得到？凭什么让创业企业内部能有效地按照最初设想运转起来？

人才资源条件：是否有合适的专业人才来完成所有的任务？

市场资源，包括营销网络与客户资源、行业经验资源、人脉关系：凭什么进入这个行业？这个行业的特点是什么？赢利模式是什么？是否有起码的商业人脉？市场和客户在哪里？销售的途径有哪些？

政策资源：可不可以有一个"助推器"或"孵化器"推进我们的创业，比如某些准入政策、鼓励政策、扶持政策或者优惠，等等。

信息资源：依靠什么来进行决策？从哪里获得决策所需的信息？从哪里获得有关创业资源的信息？

科技资源：创业的企业凭什么在市场上去竞争，为社会提供什么样的产品和服务？大学生创业造就了惠普公司、英特尔公司等今天的高科技企业，造就了硅谷神话，为美国创造了巨大的社会财富，首先依靠就是核心的科技技术。

2. 人力和技术资源、财务资源、生产经营性资源

从学者巴尼（Barney）的分类出发，创业时期的资源就其重要性来说，分别有以下的细分：组织资源、人力资源、物质资源。由于企业新创，组织资源无疑是三类中较为薄弱

的部分；而人力资源为创业时期中最为关键的因素，创业者及其团队的洞察力、知识、能力、经验及社会关系影响到整个创业过程的开始与成功；同时，在企业新创时期，专门的知识技能往往掌握在创业者等少数人手中，因而此时的技术资源在事实上和人力资源紧密结合，并且上述两种资源可能成为企业竞争优势的重要来源。在物资资源中，创业时期的资源最初主要为财务资源和少量的厂房、设备等。从而，细分后的创业资源经过重新归纳，主要为以下几种：①人力和技术资源，包括创业者及其团队的能力、经验、社会关系及其掌握的关键技术等；②财务资源即以货币形式存在的资源；③其他生产经营性资源，即在企业新创过程中所需的厂房、设施、原材料等。

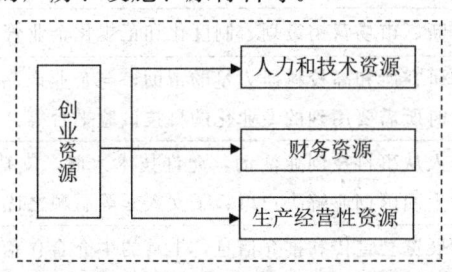

图 5-2　巴尼（Barney）等人的创业资源细分概念模型图

3. 自有资源和外部资源

自有资源是来自内部机会积累，是创业者自身所拥有的可用于创业的资源，如创业者自身拥有的可用于创业的自有资金，自己拥有的技术，自己所获得的创业机会信息，自建的营销网络，控制的物质资源，或管理才能，等等。甚至在有的时候，创业者所发现的创业机会就是其所拥有的唯一创业资源。

外部资源可以包括例如朋友、亲戚、商务伙伴或其他投资者、投资人资金，或者包括借到的人、空间、设备或其他原材料（有时是由客户或供应商免费或廉价提供的），或通过提供未来服务、机会等换取到的，有些还可能是社会团体或政府资助的管理帮助计划。外部资源更多的来自于外部机会发现，而外部机会发现在创业初期起着决定性作用。创业者在开始创业的时期面临的一个重要问题即资源不足和资源供给。一方面，企业的创新和成长必须消耗大量资源；另一方面，企业自身还很弱小，无法实现资源自我积累和增殖。所以，企业只有识别机会，从外部获取到充足的创业资源，才能实现快速成长，这也是创业资源有别于一般企业资源的独特之处。对创业者来说，运用外部资源，是一种非常重要的方法，在企业的创立和早期成长阶段尤其如此。其中关键是具有资源的使用权并能控制或影响资源部署。

自有资源的拥有状况将在很大程度上影响甚至决定我们获取外部资源的结果。"打铁还要墩墩硬"，立志创业者首先要致力于扩大、提升自有资源。自有资源的拥有状况（特别是技术和人力资源）可以帮助我们获得和运用外部资源。

4. 要素资源和环境资源

按照资源对企业成长的作用我们将其分为两大类，对于直接参与企业日常生产、经营活动的资源，我们称之为要素资源；未直接参与企业生产，但其存在可以极大地提高企业运营的有效性资源，则称之为环境资源。要素资源和环境资源的具体分类，见表 5-1。

表 5-1　要素资源和环境资源的分类

资源分类		资源内容
要素资源	场地资源	场地内部的基础设施建设，便捷的计算机通信系统，良好的物业管理和商务中心，以及周边方便的交通和生活配套设施等
	资金资源	及时的银行贷款和风险投资，各种政策性的低息或无偿扶持基金，以及写字楼或者孵化器所提供的便宜的租金等
	人才资源	高级科技人才和管理人才的引进，高水平专家顾问队伍的建设，合格员工的聘用等
	管理资源	企业诊断、市场营销策划、制度化和正规化企业管理的咨询等
	科技资源	对口的研究所和高校科研力量的帮助，与企业产品相关的科技成果以及进行产品开发时所需要用到的专业化的科技试验平台等
环境资源	政策资源	允许个人从事科技创业活动，允许技术入股，支持海外与国内的高科技合作，为留学生回国创业解决户口、子女入学等后顾之忧，简化政府的办事手续等
	信息资源	及时的展览会宣传和推介信息，丰富的中介合作信息，良好的采购和销售渠道信息等
	文化资源	高科技企业之间相互学习和交流的文化氛围，相互合作和支持的文化氛围，以及相互追赶和超越的文化氛围等
	品牌资源	借助大学或优秀企业的品牌，借助科技园或孵化器的品牌，以及借助社会上有影响力的人士对企业的认可等

二、创业资源的作用

创业者获取创业资源的最终目的是为了组织这些资源追逐并实现创业机会，提高创业绩效和获得创业的成功。无论是要素资源还是环境资源，无论它们是否直接参与企业的生产，它们的存在都会对创业绩效产生积极的影响。

（一）要素资源可以直接促进新创企业的成长

1. 场地资源

任何企业都要有生产和经营的场所，这是企业存在的首要条件之一。如为科技人员提供舒适的研究开发环境和高速网络通信系统，为市场人员提供便捷的商务中心和配套设施等，将有助于新创企业更快更好地成长。

2. 资金资源

充足的资金将有助于加速新创企业的发展。新创企业无论是进行产品研发还是生产销售，都需要大量的资金。而且，新创企业往往由于资产不足而缺乏资产抵押能力，很难从银行得到足够的贷款，这更使得资金资源成为企业高速发展的瓶颈。因此，如何有效地吸收资金资源是每个创业者都极为关注的问题。

3. 人才资源

人才对于创业企业的成长和发展已经越来越重要。事实上，当代企业管理中的人才已经由传统的"劳动力"概念转变为"人力资本"的概念。高素质人才的获取和开发,成了现代企业可持续发展的关键;而对于高科技企业来说,因为其更大的知识比重,人才资源则更为重要。

4. 管理资源

高科技企业的创业者大多是科技人员出身,他们本身具备较强的科研能力,但是对于企业管理知识往往有所欠缺,很多高科技创业企业都失败于管理不善,这意味着拥有一套完整而高效的管理制度是新创企业的宝贵资源。当然,在企业缺乏这一资源时,专业的管理咨询策划将有助于提高新创企业的生产和运作效率。

5. 科技资源

高科技新创企业主要是研发和生产科技产品,科技资源的重要性不言而喻。积极引进寻找有商业价值的科技成果,加强和高校科研院所的产学研合作,将有助于加快产品研制和成型的速度,缩短产品进入市场的时间,为企业的市场竞争提供有力支持。

【案例】

向赵本山学习资源整合

提起赵本山本人,以及《马大帅》《刘老根》《乡村爱情》等影视制作基地——本山传媒集团,想必无人不知,无人不晓。借助赵本山个人的影响力,从"刘老根大舞台"到收视率颇高的《明星转起来》《本山快乐营》等电视节目中不难看出,无数个本山传媒的弟子轮回登台亮相,给观众带去笑声与欢乐的同时,也为企业增加了不菲的收入。小品王赵本山将这些弟子在不同时期统一收编,整编成了一个强大的艺术团队,以集团化企业运作模式进行统筹管理。在各类艺人陆续加入本山传媒后,依托本山传媒平台,他们走上了电视,走进了剧组,走进了春晚,走向了全国,走进了观众的心灵世界。

本山传媒共赢的资源整合理念基于三点:

1. 赵本山凭借个人品牌资源广收门徒,给徒弟们提供平台,师徒共同将一块蛋糕做大,人人受益,共赢未来。

2. 众人拾柴火焰高,一个人前进一百步永远比不上一百个人共同前进一步。有了品牌和优质核心资源,企业才能着眼于长远发展。名利双收之外,淳朴的民间艺术与文化也由此走向了世界。

3. 资源整合造就了一个民族品牌的诞生,赵本山的资源整合也让潜在的竞争对手(被整合的民间艺人与演员)与自己共同发展,共事而无忧。

点评:

随着知识经济的发展,资源整合越来越成为企业经营中提升核心竞争力的关键。它不仅是系统论的思维方式,还是优化配置的重要决策。如何让资源整合的各方都满意,其资源整合的关键在互补,核心在共赢。

在资源整合过程中,最忌单方追求利益最大化,必须设计出共同获利的盈利模式。这个获利预期不一定都是经济利益,而是各方不同利益追求的综合平衡。实现资源整合的关键要点:(1)识别利益相关者及其利益;(2)构建共赢机制;(3)维持信任长期合作。

（二）环境资源可以影响要素资源，并间接促进新创企业的成长

1. 政策资源

从中国的创业环境看，发展创业企业需要制订相应的扶持政策，只有在政策允许和鼓励的条件下，新创企业才能获得更多的国内外人才、贷款和投资、具有明确产权关系的科技成果、各种服务和帮助以及场地优惠等。当然，政策资源是公共资源，所有同质的创业企业都可以享受，但新创企业更应该重视政策资源。

2. 信息资源

专业机构对于信息的搜集、处理和传递，可以为创业者制订研发、采购、生产和销售的决策提供指导和参考。对于新创企业来说，由于竞争十分激烈，就更加需要丰富、及时、准确的信息，以争取到更多的要素资源。这种信息如果由创业者通过市场调研分析获得，成本可能过高。因此，常常由专业机构提供。

3. 文化资源

文化资源是企业发展中重要的一环，对于新创企业来说，文化资源尤为珍贵。硅谷成功的一个很重要的原因是因为那里浓厚的文化氛围，如鼓励冒险、容忍失败等。文化，对于创业企业和创业者有着极大的精神激励作用，令新创企业以更强的动力和能力有效组合要素并创造价值。

4. 品牌资源

创业企业所置身的环境也具有一定的品牌效应。例如，优秀的孵化器能为高科技创业企业提供品牌保证，这可以提高政府、投资商和其他企业对在孵企业信誉度的估价，有助于提升新创企业获取资金、人才、科技、管理等资源。创业者要善于利用品牌资源，扩大新创企业和品牌之间的互动，以增强社会影响力。

三、技术资源是关键资源

技术资源能回答这样的问题：我们能提供什么样的产品或者服务？它能满足或者说实现人们什么样的需求？谁会需要我们提供的产品或者服务？

有研究者指出，在创业初期，技术资源是最关键的创业资源之一。其原因有三：一是创业技术是决定创业产品的市场竞争力和获利能力的根本因素；二是创业技术核心与否决定了所需创业资本的大小。对于在技术上非根本创新的创业企业来说，创业资本只要保持较小的规模便可维持企业的正常运营；三是从创业阶段来说，由于企业规模较小，因此对管理及人才的需求度不像成长期那样高。创建企业是否掌握创业需要的"核心技术"或"根部技术"，是否拥有技术的所有权，决定着创业的成本，以及新创企业能否在市场中取得成功。尤其对依托高科技创业而言更是如此。美国的微软公司和苹果公司，最初创业资本都不过几千美元，创业人员也只有几人。它们之所以走向成功，就是因为它们拥有独特的创业技术。所以，创业企业成功的关键是首先寻找成功的创业技术。

很多时候，拥有了核心技术，就拥有了获得资金支持的资本。2005年大学生创业竞赛中，上海交大七彩虹创业团队所持项目——分布式ISP接入方式，通过技术手段实现上

网电话费用的降低，可以从当时的每小时2元降到0.07元。有关人士认为这一项目极具市场前景，如能推广，会给风险投资带来丰厚的回报。上海交大学子科技创业有限公司近水楼台先得月，抢先和七彩虹创业团队签订了投资协议。

一些看起来很有市场前景的"商机"，如果没有拥有或者控制核心技术就贸然进入，必然很快遭受重创。北京师范大学国际贸易专业的学生胡腾和7位同学筹资12万，注册成立了思迈人才顾问有限公司，任总经理，并建立了专业的人才网站——思迈人才网。他们公司的主旨是为企业和个人提供人才评估、咨询、培训、交流、猎头、人事代理等服务，为高校毕业生就业开通"绿色通道"，提供求职培训、素质测评、推荐安置工作等服务。看起来很有市场前景，但该团队中没有一个人拥有评估、咨询、培训、猎头以及人事代理的核心技术甚至运营经验；而开业之初，由于人才网络、企业网络没有运作起来，各种服务项目没法开展。于是，胡腾决定从最基础的为大学生找家教和其他兼职做起，这也不是他们所擅长的。从公司创立仅仅3个月，公司净亏7.8万元。他以1元钱价格把思迈转卖给了一个博士生。

最后要特别指出的一点是，我们关于技术的外延应该比较宽广一些，做菜、按摩、养猪等都有技术可言，小看他们的技术，将犯十分低级的错误。2006年成都开面馆的六位研究生，虽然在开业前两个月，6个人曾分头到成都大街小巷的面店去"明察暗访"，两个月下来，先后跑了几百家面馆，吃了一千多碗面，发现了"成都的快餐吃得最多的还是面条"这样的事实。但他们并没有拥有提供"好味道面"的技术，他们的面"量少、难吃"，四个多月后，面馆怅然转手他人。

四、人力资源是最核心资源

人力资源不仅仅指创业者及其团队的特长和知识、激情，人力资源包括创业者及其团队拥有的能力、经验、意识、社会关系、市场信息等。美国苹果电脑公司创立人史蒂夫·贾伯曾经说过："刚创业时，最先录用的10个人将决定公司成败，而每一个人都是这家公司的十分之一。如果10个人中有3个人不是那么好，那你为什么要让你公司里30%的人不够好呢？小公司对于优秀人才的依赖要比大公司大得多。"

大学生自主创业最艰难的不是资金，而是意识、知识、信息和技能的匮乏，创业越深入，这些不足就越凸现。一旦企业成立了，创业者团队的经营管理能力以及经验等就至关重要。

财务资源不是最重要的约束。资金是可以通过团队的能力以及团队所拥有的技术去获得的，但反之并不成立。2006年刚从交大毕业的陈云，以数字医疗方面的科研项目为基础创办了碧峰软件信息技术有限公司，拿到了30万元上海市"大学生科创基金"。但陈云坦言，"市场化产品与实验室产品有很大区别，而大学生通常缺乏与市场接轨经验，这比缺乏资金更容易导致创业失败"。创业不仅需要持续的技术支持，还需要出色的创业团队，而且创业投资者真正看中的往往就是创业所依赖的技术潜能以及出色的创业团队。

主题二　认识创业融资

创业融资是创业企业在设立与发展期间的重要行为。正确的融资决策关乎创业企业的正常发展。

一、融资基础

（一）融资概念和融资方式

融资主要是指资金的融入，也就是通常意义的资金来源，具体是指通过一定的渠道、采用一定的方法、以一定的经济利益付出为代价，从资金持有者手中筹集资金，满足资金使用者在经济活动中对资金需要的一种经济行为。

创业融资有"广义"和"狭义"之分。狭义的融资概念仅指不同资金所有者之间的资金融通，即资金从资金供给方流向需求方。广义的融资不仅包括前者，还包括某一经济主体通过一定方式在自己内部进行资金融通。

从融资主体角度，创业融资的方式可以作三个层次的划分：第一层次为外源融资和内源融资；第二层次将外源融资划分为直接融资和间接融资；第三层次则是对直接融资和间接融资再作进一步的细分。

创业企业内源融资，是指创业企业依靠其内部积累进行的融资，具体包括如下几种形式：资本金（除股本）、折旧基金转化为重置投资和留存收益转化为新增投资。创业企业外源融资，则是指企业通过一定方式从外部融入资金用于投资。

相对于外源融资，内源融资可以减少信息不对称的问题以及与此相关的激励问题，节约企业的交易费用，降低融资成本，也可以增强企业的剩余控制权。内源融资在企业的生产经营和发展壮大中的作用是相当重要的。但是，内源融资能力及其增长，要受到企业的盈利能力、净资产规模和未来收益预期等方面的制约。现实中的资金供求矛盾总是存在的，并推动着外源融资的发展。任何企业在创业发展过程中，都会遇到一个确定内源融资与外源融资合理比例的问题。

直接融资，是指企业作为资金需求者向资金供给者直接融通资金的方式，一般是指发行股票和债券等；间接融资方式，则是企业通过金融中介机构间接向资金供给者融通资金的方式，一般是指银行或非银行金融机构的贷款等。

就各种融资方式来看，内部融资不需要实际对外支付利息或股息，不会减少企业的现金流量；同时由于资金来源于企业内部，不发生融资费用，内部融资的成本远低于外部融资。因此它是企业首选的融资方式。

但企业内部融资能力的大小取决于企业利润水平、净资产规模和投资者的预期等因素；当内部融资仍不能满足企业的资金需求时，企业可以考虑转向外部融资。但外部融资方式中股权融资会使企业股东股权稀释，收益减少，并且产生的影响时间较长，而债务融资则成本较高，但影响时间较短。

（二）融资成本

融资成本包括融资的显性成本和隐含成本。显性成本就是创业企业的加权平均资本（包括资金筹措和资金占用费）。隐含成本包括创业者融资时所出让的所有权份额、融资不成功所错失商机的机会成本和创业企业融资契约安排下的代理成本。

首先，由于创业企业的风险比较大导致投资者和债权人所要求的报酬率也比较高，如果是权益融资，投资者所要求的所有权份额也比较高；其次，创业企业没有贷款抵押和担保，风险大且盈利能力弱，这种企业无法从诸如内部积累、股票市场、债券市场和银行这些传统渠道获得资金，这样创业企业的资金筹措费用也比较高；最后，创业融资是一种资金、管理与创意相结合的融资，创业者拥有创意和技术，而资金基本上由投资者和债权人提供，因此创业融资的代理成本比较高。

（三）融资动机与偏好

创业企业融资有不同的动机，根本原因是为了企业的发展。创业企业融资的内在动机有：提高核心能力，扩大市场规模和份额，提高企业盈利能力。

融资资源有各种偏好和方式，包括他们将提供多少资金、在创业企业生命周期的哪个阶段投资、资本的成本或他们寻求的预期年回收率。要确定真实的融资资源并制订出相应的融资战略，需要知道投资者或贷款人正在寻求的投资类型。事先对特定投资者或贷款人的偏好作适当研究，可以避免盲目寻找，并节省许多个人资金，同时可以大大增加按可接受条件成功筹集资金的可能性。

创业者融资偏好，应与投资者偏好、融资成本、融资风险以及创业企业的投资性等匹配。投资者根据对风险的偏好程度可以分为：风险偏好者、风险厌恶者与风险中性者。创业企业由于创立的时间不长，未来的成长不确定性很高，潜伏的失败风险极大。一般来说，风险偏好者愿意投资成长性高的高技术企业，期望获得高的收益，如创业投资者。银行等中介结构出于安全性原则，一般不愿意贷款给新兴的企业，新兴的企业的风险更高，贷款收不回的可能性更大，所以应实行信贷配给。投资者或贷款人的实践方式因人而异，即使同一类的投资，贷款人也会随市场条件、时间、地点的不同而采用不同的行为。

二、融资基本概念

（一）直投

直投英文简称 PE，是指投资机构以购买公司股权为主要目的的投资方式，购买股权后期望在将来获得增值收益。

（二）风投

风投英文简称 VC，是从直投中细分出来，主要投资那些初创型的公司。因为初创型的公司往往具有很大风险，所以就把这种投资叫做风险投资。

（三）私募

私募是相对于公募而言的，公募指针对不特定的广大人群募集资金的行为，比如银行卖的基金；而私募要针对特定的人群来募集，并且不能公开广告。国外对私募的要求是资产 100 万以上，国内目前还没有明确的法规来规范。

（四）上市公司

上市公司是指所发行的股票经过国务院或者国务院授权的证券管理部门批准在证券交易所上市交易的股份有限公司。所谓非上市公司是指其股票没有上市和没有在证券交易所交易的股份有限公司。上市公司是股份有限公司的一种，这种公司到证券交易所上市交易，除了必须经过批准外，还必须符合一定的条件。

（五）IPO

IPO 是 Initial Public Offerings（首次公开发行股票）的缩写。企业第一次向公众发行股票被称为 IPO，即企业通过一家股票包销商（under writer）以特定价格在一级市场（primary market）承销其一定数量的股票。此后，该股票可以在二级市场或店头市场（after market）买卖。

三、创业融资渠道与方法

融资渠道是指企业筹措资金的方向和通道，体现了资金的来源和流量，了解企业的融资类型和融资方式，对企业的生存和发展是极其关键的。按照国外的融资"啄序理论"，源于对融资成本的考虑，企业融资首先选择的应是内源融资，然后是发行可转换债券等进行债权融资，最后才是考虑股权融资。笔者认为，融资"啄序理论"对创业企业是同样适用的。创业企业融资，首先考虑的应该是内源融资，即创业企业应该先尽可能地实现自有资金的积累。

（一）私人资本融资

据世界银行所属的国际金融公司对北京、成都、顺德和温州四个地区的私营企业的调查，我国私营中小企业在初始创业阶段几乎完全依靠自筹资金。其中，90%以上的初始资金是由主要的业主、创业团队成员及家庭提供的，银行和其他金融机构贷款所占的比例很小，私人资本在创业融资中具有不可替代的作用。这些私人资本包括：

1. 个人积蓄

尽管有些创业者没有动用过个人资金就办起了新企业，但这种情况非常少见。这不仅因为从资金成本或企业控制权的角度来说，个人资金成本最为低廉，而且还因为创业者在试图引入外部资金时，外部投资者一般都要求企业必须有创业者的个人资金投入其中。所以，个人积蓄是创业融资最根本的渠道，几乎所有的创业者都向他们新创办的企业投入了个人积蓄。

创业者可以通过转让部分股权的方式从合伙人那里取得创业资金，创办合伙企业。或通过公开或私募股权的方式，从更多的投资者那里获得创业资金，成立公司制企业。将个人合伙人或个人股东纳入自己的创业团队，利用团队成员的个人积蓄是创业者最常用的筹资方式之一。

2. 亲友资金

对于新创企业来说，除了个人积蓄之外，身边亲朋好友的资金是最常见的资金来源。亲朋好友由于与创业者个人的关系而愿意向创业企业投入资金，因此，亲友资金是创业者经常采用的融资方式之一。

在向亲友融资时，创业者必须要用现代市场经济的游戏规则、契约原则和法律形式来规范融资行为，保障各方利益，减少不必要的纠纷。创业者还要在向亲友融资之前，仔细考虑这一行为对亲友关系的影响，尤其是创业失败后的艰难困苦。要将日后可能产生的有利和不利方面告诉亲友，尤其是创业风险，以便将来出现问题时对亲友的不利影响降到最低。

3. 天使投资

天使投资指个人出资协助具有专门技术或独特概念而缺少自有资金的创业家进行创业，并承担创业中的高风险和享受创业成功后的高收益；或者说是自由投资者或非正式风险投资机构对原创项目构思或小型初创企业进行的前期投资，是一种非组织化的创业投资形式。

天使投资分为两类，一类是有行业背景的天使投资，一类是没有行业背景的天使投资。这两类天使投资，从行为及预期，到和创业团队的合作都非常不一样。从资本的角度来说，这两类投资人都是非常好的来源。创业者早期仍需要资金，而来源非常有限，所以才寻求天使投资支持。否则，完全可以自己做得稍微成熟一些再寻求早期VC。倘若创业团队早期并非单纯缺乏资金，则寻找具有行业背景的天使投资会更加理性。

（二）机构融资

和私人资金相比，机构拥有的资金数量较大，挑选被投资对象的程序比较正规，获得机构融资一般会提升企业的社会地位，给人以企业很正规的印象。

机构融资的途径有以下几种：

1. 银行贷款

比较适合创业者的银行贷款形式主要有抵押贷款和担保贷款两种。缺乏经营历史从而也缺乏信用积累的创业者，比较难以获得银行的信用贷款。

（1）抵押贷款

抵押贷款指借款人以其所拥有的财产作抵押，作为获得银行贷款的担保。在抵押期间，借款人可以继续使用其用于抵押的财产。抵押贷款有以下几种：

1）不动产抵押贷款

不动产抵押贷款是指创业者可以土地、房屋等不动产作抵押，从银行获取贷款。

2）动产抵押贷款

动产抵押贷款是指创业者可以用机器设备、股票、债券、定期存单等银行承认的有价证券，以及金银珠宝首饰等动产作抵押，从银行获取贷款。

3）无形资产抵押贷款

无形资产抵押贷款是一种创新的抵押贷款形式，适用于拥有专利技术、专利产品的创业者，创业者可以用专利权、著作权等无形资产向银行作抵押或质押获取贷款。

(2) 担保贷款

担保贷款指借款方向银行提供符合法定条件的第三方保证人作为还款保证的借款方式。当借款方不能履约还款时，银行有权按照约定要求保证人履行或承担清偿贷款连带责任。其中较适合创业者的担保贷款形式有：

1) 自然人担保贷款

自然人担保贷款是指经由自然人担保提供的贷款，可采取抵押、权利质押、抵押加保证三种方式。

2) 专业担保公司担保贷款

前各地有许多由政府或民间组织的专业担保公司，可以为包括初创企业在内的中小企业提供融资担保，像北京中关村担保公司、首创担保公司等。其他省、市也有很多此类性质的担保机构为中小企业提供融资担保服务，这些担保机构大多属于公共服务性非营利组织，创业者可以通过申请，由这些机构担保向银行借款。

(3) 信用卡透支贷款

创业者可以采用两种方式取得信用卡透支贷款。一种方式是信用卡取现，另一种方式是透支消费。

信用卡取现是银行为持卡人提供的小额现金贷款，在创业者急需资金时可以帮助其解决临时的融资困难。创业者可以持信用卡通过银行柜台或是 ATM 机提取现金灵活使用。透支取现的额度根据信用卡情况设定，不同银行的取现标准不同，最低的是不超过信用额度的 30%，最高的可以将信用额度的 100%都取出来。另外，除取现手续费外（各银行取现手续费不一），境内外透支取现还须支付利息，不享受免息待遇。

创业者还可以利用信用卡进行透支消费，购置企业亟须的财产物资。

(4) 政府无偿贷款担保

根据国家及地方政府的有关规定，很多地方政府都为当地的创业人员提供无偿贷款担保。如上海、青岛、南昌、合肥等地的应届大学毕业生创业可享受无偿贷款担保的优惠政策，自主创业的大学生，向银行申请开业贷款的担保额度最高可为 100 万元，并享受贷款贴息；江苏省镇江市润州区创业农民可通过区农民创业担保基金中心，获取最高 5 万元贷款，并由政府为其无偿担保；湖南省各级财政安排一定的再就业资金，用于下岗失业人员小额贷款担保基金及贴息等四个方面；浙江省对持《再就业优惠证》的人员和城镇复员转业退役军人，从事个体经营自筹资金不足的，由政府提供小额担保贷款。

(5) 中小企业间互助机构贷款

中小企业间的互助机构是指中小企业在向银行融通资金的过程中，根据合同约定，由依法设立的担保机构以保证的方式为债务人提供担保。在债务人不能依约履行债务时，由担保机构承担合同约定的偿还责任，从而保障银行债权实现的一种金融支持制度。信用担保可以为中小企业的创业和融资提供便利，分散金融机构的信贷风险，推进银企合作。

(6) 其他贷款

创业者可以灵活地将个人消费贷款用于创业，如因创业需要购置沿街商业房，可以用拟购置房子作抵押，向银行申请商用房贷款，若创业需要购置轿车、卡车、客车、微型车等，还可以办理汽车消费贷款。除此之外，可供创业者选择的银行贷款方式还有托管担保贷款、买方贷款、项目开发贷款、出口创汇贷款、票据贴现贷款等。

尽管银行贷款需要创业者提供相关的抵押、担保或保证，对于白手起家的创业者来说条件有些苛刻，但如果创业者能够提供银行规定的资料，能提供合适的抵押，得到贷款并不困难。

2. 非银行金融机构贷款

非银行金融机构指以发行股票和债券、接受信用委托、提供保险等形式筹集资金，并将所筹资金运用于长期性投资的金融机构。根据法律规定，非银行金融机构，包括经银监会批准设立的信托公司、企业集团财务公司、金融租赁公司、汽车金融公司、货币经纪公司、境外非银行金融机构驻华代表处、农村和城市信用合作社、典当行、保险公司、小额贷款公司等机构。创业者还可以从这些非银行金融机构取得借款，筹集生产经营所需资金。

3. 交易信贷和租赁

交易信贷指企业在正常的经营活动和商品交易中由于延期付款或预收货款所形成的企业间常见的信贷关系。企业在筹办期以及生产经营过程中，均可以通过商业信用的方式筹集部分资金。如企业在购置设备或原材料、商品过程中，可以通过延期付款的方式，在一定期间内免费使用供应商提供的部分资金；在销售商品或服务时采用预收账款的方式，免费使用客户的资金等。

创业者也可以通过融资租赁的方式筹集购置设备等长期性资产所急需的资金。融资租赁是指实质上转移与资产所有权有关的全部或绝大部分风险和报酬的租赁。资产的所有权最终可以转移，也可以不转移。融资租赁是集融资与融物、贸易与技术更新于一体的新型金融业务。由于其融资与融物相结合的特点，出现问题时租赁公司可以回收、处理租赁物，因而在办理融资时对企业资信和担保的要求不高，所以非常适合中小企业融资。此外，融资租赁属于表外融资，不体现在企业财务报表的负债项目中，不影响企业的资信状况，对需要多渠道融资的中小企业非常有利。

4. 其他企业融资

尽管在大多数情况下，企业是资金的需求而不是提供者，但是对于不同行业的企业，或者在企业发展的不同时期，部分企业还是会有暂时的闲置资金可以对外提供，尤其是一些从事公用事业业务的企业，或者已经发展到成熟期的企业，现金流一般会比较充足，甚至会有大量资金需要通过对外投资的方式实现较高收益。对于有闲置资金的企业，创业者既可以吸收其资金作为股权资本，还可以向这些企业借款，形成债权资本。

（三）风险投资

根据美国风险投资协会的定义，风险投资是指职业的金融家投入到新兴的、迅速发展的、有巨大竞争潜力的企业中的股权资本。在我国，对于风险投资尚未形成统一的看法，比较普遍的观点是：风险投资是由专业机构提供的投资于极具增长潜力的创业企业并参与其管理的权益资本。

1. 创业者寻求风险投资的步骤

一般来说，创业者寻求风险投资需要经过以下十个步骤，如图5-3所示：

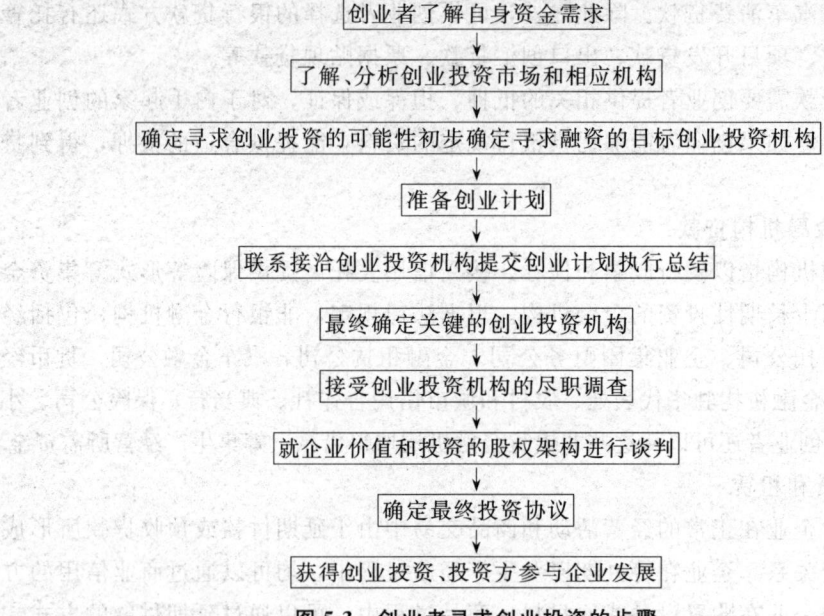

```
        创业者了解自身资金需求
                 ↓
        了解、分析创业投资市场和相应机构
                 ↓
        确定寻求创业投资的可能性初步确定寻求融资的目标创业投资机构
                 ↓
        准备创业计划
                 ↓
        联系接洽创业投资机构提交创业计划执行总结
                 ↓
        最终确定关键的创业投资机构
                 ↓
        接受创业投资机构的尽职调查
                 ↓
        就企业价值和投资的股权架构进行谈判
                 ↓
        确定最终投资协议
                 ↓
        获得创业投资、投资方参与企业发展
```

图5-3 创业者寻求创业投资的步骤

2. 创业者获得风险投资的渠道

创业者获得风险投资的渠道主要有以下几种：

（1）给投资人发邮件

想获得风险投资最简单的方法就是给投资人发邮件。一般的风险投资都有自己的网站，上面公布有自己的邮箱，创业者可以将自己的创业想法或者商业计划书发到公开的邮箱中，期待能够得到投资者的关注，并最终获得投资。采用这种方式的成本最低，但效率也最低，成功融资的只有1%。

（2）参加相关行业的会议或者创业训练营

这些会上或训练营上会有很多投资人，创业者可以利用茶歇或者休息的时间尽可能接触较多的风险投资者，或者接触自己感兴趣的投资者。这种方式的优点是在短时间内能够见到很多的投资者，但由于时间短，不一定有机会认识或结识他们。此外，这种场合对创业者的说服能力要求较高。

（3）请朋友帮忙介绍。

如果身边有朋友做过融资的，或者已经得到风险投资的，可以请他们帮忙介绍，这种方式较前两者成功的概率稍大，毕竟接受过风险投资并且取得经营成功的人的介绍本身就是一种名片，投资者可以借由介绍人的介绍对创业者或创业项目有一定了解，通过介绍人的了解对创业者给以初步的肯定。但是，这种方式接触的面可能较窄，朋友认识的投资者可能并不是我们需要的类型，而真正适合的人未必是朋友认识的人。

（4）聘用投行帮助做融资

通过投行或融资中介的帮助寻找风险投资的成功率较高，一是他们对中国活跃的投资人很了解，能够帮助创业者和投资者进行沟通；另一方面，信誉高的投行本身就为创业者的项目成功性增加了砝码。最后，投行会运用自己的经验帮助创业者挑选更合适的投资人。但是采用这种方式的成本也较高。

(四) 政府扶持基金

创业者还可以利用政府扶持政策,从政府方面获得融资支持。

政府的资金支持是中小企业资金来源的一个重要组成部分。综合世界各国的情况,政府的资金支持一般能占到中小企业外来资金的10%左右,资金支持方式主要包括:税收优惠、财政补贴、贷款援助、风险投资和开辟直接融资渠道等。

随着我国经济实力的增强,政府对创业的支持力度,无论从产业的覆盖面还是从政府对创业者的支持额度都有了很大进展,由政府提供的扶持基金也在逐步增加。如专门针对科技型企业的科技型中小企业技术创新基金,专门为中小企业"走出去"准备的中小企业国际市场开拓资金等,还有众多的地方性优惠政策等。创业者应善于利用相关政策的扶持,以达到事半功倍的效果。常见的政府扶持基金有:

1. 再就业小额担保贷款

目前再就业小额担保贷款的适用范围包括:年龄在指定范围内(一般为60岁以内,地方政策可能有所不同),有创业愿望和劳动能力,诚实守信,有《下岗证》或者《再就业优惠证》的国企、城镇企业下岗职工,退役军人,农民工,外出务工返乡创业人员,吸纳下岗失业人员达到地方规定的小企业、合伙经营实体或劳动密集型企业,大中(技)专毕业生,残疾人员,失地农民等符合条件的人员。

2. 科技型中小企业技术创新基金

科技型中小企业技术创新基金是于1999年经国务院准设立的,为扶持、促进科技型中小企业技术创新,用于支持科技型中小企业技术创新项目的政府专项基金,由科技部科技型中小企业技术创新基金管理中心实施。创新基金重点支持产业化初期(种子期和初创期)、技术含量高、市场前景好、风险较大、商业性资金进入尚不具备条件、最需要由政府支持的科技型中小企业项目,并将为其进入产业化扩张和商业性资本的介入起到铺垫和引导作用。根据中小企业和项目的不同特点,创新基金通过无偿拨款、贷款贴息和资本金投入等方式扶持和引导科技型中小企业的技术创新活动,促进科技成果的转化。[①]

3. 中小企业国际市场开拓资金

中小企业国际市场开拓资金是由中央财政和地方财政共同安排的专门用于支持中小企业开拓国际市场的专项资金。市场开拓资金用于支持中小企业和为中小企业服务的企业、社会团体和事业单位(以下简称"项目组织单位")组织中小企业开拓国际市场的活动。该资金的主要支持内容包括:举办或参加境外展览会,质量管理体系、环境管理体系、软件出口企业和各类产品的认证,国际市场宣传推介,开拓新兴市场,组织培训与研讨会,境外投(议)标等方面。市场开拓资金支持比例原则上不超过支持项目所需金额的50%,对西部地区的中小企业,以及符合条件的市场开拓活动,支持比例可提高到70%。[②]

[①] 创新基金网站,网址:http://www.innofund.gov.cn/innofile/se_02.asp
[②] 中小企业国际市场开拓资金网站,网址 http://smeimdf.mofcom.gov.cn/

4. 天使基金

政府有关部门和社会各界有识之士还纷纷出资，设立了鼓励和帮助大学生自主创业、灵活就业的一些天使基金。如北京青年科技创业投资基金由北京科技风险投资股份有限公司出资设立，与共青团北京市委、北京市青年联合会和北京市工商局共同管理的一项基金。

5. 其他基金

科技部的 863 计划（http://www.863.gov.cn/）、火炬计划（http://program.most.gov.cn/）等，连同科技型中小企业技术创新基金一起，每年都有数十亿资金用于科技型中小企业的研发、技术创新和成果转化；财政部设有利用高新技术更新改造项目贴息基金，国家重点新产品补助基金；国家发展和改革委员会设有产业技术进步资金资助计划、节能产品贴息项目计划；工业和信息化部设有电子信息产业发展基金（http://www.itfund.gov.cn/）等。[1]

各省市等为支持当地创业型经济的发展，也纷纷出台政策，支持创业。主要有人力资源和社会保障部设立的开业贷款担保政策、小企业担保基金专项贷款、中小企业贷款信用担保、开业贷款担保、大学生科技创业基金等。

创业者应结合自身情况，利用好相关政策，获得更多的政府基金支持，降低融资成本。

（五）知识产权融资

知识产权融资也是创业者值得关注的融资方式，在国内外已有诸多成功案例。知识产权融资可以采用知识产权作价入股、知识产权抵押贷款、知识产权信托、知识产权证券化等方式。

主题三　融资准备

企业在创业阶段风险较大，融资相对较难，如果不认真做好准备工作，成功的希望非常渺茫。在创业者缺乏相关经验的情况下，即使意外成功，交易结构和投资条款也对企业很不利，为今后的发展埋下隐患。所以，要成功实现创业企业融资必须预先做好融资准备工作。

一、融资前的准备

所谓"知己知彼，百战不殆"，融资准备工作也必须从"内外"两大因素入手：做好内部建设，对企业现状和发展前景有清晰的认识；同时逐步了解外部的融资环境，可以通过聘请专业融资顾问获得帮助，为成功融资创造条件。具体包括以下几项：

（一）企业自身建设

涉及盈利模式、管理团队、市场客户和产品技术等几大要素。其中管理团队具有管理能力、凝聚力和进取心，是创业成功的重要保证。

---

[1] 杜耀华，中小企业如何获取政府财政支持，现代乡镇，2003年第9期，p43。

（二）制订融资战略

需要考虑的问题有：融资的时机、所需资金的数量、融资采取的方式等。企业还应当根据不同的发展阶段来考虑融资数量和资金投入的时机。融资方式的选择需要结合自身条件和各种融资渠道的风险、成本综合考虑。

（三）资料和人员的准备

将企业的情况和融资计划表达成简明、有说服力的书面文档，凸显企业价值，使投资者通过相关材料对企业有清楚的认识。需要注意的是，随着融资各项工作的到位，内部操作人员专业素质缺乏亦可能导致融资谈判失败。所以，适时地组织内部人员参加专业培训也是重要的准备。

（四）聘请外部专家

由于创业者往往缺乏融资经验与时间精力，聘请专业融资顾问应该是最好的选择，他们将为融资的各个步骤提供专业意见，并利用积累的融资渠道为企业引荐合适的投资者。

（五）接触潜在投资者

创业者和投资者之间是一种长期合作关系，需要达成充分的相互了解与信任。企业应在广泛调研的基础上，根据自身的发展模式和价值取向进行选择与接触。事实上在与投资者的交流中，创业者往往能够获得很多有利于企业发展的宝贵建议。

【链接】

融资前的相关问题分析

1. 融资总收益必须大于融资总成本。融资需要成本，只有确信利用筹集的资金所预期的收益大于融资的总成本时，才有必要考虑如何融资。根据企业内部融资与外部融资的不同性质，要优先考虑企业自有资金，然后再考虑外部融资。融资规模要量力而行。

2. 选择最佳融资机会。要合理分析和预测影响企业融资的各种有利和不利条件，以及可能出现的各种变化趋势，以便寻求最佳融资时机，适时制订出合理的融资决策。

3. 制订最佳融资期限决策。企业做融资期限决策时，需对短期融资与长期融资两种方式进行权衡，选择不同期限的融资方式，尽可能降低融资成本，提高融资效率。

4. 选择最有利于提高企业竞争力的融资方式。通过融资，可以壮大企业资金实力，增强企业的能力和发展后劲。因此，进行融资决策时，要选有利于提高竞争力的融资方式。

5. 寻求最佳资本结构。融资时，必须要高度重视融资风险的控制。不仅要考虑能规避风险的融资组合策略，同时还要注意不同融资方式之间的转换力。因此，企业在进行融资决策时，应当在控制风险与谋求最大收益之间寻求一种均衡，即寻求企业最佳资本结构。

二、融资资料与计划

融资资料是资金方要求企业提供的各种形式的文字、数据、图片的总称，其核心是计划书。计划书是把资金方关注的主要问题以一定格式描述出来的重要信息载体，其主要内容包括企业概况、优势、资金的用途、项目的风险和效益测算、融资工具、还款来源或投资退出方式等。融资资料准备与策划就是按照特定的融资工具、融资渠道的要求，为资金方安全保障考虑，对融资有关的信息进行收集、挖掘、加工处理，并按一定格式加以表述的过程。

融资资料和融资计划书，是企业与资金方沟通的主要方式，尤其是对项目融资更是如此。在大多数情况下，融资计划书已经是项目融资方和资金方之间交流不可缺少的桥梁和"语言"。能否有这样一套完整的"语言"，是企业融资能否成功的关键环节。现在，大部分企业对项目融资的资料准备和计划书编写比较重视，但对债权类融资重视不够。对于债权类融资来说，有与没有融资计划书大不一样。在资金供求失衡的今天，资金方每天都面临大量的资金需求方和需求项目，如何让资金方看中，着实需要企业下一番功夫。

基本流程与方法

一、获取各类资源的途径

（一）获取技术资源的途径

获取起步项目所依赖技术的途径方式有：
（1）吸引技术持有者加入创业团队；
（2）购买他人的成熟技术，并进行技术市场寿命分析等；
（3）购买他人的前景型技术，再通过后续的完善开发，使之达到商业化要求；
（4）同时购买技术和技术持有者；
（5）自己研发，但这种方式需要时间长，耗资大。

创业者应该随时关注各高校实验室、老师或者学生的研发成果，定期去国家专利局去查阅各种申请专利，养成及时关注科技信息、浏览各种科技报道、留意科技成果，从中发现具有巨大商机的技术的习惯。政府机构、同行创业者或同行企业、专业信息机构、图书馆、大学研究机构、新闻媒体、会议及互联网等，都是我们获取这些信息的渠道，可以根据自己的实际情况与各种方式的特点，选择一种或多种方式，尽可能获取有效的、有需要的信息。

（二）获取人力资源的途径

这里的人力资源不是指创业企业成立以后需要招募的员工，而是指创业者及其团队拥有的知识、技能、经验、人际关系、商务网络等。创业前，如果有可能，可以在读书期间作一些产品的校园或者地区代理，不管是热水袋、拖鞋到牛奶、化妆品还是手机卡、数码产品、婚纱店、美容店、家教中心等，都可以去尝试。这个过程中既能赚些钱，增长关于市场的知识，还可以锻炼组织能力。也可以考虑进入一个企业为别人工作，通过打工的经历学习行业知识，建立客户资源渠道，了解企业运作的经验，学习开拓市场的方法，认识赢利模式。为了创业而到一个公司工作，应该选择创业型小公司。

(三) 获取外部资金资源的途径

对于外部资金资源的获取，一般可通过以下五种途径获得：(1) 依靠亲朋好友筹集资金，双方形成债权债务关系；(2) 抵押、银行贷款或企业贷款；(3) 争取政府某个计划的资金支持；(4) 所有权融资，包括吸引新的拥有资金的创业同盟者加入创业团队，吸引现有企业以股东身份向新企业投资、参与创业活动，以及吸引企业孵化器或创业投资者的股权资金投入等；(5) 一个详尽可行的创业计划，以吸引一些大学生创业基金甚至风险投资基金的目光。

在获取外部资源之前，记住一个企业家曾经说过的一段话："创业首先要用自己的钱干起来，你自己的钱不先投进去，凭什么让别人为你投钱？"

(四) 获取市场与政策信息资源的途径

一般而言，获取市场及政策信息的途径主要有：政府机构、同行创业者或同行企业、专业信息机构、图书馆、大学研究机构、新闻媒体、会议及互联网等。对于这些信息的获得，创业者可以根据自己的实际情况与各种方式的特点，选择一种或多种方式，尽可能获取有效的、有需要的信息。

二、资源整合及其利用技巧

创业者能否成功地开发出机会，进而推动创业活动向前发展，通常取决于他们掌握和能整合到的资源，以及对资源的利用能力。许多创业者早期所能获取与利用的资源都相当匮乏，而优秀的创业者在创业过程中所体现出的卓越创业技能之一，就是创造性地整合和运用资源，尤其是那种能够创造竞争优势，并带来持续竞争优势的战略资源。对创业者而言，一方面要借助自身的创造性，用有限的资源创造尽可能大的价值；另一方面更要设法获取和整合各类战略资源。

(一) 善用资源整合技巧

为了确保公司持续发展，创业者在每个阶段都要问自己，怎样才能用有限的资源获得更多的价值创造？

1. 学会拼凑

很多创业者都是拼凑高手，通过加入一些新元素，与已有的元素重新组合，形成在资源利用方面的创新行为，进而可能带来意想不到的惊喜。创业者通常利用身边能够找到的一切资源进行创业活动，有些资源对他人来说也许是无用的、废弃的，但创业者可以通过自己的独有经验和技巧，加以整合创造。例如：很多高新技术企业的创业者并不是专业科班出身，可能是出于兴趣或其他原因，对某个领域的技术略知一二，却凭借这个略知的"一二"敏锐地发现了机会，并迅速实现了相关资源的整合。

整合已有的资源，快速应对新情况，是创业的利器之一。拼凑者善于用发现的眼光，洞悉身边各种资源的属性，将它们创造性地整合起来。这种整合很多时候甚至不是事前仔细计划好的，而往往是具体情况具体分析、"摸着石头过河"的产物。而这也正体现了创业的不确定性特性，并考验创业者的资源整合能力。

2. 步步为营

创业者分多个阶段投入资源并在每个阶段投入最有限的资源，这种做法被称为"步步为营"。步步为营的策略首先表现为节俭，设法降低资源的使用量，降低管理成本。但过分强调降低成本，会影响产品和服务质量，甚至会制约企业发展。比如：为了求生存和发展，有的创业者不注重环境保护，或者盗用别人的知识产权，甚至以次充好。这样的创业活动尽管短期可能赚取利润，但长期而言，发展潜力有限。所以，需要"有原则地保持节俭"。

步步为营策略表现为自力更生，减少对外部资源的依赖，目的是降低经营风险，加强对所创事业的控制。很多时候，步步为营不仅是一种做事最经济的方法，也是创业者在资源受限的情况下寻找实现企业理想目的和目标的途径，更是在有限资源的约束下获取满意收益的方法。习惯于步步为营的创业者会形成一种审慎控制和管理的价值理念，这对创业型企业的成长与向稳健成熟发展期的过渡，尤其重要。

（二）发挥资源杠杆效应

杠杆资源效应就是以尽可能少的付出获取尽可能多的收获。杠杆资源效应的发挥是一个创造性产生的过程。美国著名的投资银行家罗伯特·库恩说过：一个创业者要具有发现价值和创造价值的能力，要具有在沙子里找到钻石的工夫，识别一种没有被完全利用的资源。杠杆资源效应体现在以下方面：更加延长地使用资源；更充分地利用别人没有意识到的资源，利用他人或者别的企业的资源来完成自己创业的目的，用一种资源补另一种资源，产生更高的复合价值，利用一种资源获得其他资源。

对创业者来说，容易产生杠杆效应的资源，主要包括人力资本和社会资本等非物质资源。创业者的人力资本由一般人力资本与特殊人力资本构成，一般人力资本包括受教育背景、以往的工作经验及个性品质特征等。特殊人力资本包括产业人力资本（与特定产业相关的知识、技能和经验）与创业人力资本（如先前的创业经验或创业背景）。调查显示，特殊人力资本会直接作用于资源获取，有产业相关经验和先前创业经验的创业者能够更快地整合资源，更快地实施市场交易行为。而一般人力资本使创业者具有知识、技能、资格认证、名誉等资源，也提供了同窗、校友、老师以及其他连带的社会资本。

相比之下，社会资本有别于物质资本、人力资本，是社会成员从各种不同的社会结构中获得的利益，是一种根植于社会关系网络的优势。在个体分析层面，社会资本是嵌入、来自于并浮现在个体关系网络之中的真实或潜在资源的总和，它有助于个体开展目的性行动，并为个体带来行为优势。外部联系人之间社会交往频繁的创业者所获取的相关商业信息更加丰富，从而有助于提升创业者对特定商业活动的深入认识和理解，使创业者更容易识别出常规商业活动中难以被其他人发现的顾客需求，进而更容易获得财务和物质资源——这正是其杠杆作用所在。

（三）设置合理利益机制

资源通常与利益相关，创业者之所以能够从家庭成员那里获得支持，就是因为家庭成员之间不仅是利益相关者，更是利益整体。既然资源与利益相关，创业者在整合资源时，就一定要设计好有助于资源整合的利益机制,借助利益机制把包括潜在的和非直接的资源提供者整合起来,借力发展。因此,整合资源需要关注有利益关系的组织或个人,要尽可能多地找到利益相关者。同时,分析清楚这些组织或个体和自己以及自己想做的事情有利益关系,利益关系越强、越直接,整合到资源的可能性就越大,这是资源整合的基本前提。

利益关系者之间的利益关系有时是直接的,有时是间接的,有时是显性的,有时是隐形的,有时甚至还需要在没有的情况下创造出来。另外,有利益关系也并不意味着能够实现资源整合,还需要找到或发展共同的利益,或者说利益共同点。为此,识别到利益相关者后,逐一认真分析每一个利益相关者所关注的利益非常重要,多数情况下,将相对弱的利益关系变强,更有利于资源整合。

然而,有了共同的利益或利益共同点,并不意味着就可以顺利实现资源整合。资源整合是多方面的合作,切实的合作需要有各方面利益真正能够实现的预期加以保证,这就要求寻找和设计出多方共赢的机制。对于在长期合作中获益、彼此建立起信任关系的合作,双赢和共赢的机制已经形成,进一步的合作并不很难。但对于首次合作,建立共赢机制尤其需要智慧,要让对方看到潜在的收益,为了获取收益而愿意投入资源。因此,创业者在设计共赢机制时,既要帮助对方扩大收益,也要帮助对方降低风险,降低风险本身也是扩大收益。在此基础上,还需要考虑如何建立稳定的信任关系,并加以维护管理。

(四)充分利用已经拥有的创业资源

高校大学生创业存在甚至是严重存在信息不对称的问题。有不少身边的创业资源,还没有被我们大学生知晓、了解,更谈不上加以运用了。目前高校系统聚集了大量的可以帮助大学生创业的资源。有创业意愿的大学生应该留意这些在身边的资源,加以充分利用,不但能更好地提高自己创业判断分析和把握机遇的能力,而且也可能孕育着很好的机会。

1. 高校创业教育与创业指导

首先是各高校几乎均有的创业课程、创业者协会、科技和发明协会以及讨论或者实践创业的学生社团、沙龙、论坛和讲座等。在这些团队里有规章,有固定的活动时间,学生们可以和志同道合的朋友交谈,甚至有时候可能会有向成功企业家请教的机会。记学分的创业创新课题不仅由学校的老师来讲,也会邀请校外企业家授课,采取大班讲座、小班操练、案例剖析、创业比赛、专家辅导、实战模拟等一系列创新的教育方法和手段,帮助同学们对创业要素、创业过程,以及创业者所涉及的问题有更为透彻全面的了解。

2. 创业基金

为鼓励创业,政府出台了一系列支持计划,不同部门设置了不同的大学生创业基金。各地也先后出台了有关计划或者设置相应的基金。比如上海市还出台了《上海市高校学生科技创业基金》(即天使基金)。其政策措施以及计划、基金切实地帮助了很大一部分青年大学生的创业。另外,很多高校或者学团组织也设置有大学生创业基金。

(五)有限资源的创造性利用

1. 资源的利用效率

经营活动的效率,就是对各种资源的利用效率,但是资源的利用效率总是达不到百分之百，即企业内部总是存在未利用资源。资源利用效率是指投入资源与产出与收益之比较指标。资源的利用效率最终是体现在财务的收入上，很多财务指标可以用于衡量资源的利用效率。单位总资产与净资产的销售收入和销售利润；劳动生产率（人均收入或人均利润）；存货周转率与应收账款周转率。

2. 资源重复利用

资源重复利用包括技术资源、品牌资源、制造资源、营销网络资源、管理资源的重复利用。

（1）技术资源的重复利用

特定技能或技术的使用次数越多，就表示资源杠杆运用越充分，资源的利用效率越高。如夏普将本身开发成功的液晶显像技术，陆续应用于计算机、电子记事簿、迷你电视、大荧幕投射电视及手机。

（2）品牌资源的重复利用

再生利用并不限于科技基础的竞争力。品牌可以再生利用，利用高知名度的"企业名称"推出全新的产品，至少可以让顾客"考虑购买"大牌制造商制造的产品，和其他默默无闻的同期新产品比起来，高知名度已经占有一项竞争优势了。

（3）制造资源的重复利用

保持制造资源的充分弹性，即迅速调整生产线改而制造另一种产品的能力是制造资源重复利用的前提条件。在网络经济下通过把高度分散的制造能力组合成必要的制造资源以响应市场机遇的协作式伙伴关系将迅速发展。当市场机遇消失时，这些资源将同样迅速地解散。创业企业保持资源的弹性，保持资源的重复利用非常重要。

（4）营销网络资源的重复利用

对多系列产品的中小企业共用一个销售网络，可以降低影响成本，充分利用营销网络资源。但当产品差异化比较大时，特别在售后服务环节存在巨大差异时，存在不同产品对营销网络资源有差异化的要求时，实现营销网络资源的重复利用有一定障碍。

（5）管理资源的重复利用

转移工厂的作业改善经验应用于其他工厂；同一系统应用于同一产品系列；迅速广泛应用一线员工的良好构想，以改善对顾客的服务，以及暂调有经验的主管赴供应商处驻厂指导等均是管理资源的重复利用。

3. 资源的快速回收

加快资源回收是资源杠杆运用的重要领域，公司赚钱越快，回收的资源就越快，就越能再加利用。如果投入的资源相同，甲公司回收利润的时间只是乙公司的一半，则表示甲公司享有两倍于乙公司的杠杆运用优势。

4. 资源的融合

通过融合不同种类的资源，各种资源的价值将随之提升。抢先进入一个科技领域，并得到领导地位固然重要；但公司如拙于调和这些科技，使既有科技能力不能持续扩充，就是没有进行资源杠杆运用。因此，就算公司在许多单项科技领域领先，也无多大实质意义。只有培养出一批通才，有效整合不同技能、科技与功能，才能建立真正的竞争优势。

三、创业资金的测算

在起步之前,同学们需要知道创业究竟需要多少启动资金。同学们可能有一个粗略的估计,但这还不够详细,无法支撑你制作一套可行的商业计划书。如果低估了需求,那么在企业开始盈利之前,自己可能就已经用光了运营资金。而过高的预测成本又可能永远都无法筹集到足够的资金来起步。

(一)启动资金的类型

启动资金用来支付场地(土地和建筑)、办公家具和设备、机器、原材料和商品库存、营业执照和许可证、开业前广告和促销、工资以及水电费和电话费等费用。

这些支出可以归为两类:

投资(固定资产)是指你为企业购买的价值较高、使用寿命长的东西。有的企业用很少投资就能开办,而有的却需要大量的投资才能启动。明智的做法是把必要的投资降到最低限度,让企业少担些风险。

流动资金指企业日常运转所需要支出的资金。

(二)投资(固定资产)预测

投资一般可以分为企业用地和建筑与设备两类。

1. 企业用地和建筑

办企业或开公司,都需要有适用的场地和建筑。也许是用来开工厂的整个建筑,也许只是一个小工作间,也许只需要租一个铺面。如果你能在家开始工作,就能降低投资。

理清需要什么样的场地和建筑后,要作出以下选择:

(1)造房

如果你的企业对场地和建筑有特殊要求,最好自己造,但这需要大量的资金和时间。

(2)买房

如果你能在优越的地点找到合适的建筑,则买现成建筑既简单又快捷。但现成的房子往往需要经过改造才能适合企业的需要,而且需要花大量的资金。

(3)租房

租房比造房和买房所需的启动资金要少,也更灵活。当你需要改变企业地点时,租房就会容易得多。不过租房不像自己的房那么安稳。

(4)在家开业

在家开业最便宜,但即使这样也少不了要做些调整。在确定你的企业是否成功之前,在家开业是起步的好办法,待企业成功后再租房和买房也不晚。但在家工作,业务和生活难免互相干扰。

2. 设备

设备是指企业需要的所有机器、工具、车辆、办公家具等。对于制造商和一些服务行业,最大的需要往往是设备。一些企业需要在设备上大量投资,因此了解清楚需要什么设备，以及选择正确的设备类型就显得非常重要。即使是只需要少量设备的企业，也要慎重考虑你确实需要那些设备，并把它们写入创业计划。

（三）流动资金预测

企业开张后要运转一段时间才能有销售收入。制造商在销售之前必须先把产品生产出来；服务企业在开始提供服务之前要买材料和用品；零售商和批发商在卖货之前必须先买货。所有企业在招揽顾客之前必须先花时间和费用进行促销。总之，同学们需要流动资金支付开销：购买并储存原材料和成品；促销；工资；租金；保险和其他费用。

有的企业需要足够的流动资金来支付6个月的全部费用，也有的企业只需要支付3个月的费用。同学们必须预测，在获得销售收入之前，自己的企业能够支撑多久。一般而言，刚开始的时候销售并不顺利，因此，流动资金计划要宽裕些。

1. 原材料和成品储存

制造商生产产品需要原材料，服务行业的经营者也需要些材料，零售商和批发商需要储存商品来出售。库存越多，需要用于采购的流动资金就越大，应将库存降到最低限度。

如果允许赊账，资金回收的时间就更长，同学们需要动用流动资金再次充实库存。

2. 促销

新企业开张，需要促销自己的商品或服务，而促销活动需要流动资金。同学们需要做促销计划并对促销活动预算费用。

3. 工资

如果需要雇用员工，在起步阶段就得给他们付工资。此外，还要以工资方式支付自己家庭的生活费用。计算流动资金时，要计算用于发工资的钱，通过用每月工资总额乘以还没到达收支平衡的月数就可以计算出来。

4. 租金

正常情况下，企业一开始运转就要支付企业用地用房的租金。计算流动资金里用于房租的金额，还要考虑到租金可能一付就是3个月或6个月，会占用更多的流动资金。

5. 其他费用

在企业起步阶段，还要支付一些其他费用，例如电费、文具用品费、交通费等。一般来说，在销售收入能够收回成本之前，微小企业事先至少要准备3个月的流动资金。为使预算更加准确，同学们可制订一个现金流量计划。

四、创业融资分析

（一）深入进行融资总收益与总成本分析

创业者首先应该考虑的是：企业必须融资吗？融资后的投资收益如何？融资后的收益是否大于融资成本？创业者只有经过深入分析，确信利用筹集的资金所得到的总收益要大于融资的总成本时，才有必要考虑融资。融资成本既有资金的利息成本，还有可能是较为昂贵的融资费用和不确定的风险成本。企业融资成本是决定企业融资效率的决定性因素，对于创业企业选择哪种融资方式有着重要意义。

(二) 合理确定企业的融资规模与融资期限

创业者在进行融资决策之初,要根据各种条件,量力而行地确定企业合理的融资规模。此外,创业者必须做出最佳的融资期限选择,以利于企业的发展。因为融资期限过长,增加了融资成本与融资风险;融资期限过短,则限制企业的发展。创业者做融资期限决策,一般是在短期融资与长期融资两种方式之间权衡,做何种选择主要取决于融资的用途和创业者的风险性偏好。从资金用途上来看,如果融资是用于企业流动资产,则宜于选择各种短期融资方式;如果融资是用于长期投资或购置固定资产,则适宜选择各种长期融资方式。从风险性偏好角度来看,创业者对风险越偏好,就越倾向于用短期资金融通永久性资产;反之,则越倾向于用长期资金融通波动性资产。

(三) 尽量选择有利于提高企业竞争力的融资方式

企业融资通常会给企业带来以下直接影响:一是壮大了企业资本实力,增强了企业的支付能力和发展后劲,从而减少了企业的竞争对手;二是提高了企业信誉,扩大了企业产品的市场份额;三是增加了企业规模和获利能力,充分利用规模经济优势,从而提高企业在市场上的竞争力,加快了企业的发展。但是,企业竞争力的提高程度,根据企业融资方式、融资收益的不同而有很大差异。比如,股票融资,通常初次发行普通股并上市流通,不仅会给企业带来巨大的资金融通,还会大大提高企业的知名度和商誉,使企业的竞争力获得极大提高。因此,进行融资决策时,企业宜选择最有利于提高竞争力的融资方式。

(四) 有效利用企业的金融成长周期

在中小企业创业初期,企业的信息基本上是封闭的,由于缺乏业务记录和财务审计,它主要依靠内源融资和非正式的天使融资;当企业进入成长阶段,随着规模的扩大,可用于抵押的资产增加,信息透明度的逐步提高,业务记录和财务审计的不断规范,企业的内源融资难以满足全部资金需求,这时企业开始选择外源融资,开始较多地依赖于来自金融中介的债务融资;在进入稳定增长的成熟阶段后,企业的业务记录和财务趋于完备,逐渐具备进入资本市场发行有价证券的资产规模和信息条件。随着来自资本市场可持续融资渠道的打通,企业债务融资的比重下降,股权融资的比重上升,部分优秀的中小企业逐步发展成为大企业。

(五) 慎重挑选合适的投资者

确定实际可行的融资方式以及制订融资策略,必须明白要寻找什么类型的投资者。创业融资是一个双向选择的过程,投资者在选择创业者的同时,创业者也在积极地挑选合适的投资者。建议选择这样的投资者:的确考虑要投资,并有能力提供相应资金的;了解并对该行业投资有兴趣的;能够提供有益的商业建议,并且与业界、融资机构有接触的;有名望、道德修养高的;为人处世公平合理,并能与创业者和谐相处的;具有此类投资经验的。具有这些特质的投资者是稀缺的、有价值的、难以复制的、不可替代的人力资源,他们可以给企业持久的竞争优势。理想的投资者可以存在于以下任何一组投资群体之中:一是友好的投资者,如家人、朋友、未来的雇员和管理者、商业伙伴、潜在的客户或供应商；二是非正规的投资者，如富有的个人（医生、律师、商人）；三是风险投资产业的正规的或专业的投资者。

课堂活动

活动一 矿泉水瓶的用途

请同学们以身边的普通矿泉水瓶为例做小组讨论，看看矿泉水瓶除了做容器之外，还有哪些用途？想的越多越好。

反思：矿泉水瓶代表大家身边的资源。身边从来不以为意的事物，如果换个思路和视角，同学们将会发现其会有意想不到的价值和功用。突破资源限制，从创新思维开始。

活动二 创业资源分析与选择

如果你要成立一家培训公司，现有以下12种资源可供选择，请选出四种并排序说出你选择的理由。

资源名称	排序序号
投资50万，需占50%股份	
资深运营总监	
与教育主管部门合作的机会	
获得一套完善的网络培训平台	
与知名师范大学合作机会	
较偏远、租金低、面积大的场地	
获得一套专业的培训课程	
资深培训专家	
银行有息（7%）贷款10万	
资深培训顾问	
与某知名培训集团合作的机会	
市中心租金高面积小的场地	

活动三 融资计划制订

融资计划，其实是一份说服投资者的方案与策略。结合小组设计的创业项目，设计一份融资计划的概要，填写在下表中。

概要说明	融资计划	融资说明
融资项目论证：主要指项目可行性和项目收益率。		
融资途径选择：选择成本低、融资快的融资方式。		
融资分配：所融资金专款专用，主要用途与周期。		
融资成本收益：代价与利润分配。		
融资风险：主要风险分析。		

活动四　体验融资

融资实际就是借钱。如果需要筹集 3 万元，同学们准备向谁借，怎么借呢？在借款之前，同学们会做哪些准备呢？现在，打电话、微信或者面对面沟通一下自己借钱的想法，看看对方怎么说，同学们会如何沟通呢？

不管结果如何，请同学们反思自己的借钱过程和策略，都有哪些收获？

课外实践与作业反馈

"白手起家"

基于找到的创业项目和组建的创业团队，挑战"白手起家"做这个项目，假设现在团队只有 50 元，看能创造多少利润？

1. 和自己的团队讨论并设计出行动方案。注意：这 50 元是创业团队拥有的唯一种子资金，此资金不能从事非法活动（包括赌博），不能参与抽奖活动（包括买彩票）；在活动期间，不能筹集资金。团队的计划要尽可能详细、具体，并估算出可能赚取的利润额。
2. 展示团队的计划，并描述自己的团队是如何产生"创意"的？50 元发挥了什么作用？
3. 评选出利润额最高的团队和最有创造力的团队。
4. 行动起来，实施自己团队的计划！一周后，再来看一看哪个团队赚得了最多的利润？
5. 反思：在这次活动中最令自己感到意外的是什么？是否顺利的实施了计划？成功或失败的因素有哪些？
6. 讨论：如何"白手起家"？

延伸阅读

一、挑选适合自己的创业融资渠道

1. 风险投资：创业者的"维生素 C"

风险投资的英文简称是VC，与维生素C的简称Vc如出一辙，而从作用上来看，两者也有相同之处，都能提供必需的"营养"。广义的风险投资泛指一切具有高风险、高潜在收益的投资；狭义的风险投资是指以高新技术为基础，生产与经营技术密集型产品的投资。根据美国全美风险投资协会的定义，风险投资是由职业金融家投入到新兴的、迅速发展的、具有巨大竞争潜力的企业中的一种权益资本。

2. 天使投资：创业者的"婴儿奶粉"

天使投资是自由投资者或非正式风险投资机构，对处于构思状态的原创项目或小型初创企业进行的、一次性的前期投资。天使投资是一种非组织化的创业投资形式，其资金来源大多是民间资本，而非专业的风险投资商。

"天使"这个词指的是企业家的第一批投资人，这些投资人在公司产品和业务成型之前就把资金投进来。天使投资人通常是创业企业家的朋友、亲戚或商业伙伴，由于他们对该企业家的能力和创意深信不疑，因而愿意在业务远未开展之前就向该企业家投入大笔资金，一笔典型的天使投资往往只是区区几十万美元，是风险资本家随后可能投入资金的零头。

3. 创新基金：创业者的"营养餐"

结合我国科技型中小企业发展的特点和资本市场的现状，科技部、财政部联合建立并启动了政府支持为主的科技型中小企业技术创新基金，以帮助中小企业解决融资困境。创新基金已经越来越多地成为科技型中小企业融资可口的"营养餐"。

4. 中小企业担保贷款：创业者的"安神汤"

一方面中小企业融资难，大量企业嗷嗷待哺；一方面银行资金缺乏出路，四处出击，却不愿意贷给中小企业。究其原因主要在于，银行认为为中小企业发放贷款，风险难以防范。然而，随着国家政策和有关部门的大力扶植以及担保贷款数量的激增，中小企业担保贷款必将成为中小企业另一条有效的融资之路，为创业者"安神补脑"。

5. 政府基金：创业者的"免费皇粮"

近年来，政府充分意识到中小企业在国民经济中的重要地位，尤其是各省市地方政府，为了增强自己的竞争力，不断采取各种方式扶持科技含量高的产业或者优势产业。为此，各级政府相继设立了一些政府基金予以支持。这对于拥有一技之长又有志于创业的诸多科技人员，特别是归国留学人员是一个很好的吃"免费皇粮"的机会。

6. 典当融资：创业者的"速泡面"

风险投资虽是天上掉馅饼的美事，但只是一小部分精英型创业者的"特权"；而银行的大门虽然敞开着，但有一定的门槛。"急事告贷，典当最快"，典当的主要作用就是救急。与作为主流融资渠道相比，典当融资虽只起着拾遗补阙、调余济需的作用，但由于能在短时间内为融资者争取到资金，因而被形象地比喻为"速泡面"，正获得越来越多创业者的青睐。

二、融资估值常用的六种方法

1. 博克斯法

这种方法是由美国人博克斯首创的，对于初创期的企业进行价值评估的方法，典型做法是对所投企业根据下面的公式来估值：

一个好的创意 100 万元

一个好的盈利模式 100 万元

优秀的管理团队 100 万～200 万元

优秀的董事会 100 万元

巨大的产品前景 100 万元

加起来，一家初创企业的价值应为 100 万元～600 万元之间。

这种方法的好处是将初创企业的价值与各种无形资产的联系清楚地展现出来，比较简单易行，通过这种方法得出的企业价值一般比较合理。

2. 三分法

三分法是指在对企业价值进行评估时，将企业的价值分成三部分：创业者、管理层、投资者。通常是创业者，管理层和投资者各 1/3，将三者加起来即得到企业价值。

3. 200 万～500 万标准法

许多传统的投资家投资企业的价值一般为 200 万～500 万，这是有其合理性的。如果创业者对企业要价低于 200 万，那么或者是其经验不够丰富，或者企业没有多大发展前景；如果企业要价高于 500 万，那么由 500 万元上限法可知，投资家对其投资不划算。

这种方法简单易行，效果也不错。但将定价限在 200 万～500 万元，过于绝对。

4. 市盈率法

该方法主要是在预测初创企业未来收益的基础上，确定一定的市盈率来评估初创企业的价值，从而确定风险投资额。

5. 实现现金流贴现法

根据企业未来的现金流、收益率，算出企业的现值作为企业的评估价值。

这种方法的好处是考虑了时间与风险因素。不足之处是投资者要有相应的财务知识。并且这种方法对很晚才能产生正现金流的企业来说不够客观。

6. 经济附加值模型

经济附加是指企业扣除资本成本后的资本收益，即该企业的资本收益和资本成本之间的差。站在股东的角度，一个企业只有在其资本收益超过为获取该收益所投入的资本的全部成本时才能为企业的股东带来收益。

这种估值方法是从资本成本，收益的角度来考虑企业价值，能够有效体现出天使投资家的资本权益受益，一般很受职业评估者的推崇。

专家视点

天使大腕儿们的投资命门

(一)雷军：三条投资原则

在同行眼中，雷军有两个特点，一个他偏喜欢大公司出来的、有一定管理经验的人。第二，你要想办法找到他身边熟悉的人来做介绍人，具备这两点基本上就能搞定他。

对于项目，雷军不是特别关注商业模式，而关注市场规模。雷军更偏爱平均35岁的创业者。雷军总结自己的三个投资原则：第一是人要靠谱、不熟不投；第二是大方向没问题；第三是小方向被验证。

(二)徐小平：投资如看人

在徐小平看来，天使投资最深的哲学，就是坚定不移地判断人，而不是判断模式。徐小平认为，天使投资人，应该有一颗天使的心，即对创业者无条件的爱和关怀。

如何判断人，徐小平有自己的四个角度：

1. 学习力：包括过去、现在和未来的学习能力，比如学历就代表一个人过去的学习能力。
2. 工作力：包括工作经验、技能和资源等。
3. 影响力：也叫个人魅力，就是感染他人的能力。
4. 坚持力：能够克服困难走过去。

另外，徐小平会从三个角度来判断团队：

1. 团队吸引力：团队成员之间是否有互相爱慕仰慕的情感，觉得能跟这个人一起工作很棒。
2. 团队互补力：团队成员间互补，不单纯指能力，也包括性格。
3. 团队协调力：一堆人一起做事，一定会有冲突，团队从冲突走到妥协的能力非常重要。

(三)蔡文胜：喜欢草根和千万用户

天使投资人蔡文胜在寻找和挑选创业者时看三点：第一，从用户角度看产品价值；第二，观察用户规模，规模越大，赚钱就容易；第三，看团队。

1. 用户角度。"你做的这个事情，未来可发展的用户空间有多大。比如你做的产品是基于PC方面的项目，我就没有多大兴趣。因为在我看来PC已经开始没落，这个趋势很清楚。"
2. 用户规模。"产品初期，比如小游戏项目，一天100万的流量是没有意义的，因为赚不到多少钱。但如果对于某些行业，比如钢铁，虽然网站一天的访问量在三万，但它是有价值的，因为中国钢铁厂也就几百家，它的访问量足够，这个行业的价值太大了，你要赚它的钱就容易。"
3. 团队。"今天，大家每天都在想做什么公司赚钱，包括大公司也虎视眈眈，很少有那种让你有三年的时间慢慢来的机会，所以我们需要有一个团队，能够很快地把事情做起来，包括找到一些互补。"

(四)熊晓鸽：只琢磨三件事

在熊晓鸽看来，风投就像漂流，一定要选对河流。选对河流往前划就行了，只要不被淹死，总能游到目的地，只是到早一点儿赚钱就多一点儿，到晚一点儿赚得就少一点儿。

"我做投资，只琢磨三件事：一是市场，二是产品，三是管理团队。实际上，最根本的是琢磨人，琢磨一个项目进入的时机，还要观察团队对资本的复杂态度。"

熊晓鸽认为，选对了河流（项目），团队就是划船的舵手，本事好一点儿就不翻船，能很快到达终点；本事差一点儿可能就会翻船，所以团队是最重要的。

网上精品视频课程

创业资源整合

用手机"扫一扫"下面的二维码，用浏览器打开相应网址，进入视频课程学习。

第六章 商业模式及其设计评价

今天企业之间的竞争：已经不是产品和服务之间的竞争，而是商业模式之间的竞争！

——现代管理学之父 彼得·德鲁克

商业模式就是一个企业如何赚钱的故事。与所有经典故事一样，商业模式的有效设计和运行需要有人物、场景、动机、地点和情节。为了使商业模式的情节令人信服，人物必须被准确安排，人物的动机必须清晰，最重要的是情节必须充分展示新产品或服务是如何为顾客带来了实惠和便利，同时又是如何为企业创造了利润。

——《什么是管理》作者 玛格丽特

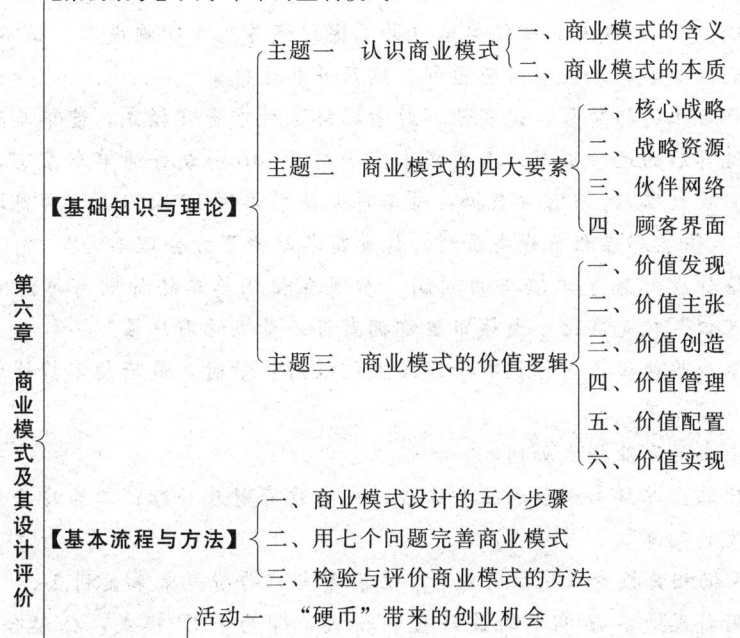

【本章地图】

第六章 商业模式及其设计评价

- 【案例故事】共享单车的盈利模式
- 【基础知识与理论】
  - 主题一 认识商业模式
    - 一、商业模式的含义
    - 二、商业模式的本质
  - 主题二 商业模式的四大要素
    - 一、核心战略
    - 二、战略资源
    - 三、伙伴网络
    - 四、顾客界面
  - 主题三 商业模式的价值逻辑
    - 一、价值发现
    - 二、价值主张
    - 三、价值创造
    - 四、价值管理
    - 五、价值配置
    - 六、价值实现
- 【基本流程与方法】
  - 一、商业模式设计的五个步骤
  - 二、用七个问题完善商业模式
  - 三、检验与评价商业模式的方法
- 【课堂活动】
  - 活动一 "硬币"带来的创业机会
  - 活动二 商业模式画布练习
  - 活动三 创新商业模式
- 【课外实践与作业反馈】商业模式设计与评价
- 【延伸阅读】
  - 一、十种常见的商业盈利模式
  - 二、商业模式创新的十种类型
- 【专家视点】商业模式不是创业成功的首要因素
- 【网上精品视频课程】商业模式设计与评价

【案例故事】

共享单车的盈利模式

人们日常中短途出行需求存在痛点,但一般人并不会去购买一辆自己的自行车,因为买了自行车需要考虑停放及其安全问题。随借随还的共享单车恰好满足这种需求。不论是摩拜还是ofo都巧妙地将这种丢车风险从使用者身上转移掉,庞大的需求被各大投资机构察觉,于是:

摩拜单车:截至2016年9月,已经完成超过1亿美元的C轮融资,由高瓴资本、华平投资集团领投,多家机构跟投,包括红杉资本、启明创投和摩拜单车早期投资方。

ofo单车:截至2016年10月,已经完成共计1.3亿美元的C轮融资,分别包含滴滴、美国对冲基金Coatue、顺为资本、中信产业基金等多家投资方。

这种新型的共享单车的优势在于随时随地借还车，意味着其最大的成本支出在于单车的投放量与维护成本。摩拜单车属于高成本、低维护的单车，而ofo等单车则属于低成本、高维护的单车。

当我们讨论一辆3000元成本的摩拜单车（第1代）得多久才回收成本、值不值得时，你就真的默认了它们只是单纯地靠租赁费盈利，然而并非这样。

半小时1元或0.5元的租赁费，说实话，对于摩拜这种重资产模式，连单车硬件成本都难以回收，更别说背后的运营成本、人力成本。而对于ofo一众普通单车而言，单车成本可在短期时间内回收成本（ofo官方数据：每车每天使用率达10次以上，两月即可回收单车成本），但是若只依靠那点租赁费去盈利，你觉得各路投资方会埋单吗？

以往卖辆单车给你也就赚了单辆车的利润，而现在租辆单车给你则有可能赚了一个"入口"，而这个"入口"就是在每个大城市里都拥有百万量级的用户量。

摩拜王晓峰毫不隐晦地说，当你拥有千万或上亿级用户量时，最后想不挣钱都难。可见共享单车是以用户量为王。

那么共享单车未来的商业模式如何？

摩拜创始人胡玮炜：摩拜未来盈利三个途径，一为政府财政补贴；二为广告费用；三为押金与预存费产生的利息。

而ofo方面，根据相关投资人受访时表示，出租费与广告费是未来盈利点。

显然，通过政府补贴是共享单车的最好盈利模式，即为PPP模式，公私合作关系，是一种政府和社会资本在公共基础设施合作中的一种项目融资模式，且已有成功案例作为参考，例如北京地铁四号线的建设运营就是基于这种模式而生，引进了港铁公司的投资和运营管理经验。

用户规模化必然带来不错的广告效益，共享单车用户群遍及社会主要的消费群体，共享单车本来就自带"绿色""环保"等天然标签，品牌间的互动或跨界营销或许能带来可观的广告收益，其单车车身或APP启动界面就是最好的广告载体。

而对于押金所形成的现金流亦是非常惊人，已注册并持续使用的用户，一般都不会轻易退还押金，这就意味着其所积累押金总额维持在相对稳定的水平，可获取利息或进行其他风险投资。

基础知识与理论

主题一　认识商业模式

一、商业模式的含义

前时代华纳CEO迈克尔·邓恩说："在经营企业过程当中，商业模式比高技术更重要,因为前者是企业能够立足的先决条件。"一个不可争辩的事实是,企业必须选择一个适合自己的、有效的和成功的商业模式,并且随着客观情况的变化不断加以创新,才能获得持续的竞争力,从而保证自己的生存与发展。商业模式具有"点石成金"的功能。

商业模式是指为实现客户价值最大化,把能使企业运行的内外各要素整合起来,形成一个完整的高效率的具有独特核心竞争力的运行系统,并通过最优实现形式满足客户需求、实现客户价值,同时使系统达成持续赢利目标的整体解决方案。商业模式是一个非常宽泛的概念,与商业模式有关的说法很多,包括运营模式、盈利模式、B2B模式、B2C模式、"鼠标加水泥"模式、广告收益模式等,不一而足。商业模式是一种简化的商业逻辑。

清华大学雷家骕教授概括企业的商业模式是:一个企业如何利用自身资源,在一个特定的包含了物流、信息流和资金流的商业流程中,将最终的商品和服务提供给客户,并收回投资、获取利润的解决方案。

【链接】

商业模式致胜

三个人拿同样的一两银子做生意,第一个人买来草绳做草鞋,赚了一钱银子;第二个人看到春天来临,买了纸和竹子做风筝,赚了十两银子,第三个人看到人参资源将慢慢枯竭,于是买了很多人参种子,走到人迹罕至的深山播下,七年后收获上好的野山参,收获了30万两银子。

点评:

人们付出同样的时间和精力,但是却收获不同的利润。

第一个人做的是衣食住行的生意,这是必需的需求,总会有市场,每个人都可以做,因此收获一分利,如同现在很多人靠产品与规模取胜。

第二个人做的是吃喝玩乐的生意,跟随的是潮流,目标客户范围扩大百倍,而收获十分利,靠眼光取胜。

第三个人看到的是未来的商机,敢做而善忍,最终创造了数百乃至于数千的生意,靠的是成功的商业模式取胜。

由此,可以看出商业模式的重要性。

二、商业模式的本质

从本质上看,商业模式是一系列制度结构和制度安排的连续体,其核心直指企业组织的价值产生机制。价值创造是企业组织存在的根本理由和发展的必要条件,也是经营活动的核心主题。一般主要有三个来源,即组织自身价值链、技术变革和价值网络。

静态地来看,在组织自身价值链层面,商业模式从制度上决定业务流程,而业务流程又与信息系统密切相关,两者适应与否决定了组织能否实现价值预期。在技术层面,商业模式是技术开发与价值创造之间的转换机制,其成本/收益结构也即决定了技术开发成本能够获取的价值收益。随着信息技术和电子商务的发展,组织边界日益模糊,大大增加了交易和协作创造价值网络增值的可能性。

动态地来看，上述三个方面是商业模式在特定时间和空间下的静态实现。但事实是今天的模式也许并不适用于明天，甚至成为发展的障碍。为了使企业组织获得长期的、韧性的核心优势，商业模式必须提供基于制度结构和制度安排的动态连续性，必须始终保持必要的灵活性和应变能力——动态匹配的商业模式才能获得成功。

【链接】

商业计划点评：产品不等于商业模式

项目梗概：

创业者的项目是想改变学校与家长间、家长与家长间的沟通问题。实现技术是通过公众微信平台。

创业者开始做这个项目，前期花了一周时间找学校师生与搞教育的朋友等资源了解了整个家长、学校、老师的基本需求，最后总结出三大最有需求的功能：通讯录查询、群发信息、家长圈；但是只有这几个功能并不足以产生有效的黏性，后来就想到了这样几项提升：第一，从家长圈中分离出一块：班级要闻，只显示老师发的各类信息；第二，简化老师的操作：只需下课的时候，拿手机在黑板上拍张照就OK了，不再需要回办公室编辑文字短信；第三，家长都可以分享、评论发生在孩子身上的新鲜事，并且建立家长人脉。

点评：

家长和老师的沟通需求自古以来就有，这是刚需。包月、高毛利率、达90%以上的收费率，"校讯通"是一块很诱人的的蛋糕，但目前市场已经被服务商瓜分的差不多了。服务商都守着自己的一方校土，享受着不错的收获。当然最大的受益方永远还是中国移动，而且据说中国移动要劈开这些服务商，直接介入学校。

这么好的商业模式，但还在做短信这么老土的方式，并且还不能实现家长之间的沟通——众多草根创业者心有不甘，纷纷试图通过微信等技术平台分一杯羹。其实，要做出一款比校讯通更好用的产品并不难，例如上文提到的这个项目的产品就实现了一些创新。

问题是：创业者是否完全了解校讯通的商业模式？

校讯通产品有以下几个特点：

1. 首先付费方是学生家长，学生家长付费的前提是校方在推。

2. 付费方式是手机包月扣费，简单快捷、付费流程无痛点、无拖欠、用户无知觉。

3. 最终收费流向有：中国移动信息费、服务商利润、校方分成。

4. 校方除了分成外，可以从服务商取得免费的服务，比如成绩管理平台（与校讯通无缝对接，一键发送家长）、通知管理系统、各类管理系统和模板，服务商的随叫随到服务，等等。

回过头来看看创业者的项目，你能改变上面四点中的什么？微信比短信节省了短信费？微信里信息更丰富，可以交流？

创业者发给我们的计划书中只介绍了产品，没有提到商业模式。这里只要提一些问题，供创业者思考：

1. 整个商业模式最终谁是付费方？唯一的可能还是学生家长——除非教育局政策来干涉。

2. 你的商业模式家长能少付费多少？家长很在乎这点吗？

3. 你的支付方式是什么？还有比手机包月更有优势的吗？你的支付环节成本，可能就比目前的收费还高。千万别想学校代收，无可能！

4. 学生家长付费，需要校方推动。校方原有的利益有没有更好，他们改变的动力何在？

5. 创业者项目最大的亮点还是要实现家长之间的沟通——这是否有点一厢情愿？最大的问题是老师是否积极参与，否则家长之间的线上沟通不会形成。只要看看现在很多学校的家长论坛，以及很多班级建立的微信群就知道了。这是一个围绕学校、老师展开的生态系统，学生、家长目前都不是核心。

最后，校讯通产品会被改变，但商业模式肯定要更加完善。

创业者往往沉浸于自己设计的产品，觉得产品比市场上现有解决方案更牛，性价比更高。想当然地认为，产品一推上市将改变整个行业，是革命性的产品。更有朋友会在计划书中直接表明，让我们不要再错过第二个马云。

创业需要激情，要敢想敢做。但具体操作要一步一个脚印，脚踩实地。所以我们在想象产品的宏大前景时，要分析产品的整个商业模式。产品不是商业模式，商业模式也远远不只是产品这么简单。要明白产品服务的是谁，谁会为产品买单。这是一个商业逻辑链，要平衡好商业关系的各个链条。

主题二　商业模式的四大要素

著名商学教授与作家加里·哈默尔认为，商业模式由四个要素构成：核心战略、战略资源、伙伴网络和顾客界面。

一、核心战略

核心战略从企业的使命、产品/市场范围、差异化基础等方面描述了企业如何与竞争对手进行竞争。

企业的使命，描述了企业为什么存在及其商业模式与其实现的目标。例如，戴尔公司的使命是成为世界上最成功的电脑公司，在所服务的市场上传递最佳的顾客体验；星巴克公司的使命是把星巴克建成世界第一流的高品质咖啡店。通过企业使命陈述，可以很容易看出这些企业的意图。在不同程度上，使命表达了企业优先考虑的事项，并设置了衡量企业绩效的标准。

企业的产品/市场范围定义了企业集中关注的产品和市场。首先，产品的选择对企业商业模式的选择有重要影响。例如，亚马逊网站起初是作为网上书店而创建的，不过它逐渐开始销售CD、DVD、珠宝盒、服装等其他产品。它的商业模式现在已经拓宽，涉及对出版商之外的其他很多供应商和伙伴关系的管理。企业从事经营活动的市场也是其核心战略的重要因素。例如，戴尔公司把企业客户与政府机构作为它的目标市场，Gateway电脑公司则把个人、小企业和首次购买电脑的客户看成目标顾客。对这两个企业来说，他们的选择对形成自己的商业模式有重要作用。

企业选择的战略会对它的商业模式产生很大影响。成本领先战略要求商业模式专注于效率、成本最小化和大批量。由于专注于低成本而非舒适性，成本领先的企业不会追求产品的新颖。相反，差异化战略要求商业模式集中于开发独特的产品和服务，索要更高的价格。而且，采用差异化战略的企业把大量精力和财力用于创造品牌忠诚上，即顾客对某个品牌产品的忠诚，如苹果电脑。

二、战略资源

如果缺乏资源，企业难以实施其战略，企业拥有的资源会影响其商业模式的持续性。企业的核心竞争力和战略资产是两种重要的战略资源。

核心竞争力是一种资源或者能力，是企业胜过竞争对手的竞争优势的来源。它是超越产品或市场的独特技术或能力，对顾客的可感知利益有巨大的贡献，并且难以模仿。企业的核心竞争力在短期和长期内都很重要。在短期内，正是核心竞争力使得企业能够将自己差异化，并创造独特价值。例如，戴尔公司的核心竞争力包括供应链管理、有效装配产品和服务于企业客户，所以它的商业模式使它能够向企业客户提供价格便宜、技术新颖、售后服务优良的计算机。从长期看，通过核心竞争力获得成长以及在互补性市场上建立优势地位也很重要。例如，戴尔公司已经建立了装配和销售个人计算机方面的核心竞争力，并开始将它们移向计算机服务和其他电子设备市场。

战略资产是企业拥有的稀缺、有价值的事物，包括工厂和设备、位置、品牌、专利、顾客数据信息、高素质员工和独特的合作关系等。一项特别有价值的战略资产是企业的品牌。例如，星巴克花了很大力气来建立品牌形象，其他咖啡零售商要想获得同等的品牌认知需要付出极大努力。企业最终会把自己的核心竞争力和战略资产综合起来以创造可持续竞争优势。

三、伙伴网络

企业的伙伴网络是商业模式的第三个构成要素。新创企业往往不具备执行所有任务所需的资源，因此需要依赖其他合作伙伴以发挥重要作用。在很多时候，企业并不愿独自做所有事情，因为完整地完成一项产品或交付一种服务会分散企业的核心优势。例如，戴尔公司因其装配计算机的专业技术而具有差异化优势，但它却从英特尔公司那里购买芯片，戴尔公司当然可以自己制造芯片，但它在这方面不具有核心竞争力。同样，戴尔公司依靠联合包裹服务公司和联邦快递公司递送产品，而不是自己建立一个遍布全球的物流系统。

企业的伙伴网络包括供应商和其他合作者。

（一）供应商

供应商是向其他企业提供零部件或服务的企业。例如，英特尔公司是向戴尔公司提供芯片的供应商。几乎所有的企业都有供应商，它们在企业商业模式的运作中起重要作用。

传统上，企业与供应商维持着一定距离的关系，并把它们看作竞争对手。需要某种零部件的生产企业往往与多个供应商联系，以寻求最优价格。如今，企业更多地将精力放在如何推动供应商高效率运作的层面上来。

（二）其他合作者

除了供应商，企业还需要其他合作伙伴来使商业模式有效运作。合资企业、合作网络、社会团体、战略联盟和行业协会是合作关系的一些常见形式。合作关系给企业带来更多的创新产品、更多有益的机会和高成长率。

创业者创建具有可持续竞争优势的新企业的能力，依赖于企业自身技能，也依赖于外部合作伙伴的技能。例如，合作伙伴关系有助于企业保持敏捷，集中精力发展核心竞争力。

当然，合作伙伴关系也包含着风险，在仅有的合作关系成为企业商业模式的关键要素时更是如此。由于种种原因，很多合作关系没能实现参与者初期的愿望。企业联盟也有一些潜在劣势，如专有信息丢失、管理复杂化、财务和组织风险、依赖伙伴的风险以及决策自主权的部分丧失等。

四、顾客界面

顾客界面是指企业如何与顾客相互作用。与顾客相互作用的类型依赖于企业选择如何在市场上竞争。例如，当当网只通过互联网销售书籍，而新华书店则通过传统书店和网络两种途径来售书。

对新创企业来说，顾客界面的选择对于它如何与对手竞争以及将它定位于产品或服务价值链的哪个环节非常重要。下面分别从目标市场、销售实现与支持、定价结构三个方面来表述顾客界面的内容。

（一）目标市场

目标市场是企业在某个时点追求或尽力吸引的有限的个人或企业群体。企业选择的目标市场影响它所做的每件事情，如获得战略资产、培育合作关系以及开展推广活动等。拥有清晰界定的目标市场将使企业受益。由于目标客户的明确界定，公司能够将自己的营销和推广活动聚焦于目标顾客，并且能够发展与特定市场匹配的核心竞争力。

（二）销售实现与支持

销售实现与支持描述了企业产品或服务"进入市场"的方式，或如何送达顾客的方法。它也指企业利用的渠道和它提供的顾客支持水平。所有这些都影响到企业商业模式的形式与特征。

假定有一家新创企业开发出一项移动电话技术,并为此申请了专利。为了形成自己的商业计划,企业在如何把该技术推向市场的问题上有几种选择。它可以将技术以特许经营方式转让给现有移动电话企业,如苹果公司和三星公司;自己生产移动电话,并建立自己的销售渠道;与某个移动电话公司(如 HTC)合作生产,并通过与移动电话服务提供商的合作关系来销售电话。

企业对销售实现与支持的选择,深刻地影响企业演化的类型以及开发的商业模式。例如,如果企业对它的技术进行特许经营,那么它很可能建立起一种强调研发的商业模式,从而使它不断获得领先的技术。

企业愿意提供的服务内容,也影响它的商业模式。有些企业将自己的产品和服务差异化,通过高水平的服务和支持向顾客提供附加价值。例如,送货和安装、财务安排、顾客培训、担保和维修、便利的经营时间、方便的停车场、通过免费电话和网站提供信息等。

(三) 定价结构

企业的定价结构随企业目标市场与定价原则的不同而变化。例如,有些租车企业收取日租金,另一些企业则按照行驶的公里数收取租金。有的咨询企业按照提供服务的次数收费,而另一些企业则按照时间收费。在某些情况下,企业还必须决定是直接向顾客收费,还是通过第三方间接收费。

总之,新创企业从整体角度审视自己,理解商业模式的重要作用,根据自身核心战略及资源优势构建适合的、有效的商业模式。

主题三　商业模式的价值逻辑

商业模式的盈利逻辑是基于企业战略产生,从内外部环境、市场、资源、产品/服务、价值主张等开始,是基于企业的产品/服务能力、价值网络关系、价值要素等的一种资源整合和价值匹配,是企业的一系列价值活动过程,是从价值发现到价值实现的过程。如图 6-1 所示:

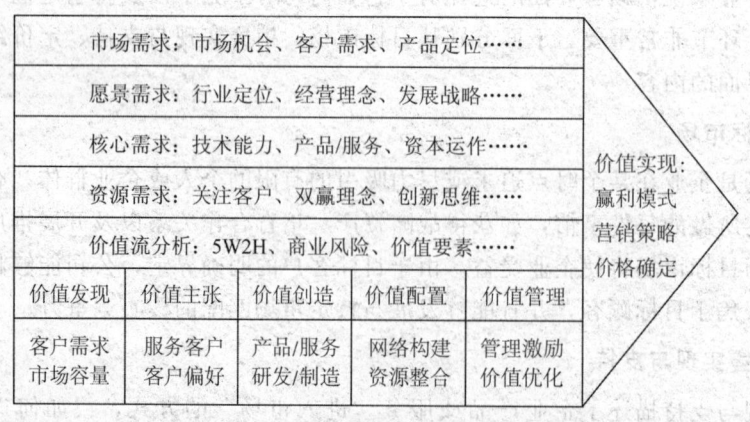

					价值实现:
市场需求:市场机会、客户需求、产品定位……					
愿景需求:行业定位、经营理念、发展战略……					
核心需求:技术能力、产品/服务、资本运作……					赢利模式
资源需求:关注客户、双赢理念、创新思维……					营销策略
价值流分析:5W2H、商业风险、价值要素……					价格确定
价值发现	价值主张	价值创造	价值配置	价值管理	
客户需求 市场容量	服务客户 客户偏好	产品/服务 研发/制造	网络构建 资源整合	管理激励 价值优化	

图 6-1　商业模式的盈利逻辑

一、价值发现

价值发现是基于企业愿景与目标,通过内外部环境的 SWOT 分析,对企业的战略进行定位,进而利用核心优势创造市场价值的过程。价值发现是建立在客户精准分析上的关注客户、思维创新、合作共赢、资源整合等一系列理念的应用。价值发现主要立足于发现市场需求,深入分析企业的价值链环节和客户需求,判定企业的利润区分布和市场容量,分析产品/服务的市场价值。客户需求的空间是无限的,因此,企业必须持续不断地发现市场需求,适时调整并设计商业模式,抓住并掌握企业发展的时机和机遇。

一种优秀的商业模式,首先考虑的不应是能给企业带来什么,而是能给客户带来什么。一种商业模式所提供的生活方式或生产方式能否得到客户响应,关键在于其是否符合客户价值。价值发现,决定利润的来源。

二、价值主张

价值主张是公司通过其产品和服务所能向消费者提供的价值。一个能为参与者理解且接受的价值主张应该能使每一个参与者都增加其经济效用。价值主张的阐释必须清楚、准确。如果价值主张表述得太复杂,会使顾客在购买的时候产生犹豫。价值主张必须要对客户及其偏好深刻理解,必须是真实的、可信的、独特的,具有销售力。价值主张的渗透力越强,就越能打动消费者的心,通过产品或服务创造价值就越持久。

三、价值创造

价值创造是指价值是如何被创造出来的,即价值的源泉是什么。商业模式是企业创新的焦点和企业为自己、供应商、合作伙伴及客户创造价值的决定性来源。产品研发与制造或服务是公司价值创造的核心。越来越多的顾客开始参与公司的价值创造活动,无论对于产品开发还是服务提供,顾客参与都是价值创造的重要来源。商业模式价值创造主要在于便捷性、成本低廉、新颖性、用户黏性、锁定、创新性。亚马逊在图书市场能脱颖而出正是凭借其网络图书销售的方便快捷和成本低廉。此外,公司提供给顾客的往往既有产品也有服务,两者之间的区别正在逐步缩小乃至消除。正如自动取款机,取款业务的重新安排给顾客提供了一种新价值,顾客取款不再受时间和地点的限制。

四、价值管理

价值管理本质上是一种管理模式、一整套指导原则,是一种以促进组织形成注重内外部业绩和价值创造激励的战略性业绩计量过程。价值管理能够传承落实公司的远景,设定员工守则、工作信条等方法,通过团队激励和价值优化等核心内容,沟通组织内外部,凝聚组织与个人目标成为共同信念，增加组织成员与顾客满意度，提高组织持续竞争力。价值管理取决于企业价值和企业的经营目的。

五、价值配置

价值配置是资源和活动的配置。价值配置是为了企业资源和能力的有效配置和协同发展。价值配置涉及价值链的各个环节，涵盖了企业的整个运营流程。价值配置能有效整合价值网络中的各种资源，实现资源的最佳利用，促进网络价值创造活动，实现优化产出。价值配置以利益相关者需求满足和合作共赢为目标，以利益相关者价值网络构建为核心，通过对资源和活动的有效整合与配置，建立合作共赢的价值网络体系。

六、价值实现

价值实现是指企业创造的价值被市场认可并接受，完成要素投入到要素产出的转化。价值实现主要是依靠一系列商业策略来完成的。微利时代的到来使得企业需要依靠独特的价值主张吸引更多的用户来获取利润。

基本流程与方法

一、商业模式设计的五个步骤

（一）第一步，界定和把握利润源——顾客

利润源是指购买企业商品或服务的顾客群，它们是企业利润的唯一源泉。利润源及其需求的界定，决定了企业为谁创造价值。顾客群分为主要顾客群、辅助顾客群和潜在顾客群。好的目标顾客群，一是要有清晰的界定，没有清晰界定的顾客群往往是不稳定的；二是要有足够的规模，没有足够的顾客群规模企业的业务规模必然受到局限；三是企业要对顾客群的需求和偏好有比较深的认识和了解。

设计商业模式的时候，首先需要分析顾客需求，目的就是要为产品寻找能够比较容易呈现价值的顾客群。一般来说，企业赢利的难度并非在技术与产品端，而主要还是在顾客端。有时纵然是把握好企业顾客的一点点需求，也可能产生巨大的顾客价值。

分析和把握顾客需求，并寻求产品在市场中的最佳定位，是设计商业模式的一项首要工作。

（二）第二步，不断完善企业利润点——产品

利润点是指企业可以获取利润的、目标顾客购买的产品或服务。利润点决定了企业为顾客创的价值是什么，以及企业的主要收入及其结构。

好的利润点是顾客价值最大化与企业价值最大化的结合点，它要求一要针对目标顾客的清晰的需求偏好，二要为目标顾客创造价值，三要为企业创造价值。有些企业的产品和服务或者缺乏顾客的针对性，或者根本不创造利润，就不是好的利润点。

（三）第三步，打造强有力的利润杠杆，构筑商业模式内部运作价值链

打造利润杠杆，规划企业内部运作价值链是商业模式设计与完善的重要内容，它决定了产品或服务是否为企业带来价值和带来价值的多少。企业利润杠杆主要包括组织与机制杠杆、技术与装备杠杆、生产运作杠杆、资本运作杠杆、供应与物流杠杆、信息杠杆、人力资源杠杆等。这些内部运作活动可以清楚界定企业的内部运作的成本及其结构以及计划实现的利润目标。

将没有竞争优势的企业内部价值链外包，是打造利润杠杆的一条有效途径。很多公司意识到在一个非常长而复杂的企业内部价值链上，他们也许只能在价值链的3至4个环节具有高度竞争力，但要想在所有环节上都具有竞争力是不太可能的，而一旦认识到企业内部价值中的优势环节，就应该把公司定位在那个位置，将其他部分以签约方式外包给别的公司，从而使利润杠杆更加有力。

同样的产品，由于利润杠杆不同，或者说由于企业内部运作价值链的差异，导致了产品的成本与收益迥异，一个企业可能赚钱，另一个企业可能亏损。这足以说明，利润杠杆决定了企业利润的多寡。

（四）第四步，疏通拓宽利润渠，构筑商业模式外部运作价值链

利润渠，即企业向顾客供应产品和传递产品信息的渠道，是商业模式得以正常运作必不可少的外部价值链。产品或服务的价值传递是企业把产品和服务传递给目标客户的分销和传播活动，目的是便于目标客户方便购买和了解公司的产品或服务。

（五）第五步，建立有效的利润屏障

利润屏障是指企业为防止竞争者掠夺本企业的目标客户，保护利润不流失而采取的战略控制手段。利润杠杆是撬动"奶酪"为我所有，利润屏障是保护"奶酪"不为他人所动。

比较有效的利润屏障主要有建立行业标准、控制价值链、领导地位、独特的企业文化、良好的客户关系、品牌、版权、专利等。

创业面对的是一种不确定性极高的未来环境，而市场信息也无法全盘取得，因此没有一个商业模式能确保未来利润一定会被实现。在设计与执行商业模式的时候，一定要保持未来需要调整弹性，需要随环境变动，在执行时保持高度的弹性。

二、用七个问题完善商业模式

同学们可通过以下七个问题，分析评估创业项目商业模式存在的问题与风险，并在此基础上进行商业模式的完善。这七个问题如下：

问题一：客户的"转移成本"有多高

转移成本是指客户从一个产品（或服务）转移到另一个产品（或服务）所需的时间、

精力或者金钱。"转移成本"越高，客户就越忠实于某项产品（或服务），不会轻易离开去选择竞争对手的服务。

将"转移成本"融入商业模式中一个很成功的例子是苹果 iPod 的产品。这是一个专注于存储的产品创新，也是一个商业模式策略，让消费者将音乐拷贝进 iTunes 和 iPod 里，这种方式会让用户一旦用了这个产品以后很难再用其他竞争对手的数字音乐播放器。仅仅是用户这一点选择偏好，就为苹果后来强大的音乐中心和创新打下了坚实基础。

问题二：商业模式的扩展性怎样

扩展性是指在没有增加基本成本的情况下，能很容易地拓展商业模式，赢得利润。基于软件和互联网的商业模式比基于砖头和水泥的商业模式有天然的扩展性。

问题三：能否产生可循环的经济价值

循环价值有两个主要的优势：第一，对于重复销售，成本只产生一次；第二，可以有更多更好的想法来构想未来怎样赚更多的钱。

还有另外一种循环价值形式：从之前的销售中获取增值收入。比如，人们买一个打印机，需要持续购买墨盒，或者人们购买一个苹果手机，在从硬件销售中赚得利润的同时，还可以获得来自内容和 APP 的稳定增长收益。

问题四：是否可以在你投入之前就赚钱

毫无疑问，每个创业者都希望在投入之前就获得收入。

戴尔就把这种模式运用到电脑硬件设备制造的市场上。通过直销建立的装配订单，避免硬件市场可怕的库存积压成本。戴尔取得的成功就显示了其在投入之前就赚钱的力量。

问题五：怎么样让用户为你工作

这可能是商业模式设计上最具有杀伤力的武器。如宜家就让顾客自己组装在店里购买的家具；Facebook 让顾客上传照片，参加对话以及"喜欢"某样东西，这正是 Facebook 的真正价值——公司只提供平台，内容全部由用户创造，而公司却挣得天文数字般的利润。

问题六：是否具有高壁垒，以防止竞争对手模仿

一个优秀的商业模式不仅能够为顾客提供优秀的产品，还可以使企业保持长时间的竞争优势。

苹果主要的竞争优势来自于其商业模式而不是单纯的产品创新。对三星来说，模仿苹果的产品比建一个像苹果那样的应用商店生态系统要容易得多。所以，三星无论产品做多么好，它仍然很难撼动苹果的地位。

问题七：是否建立在改变成本结构的基础上

降低成本是创业者的长期追求，有的商业模式不仅可以降低成本，更能够创造出一个与以往完全不同的成本结构。

比如，巴帝电信——印度最大的移动运营商，一直在通过摆脱网络和 IT 的束缚来完善它的成本结构。该公司通过与网络装备制造商爱立信和 IBM 合作，通过购买宽带容量来降低成本。如今，巴帝电信已经能够提供全球价格最低的移动电话服务。

当然，没有一个商业模式设计能一一对应以上七个问题并且得到完美的 10 分，不过有的却可能会在市场上成功。对创业者而言，时刻用这七个问题提醒自己，有助于企业保

持长久的竞争力。

【延伸阅读】

十种创新的商业模式案例

（一）大疆——消费级无人机市场的霸主

企业介绍：深圳市大疆创新科技有限公司，是全球领先的无人飞行器控制系统及无人机解决方案的研发和生产商，客户遍布全球100多个国家。它占据着全球70%的无人机市场份额。

创新性：无人机以前主要是应用在军事方面，而大疆是第一个将无人机应用在商业领域并获得成功的企业。大疆无人机如今已被应用在军事、农业、记者报道等方面，是可以"飞行的照相机"。

短评：这家公司将目标受众从业余爱好者变成主流用户，而且它在这一过程中还能占据市场的主导地位，这种成功的案例在科技行业发展史上实属罕见。

（二）滴滴巴士——定制公共交通

企业介绍：继快车、顺风车之后，滴滴出行旗下巴士业务"滴滴巴士"也已上线。目前滴滴巴士已经在北京和深圳拥有700多辆大巴、1000多个班次。

创新性：滴滴巴士是第一个尝试将巴士进行多场景应用的定制巴士。滴滴巴士是关于定制化出行的城市通勤定制服务。它根据大数据测算并推出城市出行新线路。滴滴巴士还将巴士进行多场景应用，比如旅游线路定制、商务线路定制等扩展了巴士出行的场景。

短评：城市通勤定制服务出现的时间并不长，却发展很快。它是关于定制化出行的一种初步尝试。事实上，做定制服务的门槛其实是极高的，而滴滴巴士母公司滴滴出行的互联网技术和用户基础为其创造了有利条件。

（三）百度度秘——表面它陪你聊天，其实你陪它消费

企业介绍：度秘是百度全新推出的，为用户提供秘书化搜索服务的机器人助理。

创新性：度秘将人工智能带到了可以广泛使用的场景中，是百度强大的搜索技术和人工智能的完美结合体，可以用机器不断学习和替代人的行为。

短评：提起百度就是竞价排名，如今度秘终于可以升级这个原始的广告模式了。百度推出的度秘是聊天机器人＋搜索引擎＋垂类O2O的整合型产品。它把现在互联网最热最精尖的技术全集合在了一起，将生态完善化繁为简，满足了"懒人"夙愿。

（四）人人车——"九死一生"的C2C坚挺的活了下来

企业介绍：人人车是用C2C的方式来卖二手车，为个人车主和买家提供诚信、专业、便捷、有保障的优质二手车交易。

创新性：它首创了二手车C2C虚拟寄售模式，直接对接个人车主和买家，砍掉中间环节。该平台仅上线车龄为六年且在10万公里内的无事故个人二手车，卖家可以将爱车卖到公道价，买家可以买到经专业评估师检测的真实车况的放心车。

短评：C2C虚拟寄售的模式被描述为"九死一生"，是因为：第一，二手车属非标品；第二，卖车人和买车人两端需求是对立的；第三，国内一直缺乏第三方中立的车辆评估，鱼龙混杂。因此二手车C2C交易困难重重、想法大胆又天真。人人车不被看好却能逃过"C轮死"的魔咒，是因为其省去所有中间环节，将利润返还与消费者。

（五）e袋洗——力图用一袋衣服撬动一个生态

企业介绍：e袋洗是由20余年洗衣历程的荣昌转型而来的O2O品牌，采取众包业务模式，以社区为单位进行线下物流团队建设，即在每个社区招聘本社区中40~60个人员作为物流取送人员。

创新性：e袋洗是第一个以洗衣为切入点进入整个家政领域的平台。e袋洗的顾客主要是80后，洗衣按袋计费：99元按袋洗，装多少洗多少。e袋洗致力于将幸福感作为商业模式的核心和主导，推出新品小e管家，通过邻里互助去解决用户需求，满足居民幸福感。小e管家在小e管洗、小e管饭的基础上，计划推出小e管接送小孩、小e管养老等服务，以单品带动平台，从垂直生活服务平台转向社区生活共享服务平台，以保证C2C两端供给充足。

短评：e袋洗在搭建成熟的共享经济平台后，不断延伸出更多的家庭服务生态链，打造一种邻里互动服务的共享经济生态圈。集合社会上已有的线下资源，通过移动互联网实现标准化、品质化转变，帮助人们在生活中获得更便利、个性的服务。

（六）众享网——全球首个多维共享增值服务平台

企业介绍：众享网是一个基于最新的移动互联网科技，颠覆传统商业模式和消费模式的创新型增值服务平台，涵盖O2O与F2C两大业务板块、结合独特的会员制体系，旨在通过线上线下资源的高效整合与流通，为平台使用者带来便捷、高品质的生活消费体验与长期、稳定、高附加值的复合增值服务。它以众享网APP和网上商城、线下体验中心为载体，采用独创的"O2O+F2C+会员制"模式，为全行业的厂家、商家及消费者打造一个多维共享的增值服务平台。

创新性：众享网采用的"O2O+F2C+会员制"的模式，与单纯的O2O模式或单纯的F2C模式有明显的区别，更具整合性与黏性。通过对资源的高度整合，能为消费者提供涵盖吃、穿、住、行、教育、医疗、养老等所有生活所需的一切产品和服务。众享网的会员制，是通过将商家的返佣重新分配，二次返利给商家和消费者，这更是将消费者的短期利益与长久增值有机结合起来：会员不仅可以享受折扣优惠，还能获得额外的积分返点。众享平台更是可以根据积分，为会员进行股权投资，可帮会员交医疗补充险，解决医疗难问题。

短评：什么是互联网+？什么是供给侧改革？众享网用它的创新模式给出了答案。当互联网变得无孔不入，单纯的O2O与F2C都已显得过于局限，唯有跨界的高度整合与共享，才是真正的大格局、大利益。更了不起的是，众享网倡导厂家、商家和消费者通过分享自有产品、服务和信息等，实现资源的共享和增值，构建一个基于"资源共享，消费增值"的良性经济循环系统，将短期利益与长久增值巧妙结合起来，这才是真正的可持续发展，这才是真正的绿色未来！

（七）干净么——餐饮界的360，免费还杀毒

企业介绍：干净么是一个互联网餐饮安全卫生监管平台，基于移动互联网并连接各

个环节、各个部门的第三方卫生监管平台，同政府、媒体、商家、用户等多方互动来进行监管。目前在干净么的 APP 上有几百万条数据，15 万家餐厅的食品安全等级评价。

创新性：它是第一家利用互联网思维来做食品安全的第三方平台，不仅对餐饮商家进行测评、监管，还包含学校、幼儿园、单位食堂等在内，用户可以查阅自己感兴趣商家的卫生安全等级，从而判断是否就餐。

短评："干净么"就好比餐饮界的360，免费还杀毒，目标就是通过扬善惩恶使餐饮行业进入良性竞争循环。食品安全需要社会共治，干净么就是连接政府、媒体和消费者的一个纽带。

（八）很久以前——不久的将来给小费将成为常态

企业介绍：很久以前是北京簋街一家烧烤店，店内推出的打赏制度被各大餐饮集团引用。

创新性：第一家将餐厅给小费的形式进行互联网思维改良的餐厅。

打赏制度：打赏金额为4元，打赏人是到店里用餐的顾客，被打赏人是前厅员工，包括服务员、传菜工、保洁人员、炭火工。

打赏规则：(1) 前厅员工可以向顾客介绍打赏活动，但只能提一次；(2) 前厅员工不能向顾客主动索取打赏。展现形式：店内、餐桌展示牌及员工胸牌上印有活动内容——"请打赏：如果对我的服务满意"，吸引顾客眼光。

短评：可别小看了打赏这个小制度，已经有很多的餐饮连锁巨头开始使用这个制度了。4元钱顾客买不了吃亏，买不了上当，却买了一个好的服务，也给服务员多一收入途径。你别嫌少，积少成多可是大大提升了服务员的积极性。

（九）多点（Dmall）——不是多点少点的问题而是快点

企业介绍：多点是一个以超市为切入口的O2O生活服务平台，将日常生活消费和生鲜产品作为突破口。

创新性：多点的创新点与京东到家、天猫超市等截然不同。它与商超之间完成系统上的对接：可以通过深度整合的系统动态地获取商超库存价格等重要数据，同时，多点通过数据分析及供应链控制能力，将C2B模式引入商超可以解决其生鲜进销问题。同时，多点自建物流，有自己的配送员。在用户下单后，多点会和合作商家一起分拣货物，然后送货上门。

短评：用户从下单到收获，全程所花时间不超过1小时，多点可以说是用户的网上超市，只不过模式比较轻，也比较快。

（十）云足疗——上门服务中的垂直环节

企业介绍：云足疗用户通过APP或微信、电话预约，可以随时随地享受足疗、修脚、理疗服务。用户可以根据云足疗平台上项目、价格、距离、籍贯等信息，选择符合自己要求的服务项目、服务师傅。

创新性：云足疗是第一家上门足疗O2O平台。云足疗砍掉了足疗店等中间环节，让技师和顾客实现无缝对接，不仅解放了长期局限在足疗店的技师们，让他们获得了比同行更高的薪资，同时也让顾客体验到低价便捷的优质上门养生服务。云足疗率先实现了上门足疗服务的标准化，平台通过面试、实名认证、技能考核、系统培训等严格筛选，来保障上线的技师的专业技能和高服务水准。

短评：云足疗属于上门服务中的垂直环节，在O2O垂直领域是值得开发的沃土。团队15年服务行业的线下实体店的经验，是其能够在资本寒冬中获得融资的关键。

三、检验与评价商业模式的方法

（一）商业模式的两种检验方法

成功的商业模式一定是一种有效的赢利模式。商业模式必须经受逻辑检验和赢利检验。

1. 逻辑检验

即从直觉的角度考虑商业模式描述的逻辑性，隐含的各种假设是否符合实际或在道理上说得通。商业模式的逻辑检验要重点从以下几个方面进行：

（1）谁是自己的顾客？
（2）顾客重视的价值是什么？
（3）商业参与各方的动机和目的是什么？
（4）自己的商业模式的与众不同之处是什么？

通过分析以上商业模式的基本逻辑是否符合常识，商业模式的潜在优势和限制因素，可以判断出商业模式的逻辑是否顺畅。

2. 赢利性检验

商业模式的赢利性检验，重点通过以下四个方面的分析来确定。

（1）基于损益表的检验。
（2）基于资产负债表的检验。
（3）商业怎么实现良性循环。
（4）瓶颈在什么地方。

对市场的规模和赢利率、消费者的消费行为和心理、竞争者的战略和行动进行分析和假设，从而估计出关于成本、收入、利润等量化的数据，评价经济可行性。当测算出的损益达不到要求时，则该商业模式不能通过赢利性检验。

（二）商业模式的设计评价

1. 商业模式的适用性

适用性也可以称之为个性，是商业模式的首要前提。由于企业自身情况千差万别，市场环境变幻莫测，商业模式必须突出一个企业不同于其他企业的独特性。这种独特性表现在它怎样为自己的企业赢得顾客、吸引投资者和创造利润。严格地说，一个企业的商业模式应当仅仅适用于自己的企业，而不可能为其他企业原封不动地搬过去。商业模式没有好坏之分，只有是否适用的区别。适用的就是好的，适用较长久的就是最好的。

2. 商业模式的有效性

有效性是商业模式的关键要素。在经济全球化、信息化的今天，无论哪个行业或企业，都不可能有一个万能的、单一的商业模式，用来保证自己在各种条件下均产生优异的财务结果。因此，评价商业模式的好坏，最根本的一条在于它的有效性。有效的商业模式是企业在一定时期、一定条件下，能够选择的为自己带来最佳效益的有效的盈利战略组合。

根据埃森哲咨询公司对70家企业的商业模式所做的研究分析，这种盈利战略组合应当具有以下三个共同特点：

（1）它必须是能提供独特价值的。这个独特价值可能是新的思想也可以是产品和服务独特性的组合。这种组合要么可以向客户提供额外的价值，要么使得客户能用更低的价格获得同样的利益，或者是用同样的价格获得更多的利益。

（2）它必须是难以模仿的。企业通过确立自己与众不同的商业模式，如对客户的悉心照顾、无与伦比的实力等，来提高行业的进入门槛，从而保证利润来源不受侵犯。

（3）它必须是脚踏实地的。脚踏实地就是实事求是，就是把商业模式建立在对客户行为的准确理解和把握上。

所以，有效的商业模式是丰富和细致的，并且它的各个部分要互相支持和促进，改变其中任何一个部分，它就会变成另外一种模式。搞得不好，就可能影响它的有效性。

3. 商业模式的前瞻性

前瞻性是商业模式的灵魂所在。商业模式是与企业的经营目的相联系的，一个好的商业模式要和企业比较高的目的相结合。商业模式实际上就是企业为达到自己的经营目的而选择的运营机制。企业的运营机制反映了企业持续达到其主要目标的最本质的内在联系。企业以盈利为目的，它的运营机制必然突出确保其成功的独特能力和手段——吸引客户、雇员和投资者，在保证盈利的前提下向市场提供产品和服务。但是，仅仅如此是不够的，因为这只是商业模式的"现在式"，而商业模式的灵魂和活力则在于它的"将来式"，即前瞻性。也就是说，企业必须在动态的环境中保持自身商业模式的灵活反应、及时修正、快速进步和快速适应。

（三）商业模式的实施评价

商业模式设计的是否理想，实施商业模式后能否真正达到期望的效果，通常需要从以下三个角度进行评价：

1. 客户价值实现的程度

创业者所设计的商业模式是否合理，首先要审视该模式对于创业团队所构想的"价值体现"的实现程度，即该商业模式能够在多大程度上实现创业团队原本拟为客户创造并传递的价值。而要回答这一问题，创业者一是需要评价该商业模式可能为客户创造并传递的价值是不是原本拟创造的价值。例如，创业者原本打算为客户创造"节能"的价值，但通过所设计的商业模式，是不是真的就能帮助客户节能。二是需要评价该商业模式实现拟定价值的程度。如前假设，如果所设计的商业模式能够为客户提供"节能"的价值，则还需要进一步评价该商业模式能够为客户"节能"的程度大小。

2. 客户价值实现的可靠性

多数商业活动都存在风险，创业者借助所设计的商业模式为客户提供价值，存在着可靠性问题。创业者在设计特定商业模式之后，需要评价其能够在多大程度上为客户可靠的提供拟定的价值。显然，只有那些能够可靠地为客户创造拟定价值的商业模式，才是可取的。商业模式的可靠性评价，相当程度上是商业模式的风险评价。相应地，既需要搞清特定商业模式的系统风险和非系统风险，还需要搞清各种具体风险的程度大小。只有搞清了各种可能的风险，才能称之为对特定商业模式的可靠性进行了较为充分的评价。

3. 客户价值实现的效率

如果估计特定商业模式能够较为可靠地为客户提供拟定的价值，还需要进一步分析该商业模式为客户创造与传递价值的效率。在商业模式的顶层设计中，价值创造方式和价值传递方式二者共同决定客户价值的实现效率。创业者评价客户价值的实现效率，一是要评价特定商业模式为客户创造价值的效率，二是需要评价特定商业模式为客户传递价值的效率。而最终效率的形成，则是价值创造和价值传递两个效率的"乘积"，而不是两个效率的"相加"。只有特定商业模式的价值创造效率和价值传递效率都很高时，创业者才可能以较高的效率为客户提供价值；反之，如果其中任何一个环节的效率较低，都可能降低创业者为客户提供价值的效率。

课堂活动

活动一 "硬币"带来的创业机会

情景：

一名普通的大学生，利用闲暇时间做勤工俭学，在学生公寓打扫卫生。

第一次打扫学生公寓时，他在墙角、桌缝、床铺下扫出了许多沾满灰尘的硬币，这些硬币有1角、5角和1元的。

他将这些硬币还给同学时，谁都没有表现出丝毫的热情……

请根据以上背景信息，讨论：

1. 有哪些创业机会？
2. 创业项目可能的盈利模式是什么？
3. 基于价值链的商业模式盈利逻辑，给出价值发现、价值主张、价值创造、价值管理、价值配置和价值实现各部分具体内容要点。

活动二 商业模式画布练习

春雨医生拥有目前世界上最全的移动疾病数据库，所有数据均来自于权威医典。同时，春雨医生还可以根据地理位置定位帮助用户寻找到符合自身需求的医生、医院、药房。当用户通过自查无法确认自己的疾病信息的时候，还可以通过春雨医生免费咨询拥有医师资格证书的专业医生。

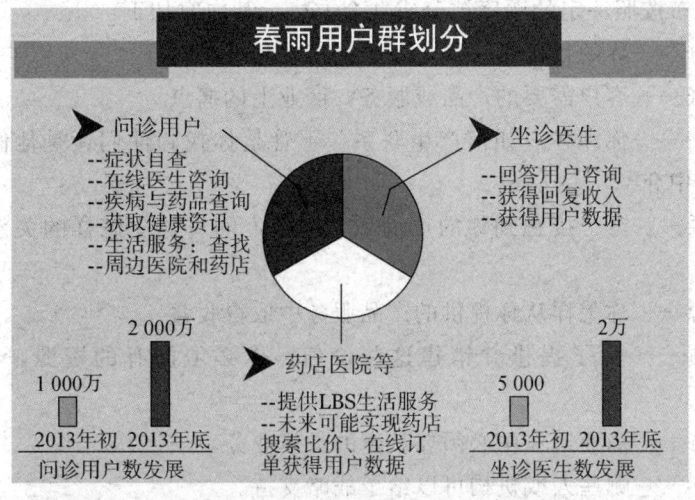

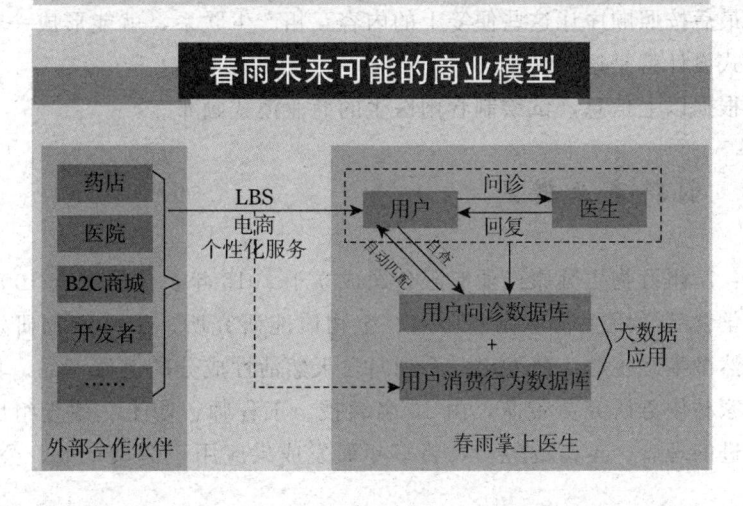

春雨用户群划分

问诊用户
- 症状自查
- 在线医生咨询
- 疾病与药品查询
- 获取健康资讯
- 生活服务：查找
- 周边医院和药店

坐诊医生
- 回答用户咨询
- 获得回复收入
- 获得用户数据

药店医院等
- 提供LBS生活服务
- 未来可能实现药店搜索比价、在线订单获得用户数据

问诊用户数发展：1 000万（2013年初）→ 2 000万（2013年底）

坐诊医生数发展：5 000（2013年初）→ 2万（2013年底）

春雨掌上医生功能构成

问诊：提供免费（限次数）与付费问诊，免费问诊费由春雨付给医生

自查：用户描述症状后系统匹配问题数据库中的相关答复

百科：提供疾病库与药品库，其中药品库连通LBS

LBS服务：根据用户地理位置，为用户快速找到周边药店、医院

新闻：为用户提供健康知识与健康新闻推送

春雨未来可能的商业模型

外部合作伙伴：药店、医院、B2C商城、开发者……

LBS 电商 个性化服务

春雨掌上医生：用户 ⇄ 医生（问诊/回复），自动匹配 → 用户问诊数据库 + 用户消费行为数据库 → 大数据应用商业模式画布是一种关于企业商业模式的思想，直观、简单、可操作性强。在创业项目和大公司中，商业模式画布都起到了健全商业模式、将商业模式可视化及寻找已有商业模式漏洞的作用，在项目运作前常通过头脑风暴避免错误，减少失败决策带来的损失。

商业模式画布按照一定的顺序被分成九个方格，其内容如下：

- 客户细分——你的目标用户群，一个或多个集合。
- 价值主张——客户需要的产品或服务，商业上的痛点。
- 渠道通路——你和客户如何产生联系，不管是你找到他们还是他们找到你，比如实体店、网店、中介。
- 客户关系——客户接触到你的产品后，你们之间应建立怎样的关系，一锤子买卖抑或长期合作。
- 收入来源——你怎样从你提供的产品服务中取得收益。
- 核心资源——为了提供并销售这些价值，你必须拥有的资源，如资金、技术、人才。
- 关键业务——商业运作中必须要从事的具体业务。
- 重要伙伴——哪些人或机构可以给予战略支持。
- 成本结构——你需要在哪些方面付出成本。

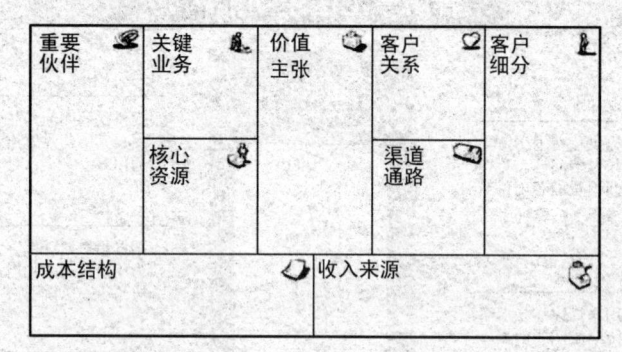

重要伙伴	关键业务	价值主张	客户关系	客户细分
	核心资源		渠道通路	
成本结构			收入来源	

同学们可以按照以上的顺序依次在九个板块里填写内容——最好是以便笺纸的形式，每张纸上只写一个点，直到每个板块拥有大量可选答案。然后，摘掉不好的便笺纸，留下最好的那些，最后按照顺序让这些便笺上的内容互相产生联系，就能形成一套或多套商业模式。商业模式设计就是这么简单。

请同学们根据以上信息，试绘制春雨医生的商业模式画布。

活动三　创新商业模式

项目简介：广州万物生健康产业有限公司成立于2015年，注册资金1000万元。公司与华南农业大学食品学院生物炼制实验室、生物质能研究所、天然产物研发中心合作研发，专注于天然微生态主题，研发出一系列富含天然活性成分的健康产品。项目由天然活性产物领域与家林俊芳研究员带队，由10名教授、工程师、博士、硕士组成的与家研发团队，凭借先进的理念、丰富的经验，将多年研发成果应用于健康产业，公司主营食品、保健品、护肤品三大领域，目前以线上线下两种渠道做营销推广和产品销售。已有两项专利被成功应用。

请同学们试分析该项目的商业模式，并给出评价。利用商业模式创新的逻辑与方法，构建一个创新的商业模式。

课外实践与作业反馈

商业模式设计与评价

1. 设计并创新商业模式，制作出商业模式画布

基于小组选择的创业项目，并根据本章理论方法，设计并创新一个符合逻辑的商业模式，凝练概要并制作自己的商业模式画布，填写在下图中：

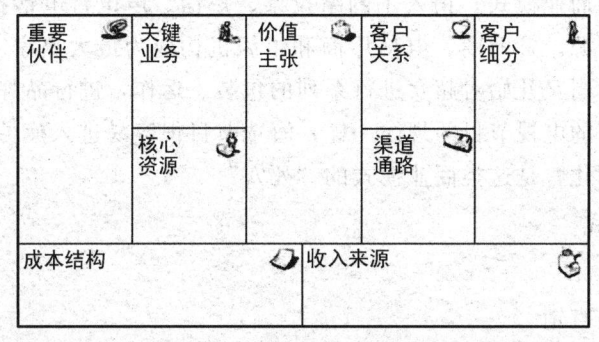

重要伙伴	关键业务	价值主张	客户关系	客户细分
	核心资源		渠道通路	
成本结构		收入来源		

2. 检验与评价商业模式，完善改进商业模式画布

根据本章内容方法，对上述设计的商业模式进行检验与评价。

3. 路演展示与比赛

各小组展示并路演自己的商业模式画布，并进行评比。评比标准如下：

主营业务	模式名称	独特价值	不可复制	可操作性	持续稳定	扩展延伸	整体协调	具盈利性	具创新性	总分	模式点评
		20	15	15	15	10	5	5	15	100	

延伸阅读

一、十种常见的商业盈利模式

（一）B2B 电子商务模式

代表：阿里巴巴

关键词：在线贸易、信用分析、商务平台

模式概述：阿里巴巴被誉为全球最大的网上贸易市场，不仅推动了中国商业信用的建立，也为广大的中小企业在激烈的国际竞争中带来更多的可能性。阿里巴巴汇聚了大量的市场供求信息，同时通过增值服务为会员提供了市场服务。

难题：中国电子商务整体环境始终困扰着 B2B 电子商务模式的发展，信用管理问题也同样突出。

（二）娱乐经济新模式

代表：湖南卫视"超级女声"

关键词：娱乐营销、整合营销、事件营销

模式概述：超级女声构筑了独特的价值链条和品牌内涵。从 2004 年起，超级女声通过全国海选的方式吸引能歌善舞、渴望创新的女孩子参赛，突破了原有电视节目单纯依靠收视率和广告赢利的商业模式，植入了网络投票、短信、声讯台电话投票等多个赢利点，并整合了大量媒体资源。赞助商、电信厂商和组织机构成为最大赢家。而在节目结束后，电视台所属的经纪公司又开始对超女进行系列的包装、运作，进行品牌延伸营销。

难题：如同所有的电视节目的规律一样，海选节目很容易进入疲劳期。消费者喜好的转移和市场的千变万化，是这类商业模式的"死穴"。

（三）新直销模式

代表：玫琳凯

关键词：多层次直销

模式概述：多层次人力直销网络是直销模式的根基，这张庞大的销售网上的每一个节点——每一个直销员，都具备经销商和消费者的双重身份。与面向终端消费者、以产品消费价值招徕顾客的常规企业不同，这种销售是面向小型投资主体——个人与家庭，招募他们为经销商，加入直销大军。

难题：政策约束和道德风险，是直销企业在中国发展的主要瓶颈。

（四）国美模式

代表：国美

关键词：资本运作、专业连锁、低价取胜

模式概述：家电在中国是成长性较好的商品之一，低价连锁的销售模式深得消费者的青睐。国美依靠资金的高周转率，以惊人的速度扩张，至今国美电器在多个城市拥有几百家直营门店。国美的扩张速度是世界知名的家电连锁巨擘百思买公司的 4 倍，利润主要来自供应商的返利和通道费。

难题：低价之外还需要更多的精细化管理，而凭借供应商的应收账款维持高速运转，不是长久之计。

（五）C2C 电子商务模式

代表：淘宝网、易趣网

关键词：网上支付、安全交易、免费模式、网络营销模式概述：淘宝网以连续数年免费的模式，将最大的竞争对手置于被动地位，并吸引了众多网上交易的爱好者到淘宝开店。淘宝网还打造了国内先进的网上支付平台"支付宝"，其实质是以支付宝为信用中介，在买家确认收到商品前，由支付宝替买卖双方暂时保管货款的一种增值服务。

难题：易趣网被淘宝网的免费战略打败，说明中国的消费环境尚不成熟。另外，网络支付的安全性也是挑战。

（六）分众模式

代表：分众传媒

关键词：新媒体、新蓝海、眼球经济

模式概述：其商业价值来源于让等电梯的写字楼白领观看液晶屏广告，给广告主提供准确投递广告的新媒体。IZO企业电视台有效地结合了网络、电视、视频通话技术，可谓最先进的技术手段相互融合造就的高品质的即时互动多媒体整合平台，是架构在企业网站上最新的媒体广告方式。它能够在企业网站上将宣传片等内容透过视频窗口在线播放，让企业可以轻松透过声音、影像及文字随时随地享受与世界互动互通。网民通过搜索引擎寻找到企业网站，并观看企业电视、了解企业文化、产品介绍等资讯，受众完全是自主选择的，不带有任何强制性的，这样的主动寻求而非被动接受使得受众更易产生兴趣及购买欲望。无论是对政府网站、城市门户网站还是数以千万的企业网站，IZO企业电视都是一个极佳的广告宣传方式。IZO企业电视台被业内认为是唯一有望超越分众的网络新媒体。

（七）虚拟经营模式

代表：耐克

关键词：虚拟经营、外包

模式概述：美国耐克公司是服装业虚拟经营的典范。耐克公司把精力主要放在设计上，具体生产则承包给劳动力成本低廉的国家和地区的厂家，以此降低生产成本。这种虚拟制造模式使耐克得以迅速在全球拓展市场。近年来，耐克试图转变既有的产品驱动型的商业模式，进而发展成为通过全球核心业务部门的品类管理，推动利润增长的、以客户为中心的组织。

难题：由于中国各地OEM厂商产能有限，供货商队伍过于庞大分散，引起了品牌企业的经营和管理成本上升，对创业企业的管理能力也提出了挑战。

（八）经济型连锁酒店模式

代表：如家

关键词：酒店连锁、低价

模式概述：如家未必是中国经济型酒店的"第一人"，却是迅速将连锁业态的模式运用于经济型酒店的革命者。由于快速加盟、复制、扩张，如家快捷酒店及时地占据了区位优势，在众多的同行业竞争者中率先赢得华尔街的青睐，于2006年10月26日成功登陆纳斯达克。

难题：中国的不同城市差异巨大，如何在维持低成本运作的前提下，以相对统一的服务品质，保证在各个城市均获得成功是个难题，而众多的加盟店管理不善也会影响品牌形象。

（九）网络游戏模式

代表：盛大

关键词：免费模式、互动娱乐

模式概述：盛大独自开创了在线游戏的商业模式。在2005年12月，盛大主动宣布转变商业模式，将自己创造的按时间收费的点卡收费模式，改为实施道具增值服务的计费模式。盛大希望以一种有效的运转模式发现和满足用户需求，延长游戏的生命期，并为公司的互动娱乐战略提供更持久的现金流。

难题：无论收费还是免费，只有依靠好的游戏产品，才能在市场上长期立足。

（十）网络搜索模式

代表：百度

关键词：竞价排名、网络广告、搜索营销

模式概述：搜索引擎已彻底改变了人们的生活方式，其中竞价排名是搜索最主要的收入来源。百度的收入对竞价排名的依赖程度很高，实质类似于做广告，即客户通过购买关键词搜索排名来推广自己的网页，并按点击量进行付费。由于网页左右两边都包含有竞价排名的结果，搜索者很难清晰地辨别哪些搜索结果是付费的。

难题：单一搜索门户所采用的竞价排名商业模式，很容易影响搜索结果的客观性，造成用户的忠诚度下降。另外，如何识别无效点击或欺骗性点击的技术，也是竞价排名搜索模式需要解决的问题。

二、商业模式创新的十种类型

德布林咨询公司在研究了近2000个最佳创新案例后，发现所有伟大的创新都是十种基本创新类型的某种组合。这十种创新类型是：

（一）盈利模式创新

盈利模式创新指的是公司寻找全新的方式将产品和其他有价值的资源转变为现金。这种创新常常会挑战一个行业关于生产什么产品、确定怎样的价格、如何实现收入等问题的传统观念。溢价和竞拍是赢利模式创新的典型例子。

（二）网络创新

在当今高度互联的世界里，没有哪家公司能够独自完成所有事情。网络创新让公司可以充分利用其他公司的流程、技术、产品、渠道和品牌。悬赏或众包等开放式创新方式是网络创新的典型例子。

（三）结构创新

结构创新是通过采用独特的方式组织公司的资产（包括硬件、人力或无形资产）来创造价值。它可能涉及从人才管理系统到重型固定设备配置等方方面面。结构创新的例子包括建立激励机制，鼓励员工朝某个特定目标努力，实现资产标准化从而降低运营成本和复杂性，甚至创建企业大学以提供持续的高端培训。

（四）流程创新

流程创新涉及公司主要产品或服务的各项生产活动和运营。这类创新需要彻底改变以往的业务经营方式，使得公司具备独特的能力，高效运转，迅速适应新环境，并获得领先市场的利润率。

（五）产品性能创新

产品性能创新指的是公司在产品或服务的价值、特性和质量方面进行的创新。这类创新既涉及全新的产品，也包括能带来巨大增值的产品升级和产品线延伸。产品性能创新常常是竞争对手最容易效仿的一类。

（六）产品系统创新

产品系统创新是将单个产品和服务联系或捆绑起来创造出一个可扩展的强大系统。产品系统创新可以帮助你建立一个能够吸引并取悦顾客的生态环境，并且抵御竞争者的侵袭。典型案例是宝洁公司。

（七）服务创新

服务创新保证并提高了产品的功用、性能和价值。它能使一个产品更容易被试用和享用，它为顾客展现了他们可能会忽视的产品特性和功用，它能够解决顾客遇到的问题并弥补产品体验中的不愉快。海底捞火锅是其中的典型案例。

（八）渠道创新

渠道创新包含了将产品与顾客和用户联系在一起的所有手段。虽然电子商务在近年来成了主导力量，诸如实体店等传统渠道还是很重要——特别是在创造身临其境的体验方面。这方面的创新老手常常能发掘出多种互补方式将他们的产品和服务呈现给顾客。

（九）品牌创新

品牌创新有助于保证顾客和用户能够识别、记住你的产品，并在面对你和竞争对手的产品或替代品时选择你的产品。好的品牌创新能够提炼一种"承诺"，吸引买主并传递一种与众不同的身份感。

（十）顾客契合创新

顾客契合创新是要理解顾客和用户的深层愿望，并利用这些了解来发展顾客与公司之间富有意义的联系。顾客契合创新开辟了广阔的探索空间，帮助人们找到合适的方式把自己生活的一部分变得更加难忘、富有成效并充满喜悦。

只选择一两种创新类型的简单创新不足以获得持久的成功，尤其是单纯的产品性能创新，很容易被模仿，被超越。企业需要综合应用上述多种创新类型，才能打造可持续的竞争优势。

专家视点

商业模式不是创业成功的首要因素

格罗斯,全球债券市场主要操盘手,华尔街称他是"安静的巨鲨"。在 20 年内,他把一个小创业公司打造成由 100 多个公司组成的商业帝国。格罗斯相信创业组织是美化世界的最伟大方式之一,如果给一群人适当的股权激励,让他们一起创业开公司,他们将前所未有地释放潜能,并取得不可思议的成就。

格罗斯总结出了五个决定创业成败的关键因素,具体分析如下:

第一重要的是时机,决定公司成败的因素中,时机独占 42%,团队和执行力排第二位,然后是创意。当然并不是说创意不重要,但创意不是最重要的,有时时机恰当更重要。最后两个是商业模式和资金。商业模式排名靠后可以理解,因为没有商业模式也可以创业,如果产品有销量,可以再增加商业模式。融资也是这样,如果一开始资金不足,但你受欢迎,尤其是在当今时代,融到大量资金轻而易举。

众所皆知,Airbnb 极其成功,很多聪明的投资者却与之失之交臂,因为那时人们想:没人会把自家房间租给陌生人,当然事实证明这个想法错了。但促使 Airbnb 成功的,除了好的商业模式、创意和执行力,剩下的莫过于时机了。Airbnb 公司在经济萧条顶峰中应运而生,那时人们需要额外收入,这种需要大概促使大家克服了拒绝把家租给陌生人的心理障碍。

Uber 也一样,它一问世,就展现了不可思议的公司形象和商业模式,还有出色的执行力。但最完美的是他们把司机纳入系统的时机,司机急需赚外快,这点非常重要。

格罗斯认为,执行力和创意至关重要,但相比,时机乃重中之重。评估时机的最好方法,是真正地审视消费者是否真正准备好去接受提供的产品,在评估过程中要遵循对时机坦诚相待的原则。

网上精品视频课程

商业模式设计与评价

用手机"扫一扫"下面的二维码,用浏览器打开相应网址,进入视频课程学习。

第七章　创业计划与路演展示

创业对大多数人而言是一件极具诱惑力的事情，同时也是一件极具挑战的事。不是人人都能成功，也并非想象中那么困难。但任何一个梦想成功的人，倘若他知道创业需要策划、技术及创意的观念，那么成功已离他不远了。

——哈佛大学教授　拉　克

成功的创业活动必须将机会、资源与团队三者寻求最适当的搭配，并且要随着企业发展而保持动态的平衡。

——蒂蒙斯的创业管理模式

本章地图

第七章 创业计划与路演展示
- 【案例故事】从创业大赛到公益创业
- 【基础知识与理论】
  - 主题一 认识创业计划
    - 一、创业计划及其作用
    - 二、创业计划的信息处理
  - 主题二 创业计划演练
    - 一、通过大赛演练计划
    - 二、通过模拟完善计划
  - 主题三 撰写创业计划书
    - 一、创业计划书的构成
    - 二、创业计划书的写作
- 【基本流程与方法】
  - 一、创业计划七大内容分析
  - 二、论证完善创业计划的方法
  - 三、BP的检测与评价标准
  - 四、创业计划的路演展示
- 【课堂活动】
  - 活动一 执行概要的拟定
  - 活动二 目录框架的确定
  - 活动三 简版BP的设计
- 【课外实践与作业反馈】创业计划制订与路演
- 【延伸阅读】
  - 一、风险投资最喜爱的商业计划书
  - 二、对天使投资的五大认识误区
- 【专家视点】徐小平：中国创投的三大趋势

案例故事

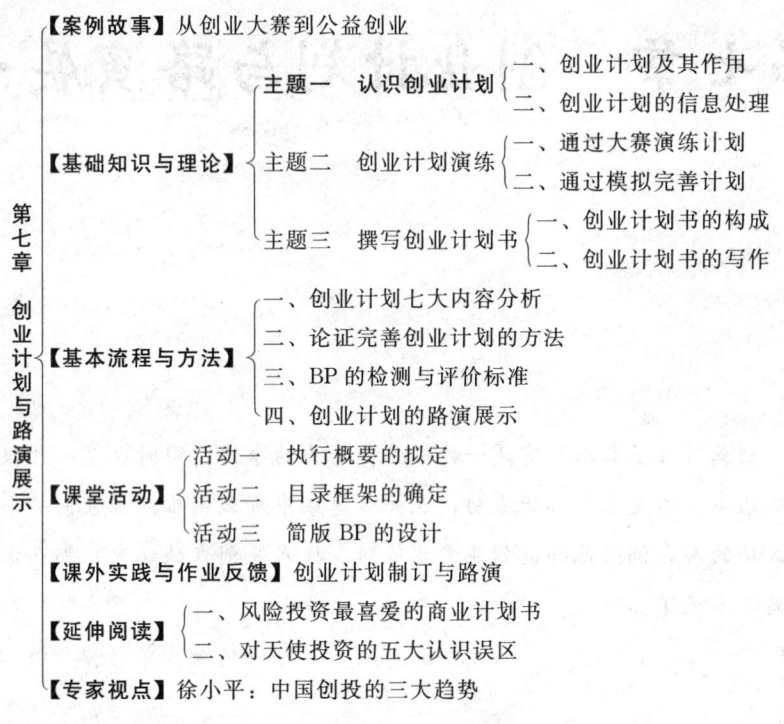

从创业大赛到公益创业

郭昊，北京建筑大学工商管理专业2015届毕业生。现为北京安创空间数据研究中心法人代表、理事长兼副主任。

2013年10月，郭昊创立了北京建筑大学大学生科学技术协会，打造了一个服务大学生创新创业的良好平台。他的团队以创业计划项目"高密度人流场所安全疏散解决方案"在2014年"创青春"全国大学生创业大赛斩获银奖。创业大赛结束之后，郭昊更认识到"高密度人流场所安全疏散解决方案"项目极其适合公益创业。出于对公益事业的热忱及社会责任感，他决定实践创业竞赛的项目，将就业与创业相结合，扎根公益自主创业，实践公益精神，做到学以致用，服务百姓民生。

2015年9月，刚刚走出校门的郭昊成立了北京市第一家由大学生自主创业成立的研究空间数据并服务于公众安全的科技类民非——北京安创空间数据研究中心。机构以高校专业的学术支持及人力资源为依托，基于对空间数据的采集、建模、仿真分析，是专业从事行人流安全疏散解决方案、人群组织与设施优化设计、交通基础设施设计与优化方案、密集场所行人流检测技术的交通虚拟现实技术等服务的综合性研究中心。

中心成立伊始，创业的艰辛使得郭昊深深意识到：创业本就不易，公益创业更是难上加难。只有坚持，挖掘出百姓民生需求，找到正确的切入点，才能使中心有所发展。由此，北京安创空间数据研究中心作为一个先行者，尝试开展了"南锣鼓巷安全屏障"项目。该项目完全从公益角度出发，出于对南锣鼓巷的建筑保护、文化传承等方面做研究，已经形成了初步成果并报送给北京市相关部门，目前正通过"腾讯乐捐"平台募捐的环节。中心可以算是一个刚刚诞生的婴儿，作为年轻的团队，在情怀和梦想的推动下，在党和政府的关怀与支持下，北京安创空间数据研究中心及郭昊一定会茁壮成长，走得更长更远。

公益创业注定是平凡但有意义的。郭昊作为一名扎根公益事业的创新创业者，在工作过程中实践"立足专业，服务民生"的专业理念，就是其自身价值的最好体现。

基础知识与理论

主题一　认识创业计划

一、创业计划及其作用

（一）认识创业计划

"凡事预则立，不预则废"，做任何事情只有预先计划才能成功。创业活动与寻宝有许多共同之处，寻找宝藏是一件很艰苦的工作，需要大量的调查寻访活动，从成百上千的可能中判断宝藏的内容和埋藏点。所以寻宝首先需要的是一张寻宝图，以这张图为资本，筹集资金、雇用人员、租赁船只、购买特殊的设备等。对于创业者来说，创业计划就是寻宝者的寻宝图。如果没有这张图，创业者可能就会迷失方向而误入歧途。创业计划是整个创业过程的灵魂。

创业计划又称商业计划，是对构建一个企业的基本思想以及与企业创建有关的各种事项进行总体安排的文件，它从企业内部的人员、制度、管理以及企业的产品、营销、市场等各个方面对即将创建的企业进行可行性分析。创业计划包含创业定位、营销计划、财务计划、组织管理等，用以描述创办一个新的风险企业时所有相关的外部及内部要素。创业计划有时也叫行路图。创业计划主要回答三个问题：我们现在哪里？我们将去哪里？我们如何到达那里？

计划可以是短期的，也可以是长期的；可以是战略性的，也可以是操作性的。尽管不同的计划服务于不同的职能，但所有的计划都有一个重要目的，即在快速变化的市场环境下，为创业者提供指导准则和管理架构。

创业计划的基本目标有：

1. 分析和确定创业机遇与内容；
2. 说明创业者计划利用这一机遇发展新的产品或服务所要采取的方法；

3. 分析和确定企业能否成功的关键因素；
4. 确定实现创业所需要的资源以及取得这些资源的方法。

(二) 创业计划的作用

前程无忧网创始人甄荣辉说过："事实上，成功一点都不难！最难的是：想成功，但没有计划！如果你有一个5年或者10年的成功目标，而且能够周密地计划，坚定地执行，那么，因为计划，成功率还是很高的。"

创业计划（商业计划，Business Plan）它首先是一种吸引投资的工具，同时也是确定目标和制订计划的很好的参考资料，是一个企业管理和操作的行为指南。

计划是执行所有活动的第一步。如果没有计划和目标，在执行过程中，风险会相对提高。虽然创业计划并不一定能保证成功，但它可以提高创业成功率。

制订一个正式的创业计划需要时间、精力和资源。这种投资是为了获得回报，即发挥它的作用。创业计划的作用主要体现在以下两个方面：

1. 明确创业的可行性和创业战略

创业计划的制订是基于有效的信息收集和分析的基础之上的。这些信息有利于确定商业机会的价值，有利于确定创业的宗旨、目标和方法。制订创业计划的过程也是指导创业者收集什么信息和如何去收集信息，从而确定创业是否可行和达到什么目标的过程。明确创业的可行性即分析商业机会的价值，而明确创业的战略即确定如何实现商业机会的价值。

A. 分析商业机会的价值。信息用于管理不确定性，拥有必要的信息意味着可以减少创业的风险和提高成功的可能性。同时，在实现这个商业机会的过程中也存在风险。创业者在收集信息、分析信息以确定商业机会的价值时也要考虑存在的风险，并将价值与风险进行比较，以确定去实现这个商业机会的可能性，即明确机会的价值高于风险从而值得去追求。

B. 制订创业战略。商业计划的制订，有利于明确创业的战略，包括战略的内容和执行的过程。因为商业计划的制订过程回答了制订战略所需要的有关问题。商业计划对制订企业战略的作用体现在它对市场、顾客和竞争对手的信息收集和分析有助于回答以上问题。它提供了进行战略决策的基础。而商业计划对信息的整合则进一步有利于形成一个战略，而战略确定了企业的模式和方向。

2. 沟通的工具

创业计划是获取人力资源和资本的有效工具，将新创企业的发展潜力、所面临的机会，以及以一种明确的、有效的方式开发这个机会的方案与有关方面进行沟通。沟通的对象包括内部和外部的利益相关者。

创业计划作为沟通的工具，其目的是为了获得各种必要的支持。因此，创业者特别有动力利用创业计划与下列人员进行沟通。

A. 投资者。在创业起步阶段或是成长阶段，外部融资将是创业者所面临的一个艰巨任务。创业计划不仅要告知潜在的投资者新创的企业所具有的成长潜力和收益回报，而且还要表明所包含的风险。由于创业者要与其他人和项目为争取有限的资金而竞争，因而创业者必须重视创业计划的制订，不能只走形式或存在侥幸心理，因为投资者都是这一领域的行家，有着丰富的经验。

B. 员工。员工是创业者所需要的重要人力资源，员工将其人力资本投资于新创企业，目的是获取投资回报及个人的发展。因此，创业计划要描绘新创企业的发展前景和成长潜力，使员工对企业和个人未来充满信心，并为了这个未来去努力工作。

C. 重要的客户。创业计划的沟通作用就是给客户以充分的信息，使其对新创企业和所提供的新产品充满信心，从而购买所提供的新产品并承诺建立长期稳定的合作关系。当提供同类产品的竞争者越多，这种承诺就越有价值。这时，创业计划的质量及它的吸引力和可信度起着决定性的作用。

D. 重要的供应商。供应商是否愿意向新创企业提供资源，以及以什么方式提供，将取决于其对新创企业及其前景的信任和信心。因此，创业者要通过商业计划使供应商对新创企业充满信心，这不仅会给企业带来所需要的资源，而且还可以获取较好的供货条件。

很多创业者在创业的时候非常仓促，根本没有投入足够的时间对创业项目的可行性进行调研。创业者在创业初期，就要本着务实的精神，踏踏实实的结合自己的实际情况和能够整合的资源客观地制订创业计划，是最明智的选择。

01 明确创业的可行性和创业战略
- 创业计划的制定是基于信息的收集、分析基础上的。
- 这个过程有利于确定机会价值，及创业的宗旨、目标、方法、可行性、战略等。

A 分析商业机会的价值　　B 制订创业战略

02 沟通的工具
- 创业计划提供了一种工具，将新创企业的潜力、机会，以及开发这个机会的方案与有关方面进行沟通。
- 沟通旨在信息的接受者做出反应，其目的是为了获得各种必要的支持。

A 投资者　B 员工　C 客户　D 供应商

【延伸阅读】

一切始于商业计划

艺电公司开发了许多大众游戏，包括模拟人生、哈利·波特、詹姆斯·邦德和FIFA足球等。仅在2002年，艺电公司销售量超过百万的游戏就有16种，公司年收入高达17亿美元，净利润超过1.015亿美元。艺电公司不仅开发电脑游戏，还有索尼公司PS2、任天堂公司GameCube和微软公司Xbox等控制台系统开发游戏。

事实表明，艺电公司的成功始于一份商业计划和特里普·霍金斯的愿景，即创立一家新式的电子游戏公司。

在第一家企业失败后，霍金斯进入苹果公司工作。在那里，他为个人电脑产业的出现而兴奋不已。尽管在苹果公司工作很舒服,但他仍决定再次创业。不过,这次他更加谨慎小心。他下决心创立一家电子游戏开发企业,并围绕创意制订了详细的商业计划。

霍金斯认识到,他需要一个真正的"大创意"以便使新企业有别于电脑游戏产业中的其他公司。事实上,他找到了三个大创意,围绕这三个大创意的商业计划,使艺电公司超越了当时软件出版商之间的趋同风潮。

数年后,霍金斯发现艺电公司最初的商业计划简直就是一个奇迹,因为它准确预测了公司的未来。他强调,在起步时就注定公司走向成功的是:战略愿景与发现错误、不断调整并执着行事能力的结合。

点评:

商业计划描述了新企业计划的目标,以及新企业如何实现这些目标。商业计划是一份用于企业内外的两用文件。对企业内部而言,商业计划能帮助企业设计出实施其战略和计划的"路线图";对于企业外部来说,商业计划向潜在投资者及其他利益相关者汇报企业试图追求的商业计划以及如何把握机会的行动计划。

二、创业计划的信息处理

(一)收集信息的方法

信息收集是使创意变为现实的创业计划的基础工作。

首先,根据创意,明确研究的目的或目标。例如,创业者可能会认为他们的产品或服务存在一个市场,但他们不能确信:产品或服务如果以某种形式出现,谁将是顾客。这样,一个目标便是向人们询问他们如何看待该产品或服务,是否愿意购买,并了解有关人口统计的背景资料和消费者个人的态度。当然,还有其他目标,如了解有多少潜在顾客愿意购买该产品或服务,潜在的顾客愿意在哪里购买,以及预期会在哪里听说或了解该产品或服务等。

其次,从已有数据或第二手资料中收集信息。这些信息主要来自于商贸杂志、图书馆、政府机构、大学或专门的咨询机构以及因特网等。一般可以找到一些关于行业、竞争者、顾客偏好趋向、产品创新等方面的信息。该种信息的获得一般是免费的,或者成本较低,创业者应尽可能利用这些信息。

最后,从第一手资料中收集信息。收集第一手资料包括一个数据收集过程,如观察、上网、访谈、集中小组试验以及问卷等。该种信息的获得一般来说成本都比较高,但却能够获得更有意义的信息。

(二)规避信息处理陷阱

处理好信息能帮助创业者降低创业风险,处理不当有可能会延误良机或错失良机,甚至作出错误决策。因此,在处理信息时要尽可能将错误极小化。

创业者由于容易受一些自身经验或认知方面局限性,在处理信息时容易出现一些偏误。

1. 直觉推断

直觉是一种非逻辑思维。在面对问题和决策时，人总是倾向于以偏概全，且囿于记忆和可利用的信息限制。一般来说，人们的直觉推断是非常有用的，它大大减少了推断过程的复杂化。但是，有时直觉推断会导致严重的偏差，主要是因为生动的或非同寻常的信息比那些平淡的信息更容易被记起。克服"直觉推断"认知偏见，创业者将自己的决策与一些平时较理智的、喜欢分析的朋友、同事、专家进行讨论，以克服直觉推断造成的决策失误。

2. 乐观性偏见

"乐观性偏见"——总会觉得自己比别人幸运。这种认知偏误往往导致创业者更多地往乐观的结果预期。即使被告知有风险存在，但大多数人总乐观地以为事态不会这么严重。这种乐观偏见导致创业者决策时对风险估计不足，而更多地考虑利益。要克服"乐观性偏见"，创业者可以将自己的决策与一些较悲观、喜欢挑刺的人进行探讨，听听最坏的前景预测，以纠正自己的过分乐观的想法。

3. 证实偏见

证实偏见是一种更愿意注意、处理和记忆能证实当前信念或假设的信息，而忽略那些不能证实当前信念的信息的倾向。这种认知偏见无意识地使创业者不断强化自己的信念或假设，而忽视创业中的风险。要克服"证实偏见"，创业者可以找一些与自己意见相左的人士谈谈自己的决策，与平时观点不一样的人士讨论讨论，特别注意这些人士的不同意见。

4. 控制错觉

控制错觉是指人们相信通过努力和隐忍，自己有控制周围的能力，可以控制自己的未来与命运。这样导致创业者过高估计自己的控制能力，而低估了经济环境、竞争对手和其他很多不可控因素的影响。创业者可以与周围保守人士讨论自己的决策，征求他们的意见，以纠正自己的过分冒险的错觉。

5. 早期偏好

早期偏好是指喜欢或容易接受早期或开始时某个解释或决策的倾向，没有认真考虑、理性思考其他解释或决策而轻易地反对或拒绝。更确切地说，决策者更相信他们最初的解释或决策是正确的。这种早期偏好很容易使创业者陷入决策陷阱，造成决策失误。

要克服这种决策偏见，创业者可以邀请外行的或者新人参与讨论或决策，鼓励提出不同的决策方案，同时禁止对各种方案的任何批评。

6. 群体极化

群体极化是指在群体中进行决策时，人们往往会比个人决策时更倾向于冒险或保守，向某一个极端偏斜，从而背离最佳决策。在阐述论点、进行逻辑论战时，群体成员中原已存在的倾向性，通过群体的作用而得到加强，使一种观点或态度从原来的群体平均水平加强到具有支配性水平的现象。要克服决策时的群体极化现象，在提出任何决策方案前，要求群体成员独立思考，书面列举出每人知道的所有相关信息，并提出自己的观点和方案，然后把各种信息和观点汇集在一起讨论，并做出评价。

7. 信息不共享

一些群体成员由于种种顾虑而不轻易发表自己的观点或意见，从而将自己个体拥有的信息不能与群体其他成员共享。对于创业团队来说，也许要漏掉很多重要的信息，造成决策的失误，给新建的企业带来灾难性的后果。为了防止群体成员间的信息不共享，平时在群体成员中要充分发扬民主作风，树立鼓励自由思考、鼓励反对意见、畅所欲言。

主题二　创业计划演练

一、通过大赛演练计划

（一）参加创业大赛的意义

大学生创业计划竞赛不是普通意义上的大学生的专业比赛。创业计划不是单纯的、个人的、集中在某一个专业的学生竞赛，而是以实际技术为背景，跨学科的优势互补的团队之间的综合较量。竞赛的意义也不局限于大学校园，从某种程度而言，创业计划竞赛是高等院校与现实社会和大学生与企业之间的互动与沟通。参加创业计划大赛，创业者将有以下收益：

1. 系统学习创业知识

参赛者在创作创业计划的过程中，一般可以通过大赛提供的系统培训，以及学习、交流，全面地接受创业者所应具备的知识和技能训练。

参赛者通过参加竞赛，可以获得对产品或服务从构想变为现实的全局把握。在完成商业计划的过程中，培养沟通能力、说服能力、组织能力。在接受挑战的过程中，增强创业的勇气、信心和能力。参加项目大赛的经历本身也是一种财富。

2. 磨炼创业团队

参赛者通过比赛，可以结识未来创业的合作伙伴，参赛小组的成员将最有可能在将来形成创业合作关系，开创成功事业。在此过程中，创业团队可以得到磨合，磨炼团队创业能力，形成创业凝聚力。

参赛者将有机会加入一个充满智慧和活力的小组，与小组伙伴携起手来，接受挑战。参赛者将体验到前进中相互激励的力量，和交流中灵感火花的跳跃，以及成功时分享的喜悦。在这一过程中，参赛者会感受团队精神的力量，培养创业精神。

3. 积累商业资源网络

参赛者通过比赛，可以结识风险投资家。国内风险投资家对本次大赛表示了浓厚兴趣，将对具有实际运作价值的作品，进行投资可行性分析。参赛者可以向风险投资家充分展现自己的产品或服务的巨大市场前景，为进一步创业赢得资金。参赛者还将结识商界和法律界人士，为将来创业建立良好的商业关系网络。同时，很多新闻单位对全国大赛比较关注，可以借助媒体向社会推荐自己和产品整体形象，为未来创业建立良好媒体资源。

4. 验证完善创业计划

参加创业比赛的过程，就是设计、论证、实施、优化完善创业项目的实施方案的系统过程。参赛过程中，有创业团队的精心参与，有指导老师的专业指导，有大赛评委的精彩点评，有各参赛团队和参赛项目的交流，这些都是其他形式所不具备的创业论证优势。

【延伸阅读】

创业大赛的制胜诀窍

美国麻省理工学院斯隆管理学院在创业方案大赛中积累的取胜诀窍如下：

1. 组建一个包括技术人才和管理人才在内的具有综合性技能的团队；组建起来的团队成员每人都能力十足，堪称创业家，同时又能灵活、协调、有效地工作，这是历届胜出团队的经验总结。

2. 开发出一种盈利模式，而不仅仅是一项发明。"仅仅说明你的产品或服务的性质还不够，还要清楚地阐明谁、为什么、在哪里、什么时候、如何做等这些关键问题。技术方面的东西不论如何具体，都不能取代清楚明确的市场营销方案"，这是往届胜者的经验之谈。仅仅是技术发明，而不构成一种盈利模式的创业方案不是一个好的方案。

3. 从各方面人士那里获取忠告，不论他们是同学、教师，还是竞争对手或家庭成员。

4. 分析顾客：他们在寻找什么？

5. 分析竞争对手：你有哪些他们不具备的长处？

6. 展示你有能力获得一种持续的、有竞争力的优势，例如你能够设立市场进入障碍，或是拥有自主知识产权，使得对手们无法夺取你的市场。千万记住告诉评审专家们，哪些人是你的顾客，他们如何能够从你的产品或服务中得到好处。

7. 写作的文字要直接、中肯。创业设计方案是需要呈交给创业大赛、创业园的评审专家，或是呈交给投资人的，而这些读者都会认真阅读你所提交的文字。要花费足够的时间和精力来撰写你的创业方案提要和创业方案全文，要严肃认真。

8. 制定你创业方案和时间安排时一定要实事求是、有根有据，避免好高骛远、不着边际。

9. 不要刻意在技术方面、质量方面和价格方面展开竞争。

10. 创业大赛的评审专家们，或者潜在的投资者们，能够吸引他们的是你如何分析出一大片市场空间，他们喜欢的是潜力巨大、增长快速的业务。如果你正在做的是如何创造一项业务，那你就能获胜了。

二、通过模拟完善计划

对于大学生创业来说，仅仅从教科书或是传统的课堂上学习一些经营管理的相关理论是远远不够的。通过模拟经营，或虚拟经营的方式，演练创业项目和实施方案，是保障创业成功的重要途径。

1 通过软件模拟经营

2 组建商务模拟公司

（一）通过软件模拟经营

企业运营模拟实战训练系统是一种全新的实验实训课程，系统运用计算机软件与网络技术，结合严密的系统和精心设计的商业模拟管理模型及企业决策博弈理论，全面模拟真实企业的商业运营环境，让学生在虚拟商业社会中完成企业运营中的各项管理决策。

创业者通过在模拟商业环境中对虚拟企业运营的管理，参与企业运营管理的团队分工、战略规划、市场研究、生产计划、研发投入、销售管理、市场拓展、报表分析等决策，掌握在真实企业运营中会遇到的各种决策情况，并对出现的问题和运营结果进行有效分析与评估。从而对企业管理中的各种知识技能有更深切的体会与感受，有效地将所学知识转化为实际动手的能力，提升实际分析问题与解决问题的能力，全面提升创业能力素质。

真实的企业经营中，不允许创业者总是不断尝试，去犯各种各样的错误，有些决策失误甚至会导致创业失败。通过经营模拟软件，可以帮助创业者在模拟运营中不冒实际风险，体验创业的运营管理，完成企业运营管理中的分析决策，包括：制订企业战略、分析市场信息、制订研发计划、产品特性设计、营销渠道建设、生产制造管理、竞争对手分析、产品定价策略、市场营销推广、全面预算管理、经营绩效分析等。在失败中吸取教训，在成功中领悟真谛，从而真正提升创办企业的实际能力。

（二）组建商务模拟公司

要学习真正的经营之道，仅仅停留在书本层面或是通过软件模拟仍是"纸上得来终觉浅"。组建"商务模拟公司"是一个不错的做法。

"商务模拟公司"的实施方法可参考以下步骤：

1. 行业选择

大学生通过思考、讨论，在众多纷杂的行业中，寻找适合自己的创业机会，从而为"开公司挣钱"创造好的开端。这一过程可在一周内完成，设计和展示自己的想法和梦想，活动一开始就达到一个仿真的环境和状态。

2. 成本核算

选择行业之后，大学生通过自行组建团队，并在一周内完成拟设公司的成本核算过程。这一阶段的工作，可通过上网查询、市场调查，最后提交创业所需的资金，包括设备、原材料、人工、注册费用等相关费用清单，以避免盲目行动。这些均是在实习单位无法学到的东西，同时也是创业必须熟悉的环节。由此，创业者必须知道项目有风险，投资需谨慎。

3. 创建公司

在前两个步骤中，活动参与者基本上能找到自己的专长。在召开第一次股东大会后，选出董事会、监事会的所有会员，并由董事会组建公司的管理机构：采购部、生产部、财务部、营销部、人事部等，竞争（聘）上岗，合理分工。之后完成公司名称、标识的设计、公司文化的宣传、创业计划书的编写、公司章程的拟订、公司组织结构示意图、公司管理制度的制订。同时，按照有限责任公司注册的整体流程，在一周内完成公司登记工作。

在此过程中，由参与者扮演工商、税务、银行、会计事务所等角色，全面模拟公司工商注册的过程，一方面可以使学生对经济法和管理学原理有更深刻的体会，另一方面又使学生熟悉职业岗位所需的各方面理论、知识及法律法规和政策，极大地激发了学生学习的主动性和积极性，从而实现从感性到理性的提升。

4. 公司运营

在公司成立的基础上，活动参与者进行为期三周的模拟公司经营，主要训练公关礼仪、商业谈判、签订合同、布置展区、财务管理、仲裁诉讼等方面的能力。公司运营模拟的主要内容包括：①采购原材料。根据营销计划采购商品入库，存货管理，谈判，签订合同，寄发订单。②组织生产。根据生产计划组织产品的生产工作；废旧物资的利用，节约成本，增加收入。③开展营销。涉及产品定价，广告设计，展销会的布展，上门推销等内容；销售具体商品、签订和提供服务、解决客户异议、处理客户投诉等。④财务核算。为保证商流、物流、资金流的合理清晰，做好大量的票据传递和财务管理，做到每日的进销存日报表与现金日记账均做到核对无误。⑤税务申报。税务申报是保障公司正常运转必不可少的部分，模拟进行增值税、营业税、企业所得税等申报工作。此过程尽量保持和所安排行业的一致，以求买方和卖方的相互性和竞争性，可适时由某机构承担最终消费者和最初供应商的角色。

5. 业绩总结

为了激发创业热情，公平公正地评价每一位活动参与者，主要采取以下几种评价方式：①经营业绩评比。"模拟公司"运营周期结束后，提交公司的资产负债表、损益表及现金流量表，总结经营业绩。②岗位技能评比。对参加活动的成员进行岗位技能评比，如评出优秀经理人、优秀策划人、优秀财务总监、优秀营销总监等。③创业计划书方案评比。对所有公司创业时的创业计划书和经营过程中的具体方案进行评比，评出优秀的创业计划书和方案。

主题三 撰写创业计划书

一、创业计划书的构成

创业计划书通常包括封面、保密要求、目录、摘要、正文（综述）、附录几部分。

(一) 封面（标题页）

标题页可以放一张企业的项目或产品彩图，但需留出足够的版面排列以下内容：创业计划书编号、公司名称、项目名称、项目单位、地址、电话、传真、电子邮件、联系人、公司主页、日期等。

(二) 保密要求

保密要求可放在标题页，也可放在次页，主要是要求投资方项目经理妥善保管创业计划书，未经融资企业同意，不得向第三方公开创业计划书涉及的商业秘密。

(三) 目录

目录标明各部分内容及页码，要注意确认目录页码同内容的一致性。

(四) 摘要

摘要是对整个创业计划书的概括，目的在于用最简练的语言将计划书的核心、要点、特色展现出来，吸引阅读者仔细读完全部文本，因而一定要简练，一般要求在两页纸内完成。摘要十分重要，它是出资者首先要看的内容，因而必须能让读者有兴趣并渴望得到更多的信息，将给读者留下长久的印象。计划摘要应从正文中摘录出投资者最关心的问题：包括对公司内部的基本情况，公司的能力以及局限性，公司的竞争对手、营销和财务战略，公司的管理队伍等情况的简明而生动的概括。如果公司是一本书，它就像是这本书的封面，做得好就可以把投资者吸引住。

(五) 正文

正文是创业计划书的主体部分，要分别从公司基本情况、经营管理团队、产品/服务、技术研究与开发、行业及市场预测、营销策略、产品制造、经营管理、融资计划、财务预测、风险控制等方面对投资者关心的问题进行介绍，要求既有丰富的数据资料，使人信服，又要突出重点，实事求是。

(六) 附录

附录是对正文中涉及的相关数据、资料的补充，作为备查。

二、创业计划书的写作

创业计划书的内容与写作要点如下：

(一) 摘要

摘要是为了吸引战略合伙人与风险投资人的注意而将创业计划书的核心提炼出来制作而成的，它是整个创业计划书的精华，涵盖计划书的要点。一般要在后面所有内容编制完毕后，再把主要结论性内容摘录于此，以求一目了然，在短时间内给使用者留下深刻的印象。

摘要如同推销产品的广告，编制人要反复推敲，力求精益求精，形式完美，语句清晰流畅而富有感染力，以引起投资人阅读创业计划书全文的兴趣。特别要详细说明自身企业的不同之处以及企业获取成功的市场因素。

(二) 企业介绍

这一部分是向战略合伙人或者风险投资人介绍融资企业或项目的基本情况。具体而言，如果企业处于种子期或创建期，现在也只有一个美妙的商业创意，那么，应重点介绍创业者的成长经历、求学过程，并突出其性格、兴趣爱好与特长，创业者的追求，独立创业的原因以及创意如何产生。

如果企业处于成长期，应简明扼要介绍公司过去的发展历史、现在的状况以及未来的规划。具体而言，包括：公司概述、公司名称、地址、联系方法；公司的业务状况；公司的发展经历；对公司未来发展的详尽规划；本公司与众不同的竞争优势；公司的法律地位；公司的公共关系；公司的知识产权；公司的财务管理；公司的纳税情况；公司的涉诉情况等。在描述公司发展历史时，正反的经验都要写，特别是对以往的失误，不要回避。要对失误进行客观的描述、中肯的分析，反而能够赢得投资者的信任。

(三) 管理团队介绍

管理团队是投资者非常看重的，这部分主要是向投资者展现企业管理团队的结构、管理水平和能力，职业道德与素质，使投资者了解管理团队的能力，增强投资信心。

这部分主要介绍管理团队、技术团队、营销团队的工作简历、取得的业绩，尤其是与目前从事工作有关的经历。另外，可以着重介绍企业目前的管理模式，如果无特色，也可以不介绍，或者归入劣势部分。

在编写过程中，首先，必须对公司管理的主要情况作一个全面介绍，包括公司的主要股东及他们的股权结构、董事和其他一些高级职员、关键的雇员以及公司管理人员的职权分配和薪金情况，必要时，还要详细介绍他们的经历和个人背景。企业的管理人员应该是互补型的，而且要具有团队精神。一个企业必须要具备负责产品设计与开发、市场营销、生产作业管理、企业理财等方面的专门人才。

此外，在这部分创业计划书中，还应对公司组织结构做一简要介绍，包括公司的组织结构图，各部门的功能与责任，各部门的负责人及主要成员，公司的薪酬体系等。

这部分应让投资者认识到，创业者具有与众不同的凝聚力和团结战斗精神，管理团队人才济济且结构合理，在产品设计与开发、财务管理、市场营销等各方面均具有独当一面的能力，足以保证公司以后成长发展的需要。

(四) 技术产品 (服务) 介绍

在进行投资项目评估时，投资人最关心的问题之一就是，企业的产品、技术或服务能否以及在多大程度上解决现实生活中的问题，或者企业的产品（服务）能否帮助顾客节约开支、增加收入，这是市场销售业绩的基础。

技术产品（服务）介绍一般包括以下内容：产品的名称、特性及性能用途；产品处于生命周期的哪一阶段，市场竞争力如何；产品的研究和开发过程；产品的技术改进、更新换代或新产品研发计划及相应的成本；产品的市场前景预测；产品的品牌和专利。

在这一部分，企业家要对产品（服务）做出详细的说明，说明要准确，也要通俗易懂，让不是专业人员的投资者也能明白。一般地，产品介绍都要附上产品原型、照片或其他介绍。

此外，对于一些以技术研发为重点的高新技术企业来说，还要对相关技术及其企业研发情况进行分析，包括企业技术来源、技术原理、技术先进性、技术可靠性；公司的技术研发力量和未来的技术发展趋势，公司研究开发新产品的成本预算及时间进度，技术的专利申请、权属及保护情况、技术发展后劲和技术储备等，以使投资者对公司的技术研发队伍的实力、公司未来竞争发展对技术研发的需要有所了解。

产品（服务）介绍的内容比较具体，因而写起来相对容易。虽然夸赞自己的产品是推销所必需的，但应该注意，企业家和投资家所建立的是一种长期合作的伙伴关系。空口许诺，只能得意于一时。如果企业不能兑现承诺，不能偿还债务，企业的信誉必然要受到极大的损害，这是真正的企业家所不屑为的。

（五）行业、市场分析预测

行业与市场分析主要对企业所在行业基本情况，企业的产品或服务的现有市场情况、未来市场前景进行分析，使投资者对产品或服务的市场销售状况有所了解。这是投资者关注的重点问题之一。

行业分析主要介绍行业发展趋势、行业发展中存在的问题、国家有关政策、市场容量、市场竞争情况、行业主要盈利模式、市场策略等。

（六）市场营销策略

企业的盈利和发展最终都要拿到市场上来检验，营销成败直接决定了企业的生存命运。

在介绍市场营销策略时，创业者要讨论不同营销渠道的利弊，要明确哪些企业主管专门负责销售，主要适用哪些促销工具，以及促销目标的实现和具体经费的支出等。

一般来说，中小企业可选择的市场营销策略有以下几种：

1. 集中性营销策略，即企业只为单一的、特别的细分市场提供一种类型的产品（如制造汽车配件）。这种方法尤其适用于那些财力有限的小公司，或者是在为某种特殊类型的顾客提供服务方面确有一技之长的组织。

2. 差异性营销策略，即为不同的市场设计和提供不同类型的产品。这种战略大多为那些实力雄厚的大公司所采用。

3. 无差异性营销策略，即只向市场提供单一品种的产品，希望它能引起整体市场上全部顾客的兴趣。当人们的需求比较简单，或者并不被人们认为很重要时，该策略较为适用。

（七）生产计划

生产制造计划旨在使投资者了解产品的生产经营状况。这一部分应尽可能把新产品的生产制造及经营过程展示给投资者。主要的内容包括：

1. 公司现有的生产技术能力，企业生产制造所需的厂房、设备情况。
2. 质量控制和改进能力。

3. 新产品的生产经营计划，改进或将要购置的生产设备及其成本。
4. 现有的生产工艺流程，生产周期标准的制订及生产作业计划的编制。
5. 物资需求计划及其保证措施，供货者的前置期和资源的需求量。
6. 劳动力和雇员的有关情况。

同时，为了增大企业的评估价值，企业家应尽量使生产制造计划更加详细、可靠。

（八）财务分析与预测

这部分包括公司过去若干年的财务状况分析、今后三年的发展预测，以及详细的投资计划。旨在使投资者据此判断企业未来经营的财务状况，进而判断其投资能否获得理想的回报，因而它是决定投资决策的关键因素之一。

财务预测的依据、前提假设是投资者判断企业财务预测准确性和财务管理水平的标尺，也是投资者关注的焦点。其主要依据和前提假设是企业的经营计划、市场分析。由于财务分析预测在公司经营管理中的重要地位，企业需要花费较多的精力来做具体分析，必要时最好与专家顾问进行商讨。

对于中小企业来说，财务预测既要为投资者描绘出美好的合作前景，同时又要使得这种前景建立于坚实的基础之上，否则会令投资者怀疑企业管理者的诚信或财务分析、预测及管理能力。

（九）融资计划

融资计划主要是根据企业的经营计划提出企业资金需求数量、融资的方式、工具，投资者的权益、财务收益及其资金安全保证，投资退出方式等，它是资金供求双方共同合作前景的计划分析。

融资计划的主要内容包括：

1. 融资数额是多少？已经获得了哪些投资？希望向战略合伙人或风险投资人融资多少？计划采取哪种融资工具，是以贷款、出售债券，还是以出售普通股、优先股的形式筹集？
2. 公司未来的资本结构如何安排？公司的全部债务情况如何？
3. 公司融资所提供的抵押、担保文件，包括以什么物品进行抵押或者质押，什么人或者机构提供担保？
4. 投资收益和未来再投资的安排如何？
5. 如果以股权形式投资，双方对公司股权、控制权、所有权比例如何安排？
6. 投资者介入公司后，公司的经营管理体制如何设定？
7. 投资资金如何运作？投资的预期回报？投资者如何监督、控制企业运作等？
8. 对于吸引风险投资的，风险投资的退出途径和方式是什么，是企业回购、股份转让还是企业上市？

这部分是融资协议的主要内容，企业既要对融资需求、用途提出令人信服的理由，又有令人心动的投资回报和投资条件，同时也要注意维护企业自身的利益。其基础是企业的财务分析与预测。

由于与资金供给方合作的模式可能有多种，因此还需设计几种备选方案，给出不同盈利模式下的资金需要量及资金投向。

（十）风险分析

这部分内容主要是向投资者分析企业可能面临的各种风险隐患，风险的大小以及融资者将采取何种措施来降低或防范风险、增加收益等。主要包括：

1. 企业自身各方面的限制，如资源限制、管理经验的限制和生产条件的限制等。
2. 创业者自身的不足，包括技术上的、经验上的或者管理能力上的欠缺等。
3. 市场的不确定性。
4. 技术产品开发的不确定性。
5. 财务收益的不确定性。
6. 针对企业存在的每一种风险，企业进行风险控制与防范的对策或措施。

对于企业可能面临的各种风险，融资者最好采取客观、实事求是的态度，不能因为其产生的可能性小而忽略不计，也不能为了增大获得投资的机会而故意缩小、隐瞒风险因素，而应该对企业所面临的各种风险都认真加以分析，并针对每一种可能发生的风险做出相应的防范措施，这样才能取得投资者的信任，也有利于引入投资后双方的合作。

（十一）附件和备查资料

附件主要是对创业计划书中涉及的一些问题的细节和相关的证书、图表进行描述或证明，如企业的营业执照、公司章程、验资审计报告、税务登记证、高新技术企业（项目）证书、专利证书、鉴定报告、市场调查数据、主要供货商及经销商名单、主要客户名单、场地租用证明、公司及其产品的介绍、宣传等资料、工艺流程图、各种财务报表及财务预估表、专业术语说明等。它与创业计划书主体部分一起装订成册。备查资料只需列出清单，待资金供给方有投资意向时查询。

基本流程与方法

一、创业计划七大内容分析

制订创业计划，主要从以下七个方面着手：

1. 所在行业分析
2. 所创企业的描述
3. 生产计划
4. 市场营销计划
5. 组织计划
6. 风险估计
7. 财务计划

（一）所在行业分析

行业分析应包括对该行业的展望，即该行业的历史成就和将来的发展趋势。创业者也应该提供关于该行业新产品开发的看法。竞争分析也是重要内容，创业者应该识别每一个主要的竞争对手，分析他们的优势与劣势，特别是分析竞争对手将如何影响本企业在市场上潜在的成功。

作行业分析时，下面是值得创业者考虑的关键问题：

A. 在过去的五年中，该行业的销售总额是多少？
B. 该行业预计的增长率如何？
C. 在过去的三年中，该行业有多少新进入的公司？
D. 该行业最近有什么新产品上市？
E. 最接近的竞争者是谁？
F. 你的企业如何经营才能超过该竞争者？
G. 你的每个竞争者的优势和劣势是什么？
H. 你的每个竞争者的销售额是在增长、减少还是保持稳定？
I. 你的客户的特点是什么？
J. 你的客户与你的竞争者的客户有什么区别？

（二）所创企业的描述

对新创企业进行的描述主要明确企业经营的范围和规模。关键要素应包括产品和服务、企业的地点和规模、所需人员和办公设备、创业者的背景以及该企业的历史。

（三）生产计划

如果新创企业是属于制造业，则必须制订一个生产计划，这个计划应该描述完整的生产过程。如果新创企业准备将某些甚至所有制造工序分包给其他企业，则应该在生产计划中对分包商加以说明。对于创业者自己将要实施的全部或部分制造工序，也需要描述厂房的布局、制造运营过程中所需要的机器设备、所需原材料及供应商的姓名、地址、供货条件、制造成本以及任何资本设备的将来的需求等。

如果新企业是零售店或服务型企业，则这一部分计划内容为"经商计划"，其内容应包括对货物购买、存储控制系统以及库存需求等的具体描述。

这部分创业计划的关键问题有：

A. 你将负责全部还是部分制造工序？
B. 如果某些制造工序被分包，谁将成为分包者？（给出分包商的姓名和地址）
C. 为什么选择这些分包者？
D. 分包制造的成本怎样？（包括几份书面合同）
E. 生产过程的布局怎样？（如果可能，应列出步骤）
F. 产品的制造需要什么设备？
G. 产品的制造需要什么原材料？
H. 原材料的供应商是谁？相应的成本怎样？

I. 产品制造的成本是多少？
J. 新企业将来的资本设备需求怎样？
K. 如果是零售或服务型企业货物将从谁那里购买？
L. 存储控制系统如何运营？
M. 存货需求怎样？存货如何被促销？

（四）市场营销计划

市场营销计划是创业计划中的一个重要组成部分，它主要描述产品或服务将如何被分销、定价以及促销。营销计划是新企业成功的关键。因此，创业者应该尽一切努力把该计划准备得尽可能地全面而具体，以便投资者弄清新企业的目标是什么，以及为了有效地实现这个目标将实施什么战略。

营销计划包括的内容：

A. 市场机构和营销渠道的选择。
B. 营销队伍和管理。
C. 促销计划和广告策略。
D. 价格决策。

对新创企业来说，很难进入其他企业已经稳定的销售渠道中去。因此，企业不得不暂时采取高成本低效益的营销战略。营销计划应该每年制订，并把它当作制订短期决策的行路图。

（五）组织计划

组织计划主要描述新企业的所有制形式，即新创企业的所有制将是独资形式的、合伙制的还是公司制的。如果新创企业是合伙制企业，计划中就应该加上合伙的有关条款。如果新创企业是一个公司，就应该明确被核准的股份份额、优先认股权、公司的经理及高层管理者的姓名、地址及简历。除此以外，还应提供组织结构图，用以表明组织内成员的授权及责任关系。

这部分计划需要创业者回答的关键问题有：

A. 组织的所有制形式是什么？
B. 如果是合伙制企业，谁是合伙者以及合伙协议的条款是什么？
C. 如果是股份公司，谁是主要的股票持有者以及他们拥有多少股票？
D. 发行什么类型的股票，以及发行了多少有表决权股和非表决权股？
E. 谁是董事会成员？（给出姓名、地址和简历）
F. 谁有支票签字权和控制权？
G. 谁是管理小组的成员？他或她的背景怎样？
H. 管理小组的每个成员的角色和责任是什么？
I. 管理小组每个成员的薪水、红利或其他形式的工资怎样？

（六）风险估计

创业者有必要进行风险估计以便制订有效的战略来对付这些威胁。新企业主要的风险可能来自于竞争者的反应，来自于自身在市场营销、生产或管理方面的弱势，来自于技术的进步带来的其产品的过时。创业者也有必要提供备选战略以应对上述风险因素的发生。

（七）财务计划

财务计划也是创业计划的重要组成部分，它表明新企业所需要的潜在投资承诺，并表明创业计划在经济上是可行的。

财务计划通常要包括三个项目：

A. 新创企业开始三年中的预计销售额及相应的支出，其中第一年的有关预测还应按月提供。

B. 需要预测开始三年的现金流量，其中第一年的预测也要按月提供。

C. 需要预测资产负债表。

二、论证完善创业计划的方法

创业计划论证是对创业计划的项目做出的一个可行性的评估。创业计划论证考察的内容有：执行总结、项目和公司、产品或服务、市场分析与营销策略、经营管理、团队、财务分析、融资回报、可行性、计划书的写作。具体论证考察部分有：

1. 如属科技创业：学生自己的科研成果；在导师指导下参与科研的项目；与导师合作的科研成果。

2. 技术优势明显：具有潜在的研发领先能力或自主知识产权。

3. 市场需求大：目标市场明确、潜在需求具有现实性。

4. 替代主流产品与模式：产品可以替代主流产品或模式。

5. 经济效益显著：销售量、利润、现金流量、回收期、报酬率。

6. 创业计划报告书文本突出：主题明确、结构合理、逻辑严谨、论证充分、分析规范、文字通畅、装帧整齐。

7. 团队优秀：专业结构合理、精干、合作性强、自信坚韧。

创业计划论证的标准主要是考察创业方案的几个主要性质：

1. 是否具有可支持性（创业的动机与理念是什么）

2. 是否具有可操作性（如何保证创业成功）

3. 是否具有可赢利性（创业能否带来预期的回报）

4. 是否具有可持续性（企业能生存多久）

创业计划的论证标准主要是考察创业方案的几个主要效度：

1. 论证创业项目的真实效度。创业项目是否真实可信，是否有详细的市场调查数据，项目的各种信息的准确程度等。

2. 论证创业项目的盈利效度。创业者一定要对项目的风险性进行充分的论证。对项目可行性的论证，论证内容包括选址、客户流量、营销周期、产品受欢迎程度、经营者的经营方式、雇员多少、业务熟练程度，估算其成本和投入产出。对于风险承受能力不足的中小投资者来说，投资安全是第一位考虑的因素；了解项目方在知识产权方面（技术、商标等）和品牌方面是否存在纠纷，是否拥有完全的所有权。

3. 论证创业项目的行为效度。项目运作是否规范，是否有统一的内外标志；操作流程是否规范；工艺流程是否规范，服务流程是否规范等，章程是否规范。

4. 论证创业项目的发展效度。从低层次看，项目在市场扩张上是否能够为投资者提供强有力的支持。从高层次看，项目是否拥有将事业做大的决心，是否拥有长期的战略规划。项目能否提供强有力的促销支持，如物质方面的支持和政策方面的支持。这些都对创业者的扩大经营起着直接的影响。项目能否持续提高自己品牌的价值，则对创业者能否进行有效的扩张起着间接的影响，项目产品创新的能力也决定着投资者跟随成长的结果。

5. 论证创业项目的人才效度。在对项目进行论证的时候，除了要论证项目主导人的人品、性格、经历、知识结构、拥有的企业资源和社会资源外，还要着重论证项目方的团队，包括成员的素质、从业经历、从业经验、既往业绩、圈内口碑；在性格和专业上的互补性；团队的稳定性。

总的来说，创业者对创业项目方案的论证是一件非常细致的事情，需要创业者有很好的耐心和足够的敏感。为了降低创业风险，就需要仔细推演和论证，在此基础上修正自己的创业计划。

【链接】

什么样的创业计划可行性高

伦敦商学院知名的管理教授萨尔，花了五年的时间研究创业个案。他为刚起步的创业者提供了一张可遵循迈进的创业地图。

第一步，拟出实用的假设。

创业者必须先定义机会，厘清所需资源、将创造的价值，以及执行计划等。拟定假设时，必须保持弹性，公司在稳定之前，无可避免都要历经各种变动。拟定假设时，创业者也要确定自己有能力。筛选创业机会的第一个考量应该是，创业者自问自己的经验或专业，是否能在这个机会上占一席之地。创业者除了必须了解顾客、对手、技术、法规之外，还必须找出公司的致命伤及成功关键。

第二步，汇集资源。

创业者在进行行动之前，必须先获得资源，包括有形的资金、设备，以及无形的智慧财产权、收集潜在顾客的资料等。公司应该先确定经营模式，再雇用核心员工。

第三步，设计及执行市场测试。

常见的做法包括，顾客研究、制造样品、进行小区域试卖等。市场测试时，公司可采用部分性的测试，针对某个特定问题收集有用的信息。全面性的测试，则适用于让公司发现未知的问题，公司以较小的规模，测试产品的各个面向，例如产品在全国上市前，先在某个地区进行试卖。另外，公司也可采用阶段式的测试，例如，新餐厅逐步测试与调整菜单、定价、装潢等。

创业时如果能抓稳手中的地图，美梦成真的概率，或许就能高一些。

三、BP的检测与评价标准

(一) BP的致命缺陷

作为传统书面形式的商业计划，BP存在以下三方面的致命缺陷：

1. 商业计划书只能反映某个时间点

书面计划书是静态的，而初创企业却充满了变数。对于初创企业来说，最好的做法是保留不同阶段制定的计划书，回顾计划书的变化过程，最重要的是，了解实际情况与书面内容存在哪些方面的差异。有经验的投资家更关注一家企业过去的发展历程，而不是未来的预测。

2. 商业计划书的内容纯属预测

大部分商业计划书中的财务数据，只能证明起草人具备基本的商业知识。与潜在投资人共同讨论商业计划书中的预计财务报表，会令人收获颇丰。比数字本身更重要的，是获得这些数字的假设和方法。只有这样的假设才能产生真正能引起投资者兴趣的信息。

3. 商业计划书对创业理念的展示差强人意

大多数人都是视觉学习者。书面形式的商业计划书在介绍公司的价值定位和增长潜力时，不利于客户或投资者更好的理解公司的价值。

商业计划书的结构标准、统一，对于创业新手而言，制定商业计划书的过程有助于自己考虑公司的未来，是一次宝贵的经历。但对于已经具备创造奇迹的创意和动力，却因为缺少时间或技能，无法在格式化的书面计划书中清楚表达自己创意的人来说，商业计划书便成了瓶颈。而实际上，创意与动力更加重要。

一位优秀的企业家应该更专注于自己的产品和最终的转折点，而不是死守一份书面计划书。要让投资者和客户知道自己有能力稳妥应公司的发展变化。

(二) 检测的11条标准

1. "电梯"测验

同学们是否能在大约上一层电梯的时间里，用最多两个短句告诉投资人自己的项目如何获利？电梯测验是广为人知的电梯销售演讲的变本。同学们需要一个电梯商业演讲，从而使自己清楚的知道如何赚钱。商业计划必须简单明了。

用来检验新公司的一个测验就是看公司被解释的难易程度。如果一个人能在他的名片后面概括他的公司计划的话，通常这意味着他能向员工、顾客和利益相关者描述公司的目标。一份需要一段文字或者10分钟来解释的商业计划是含糊不清的。

2. "最多三件事情"测验

成功有赖于创业者将其能力集中在有限的几个关键领域的能力。审视一个商业计划时，需要问自己如下问题：决定自己成功的三件事是什么？自己具备在这个范围内成功的必备能力吗？如果没有，如何获得？

3. "假如你是顾客"测验

把自己放在潜在顾客的位置上，问自己一系列的问题：

在已有选择的基础之上，自己会买这个公司的新产品和服务吗？

如果是，为什么？

作为一个潜在的买家，自己是独一无二的吗？还是很多人和自己一样？

自己会以现在的全价购买产品和服务吗？

购买服务有多快？多容易？自己会立刻购买，还是先了解一下？

4. "差异化和市场领导权"测验

成功需要自己的生意与众不同并能统治一些东西。钓小池塘里的大鱼比钓大海里的小鱼要好得多。定义自己的市场，即使它只是一个更大市场的一小部分，这样才能使自己有与众不同之处吸引这部分顾客，进而统治这个领域。与众不同者必胜，千篇一律者必败。

5. "我会被包围吗？"测验

在创业之前，同学们必须估计很常见的现象带来的风险，以及妨碍自己长期成功的可能性。要让自己的公司有一些特性，使供应商和合伙人难以竞争。同学们从一开始就要考虑自己是否能有效构建公司，阻止合伙人和供应商复制自己向顾客提供的价值的企图。

6. "成本翻番"测验

"成本翻番"的本质是：自己预料到会出现问题，每件事都比预期的费用要高，通常需要更多的代价实现收益。这个测验检查自己犯错误的回旋余地，显然余地越大越好。看一下自己的利润计划（自己预期的花费，预期收益，取得收益的时间）问自己如下问题：如果成本翻番，这还是一份好的商业计划吗？如果第一年的收益只有预期收益的一半，成本又翻番，这还是一个好创意吗？

7. 留下"犯错误试验的空间"测验

好的商业创意通常留给同学们很大的犯错误的空间。自己最后挣的钱不一定来自原打算挣钱的地方。在同学们投入时间和精力检测自己的公司前使用这个测验最有价值。一旦完善了自己的业务模式，就没必要选择如此大胆的假设。

8. "依赖性"测验

任何公司的重要风险来源之一就是对某个供应商或者顾客的巨大依赖。首要法则是单一顾客不能占据一个公司销售额的35%。所以，问问自己：如果环顾四周，自己的公司是否严重依赖某个公司呢？如果答案是肯定的，有办法减少这种依赖性或者减轻潜在的损失吗？如果打算创立的公司严重依赖某个公司，要考虑如下两个问题：这种依赖性会榨取自己的利润吗？如果依赖的公司停业或者不再同自己做生意，将会发生什么事情？

9. "多股收入流"测验

控制风险的传统方法之一是多样化。涉及公司收入，是指公司从多个来源获得收益的能力。

10. "脆弱性"测验

"脆弱性"测验，是用来分析"最坏的情况是什么"的方法。问自己这样一些问题：如果公司开业运转了，什么事情会让公司瞬间倒塌？如何预测现有的和潜在的竞争者对自己的公司作出的反应？是否有竞争者，有能力将自己的公司立刻扫地出门？为什么现有竞争者不会对自己的进入作出反应？

11. "不只是一条路"测验

如果同学们的公司能够将自己使用的技能灵活地朝多个方向发展，将更有可能成功。但是如果同学们正在启动一个只有一条路可走的公司，那么必须停下来思考，因为自己没有多少犯错误的机会。

（三）评价维度

由于所选择的产品（服务）的不同，创业环境的优劣、创业人员能力的差异等区别，所以要对一个创业计划书的优劣进行评价是一件非常困难的事情。目前，投资人员和创业大赛的评审者多采用量化打分制来评定创业计划书之间的差异。

参考以往比赛和专家的经验，将作为创业计划书的评价指标分为以下几个维度：

1. 执行概要

评价标准：简明、扼要、具有鲜明的特色。重点包括对公司及产品（服务）的介绍、市场概况、营销策略、生产销售管理计划、财务预测，指出新思想的形成过程和企业发展目标的展望，介绍创业团队的特殊性和优势等。

2. 产品（市场）

评价标准：如何满足关键用户需要；进入策略和市场开发策略；说明其专利权、著作权、政府批文、鉴定材料等；指出产品（服务）目前的结束水平是否处于领先地位，是否适应市场的需求，能否实现产业化。产品不过分超前市场而无法接受。

3. 市场

评价标准：市场容量与趋势、市场竞争状况、市场变化趋势及潜力，细分目标市场及客户描述，估计市场份额和销售额。市场调查和分析应当严密科学。

4. 竞争

评价标准：包括公司的商业目的、市场定位、全盘策略及各阶段的目标等，同时要有对现有和潜在的竞争者的分析，替代品竞争、行业内原有竞争的分析。总结本公司的竞争优势并研究战胜对手的方案，并对主要的竞争对手和市场驱动力进行适当分析。

5. 营销

评价标准：阐述如何保持并提高市场占有率，把握企业的总体进度，对收入、盈亏平衡点、现金流量、市场份额、产品开发、主要合作伙伴和融资等重要事件有所安排，构建一条畅通合理的营销渠道和与之相适应的新颖而富有吸引力的促销方式。

6. 经营

评价标准：原材料的供应情况，工业设备的运行安排，人力资源安排等。这部分要求以产品或服务为依据，以生产工艺为主线，力求描述准确、合理、可操作性强。

7. 组织

评价标准：介绍管理团队中各成员有关的教育和工作背景、经验、能力、专长。组建营销、财务、行政、生产、技术团队。明确各成员的管理分工和互补情况，公司组织结构情况，领导层成员、创业顾问及主要投资人的持股情况。指出企业股份比例的划分。

8. 财务

评价标准：包含营业收入和费用、现金流量、盈亏能力和持久性、固定和变动成本；前两年财务月报，后三年财务年报。数据应基于经营状况和未来发展的正确估计，并能有效反映出公司的财务绩效。

9. 总体评估

评价标准：条理清晰；表述应避免冗余，力求简洁、清晰、重点突出、条理分明；专业语言的运用要准确和适度；相关数据科学、诚信、详实；计划书总体效果好。

依据上述指标设立相应权重下表所示：

表7-1 创业计划书评价指标权重值

评价指标 \ 权重类别	创意可行性	商业计划	总计
执行概要	2.0%	2.0%	4.0%
产品（服务）	7.5%	5.0%	12.5%
竞争	5.0%	2.5%	7.5%
市场	10.0%	5.0%	15.0%
营销	8.0%	2.0%	10.0%
经营	2.5%	2.5%	5.0%
组织	10.0%	5.0%	15.0%
财务	8.0%	5.0%	13.0%
总体评估	12.0%	6.0%	18.0%
总体评价	65.0%	35.0%	100%

四、创业计划的路演展示

（一）明确创业计划的展示对象

1. 企业内部（员工或股东）

表述清晰的书面商业计划，有助于澄清创业目标，协调团队的各项工作，增强团队凝聚力和行动力，激发团队一致行动向目标前进。

对于企业职能部门经理而言，通过分析各环节和未来战略目标的商业计划，能确保自己所做的工作与企业整体计划方向一致。

2. 投资者和其他外部利益相关者

投资者、潜在商业伙伴、潜在客户、前来应聘的关键员工等外部利益相关者是创业计划的第二类读者。

要吸引这些人，创业计划不要过分乐观，过分乐观会破坏创业计划的信度。

创业计划必须明确显示商业创意可行，并与那些风险更小的投资选择相比，商业创意能给潜在投资者带来更高的资金回报；对于商业伙伴、客户和前来应聘的关键员工而言，仍须如此。

创业计划必须论证其商业创意的可行性，并开发出一套行之有效的商业模式；并深入认识所处的竞争环境；并注意要展现的事实，即用事实说话。

（二）向投资者陈述创业计划的技巧

1. 陈述准备

与投资者会面之前，创业者一定要准备好幻灯片，而且内容要以预订的陈述时间为限。

陈述的首要原则是严格遵守会议时间地点安排，做好充分准备。如果需要视听设备，应事先准备好。

注意事项：

（1）确保陈述流畅，逻辑清晰。

（2）幻灯片要简洁扼要。

（3）内容应通俗易懂（忌过多专业术语）。

（4）陈述企业自身状况而非技术或产品细节。

（5）避免遗忘一些重要的资料。

2. 陈述的关键点以及陈述技巧

陈述仅需要使用10～15张幻灯片，不追求全面，要抓重点，尤其是投资者可能感兴趣的部分。

公司：用1张幻灯片迅速说明企业概况和目标市场。

机会（尚待解决的问题和未满足想需求）：这是陈述的核心内容，最好占2～3占幻灯片。

解决方式：企业将如何解决问题或如何满足需求，该项内容需要1～2张幻灯片。

管理团队：用1～2张幻灯片简要介绍每个管理者的资格和优势。

产业、目标市场：用1～2张幻灯片介绍企业即将进入的产业及目标市场状况。

竞争者：用1～2张幻灯片简要介绍直接和间接竞争者，并详细介绍企业如何与目标市场中的现有企业竞争。

知识产权：用1张幻灯片介绍企业已有的或待批准的知识产权。

财务：简要说明即可。强调企业何时盈利，为此要多少资本，以及何时实现现金流持平，最好用2～3张幻灯片。

需求、回购和退出战略：用1张幻灯片说明企业需求要资金数目及设想的退出战略。

【链接】

60秒征服你的投资人

谁都不希望话说一半投资人就打瞌睡了。

投资者见过的自荐人数不胜数。他们听完推荐几分钟内就可以决定你是否值得他们花时间、花心思、花银两。以下是沟通技巧，供融资者参考。

1. 以三个"你知道吗？"问句开头，紧扣主题

介绍惊人的研究数据，让听众瞠目结舌，"真的吗？！"

无论你准备解决什么问题、应对什么议题、满足什么需求，援引最新数据，为这个难题提供全新见解。

引用德高望重的名人名言，证明某个突如其来的转变趋势、目标人群的骤增或法律法规的相关变化。

2. 用三个形容词修饰你所"想象"的答案

"想象"这个词能够抓住听众的注意力。他们放下手头的邮件，乖乖设想你所说的事物，全神贯注。

把你所提出的承诺浓缩为一句简洁的话，带动决策者的想法，"谁会不想要呢？！"

3. 黄金过渡句，"不劳您想象，我们已经发明出来了……"

接着，介绍先例、给出证据，证明这不是天马行空，也不是胡乱猜想。一切木已成舟，你就是负责传递信息。

或者提供案例研究，证明你所做工作的可信度。

再或者引用某位行业权威的推荐，为你的自荐增加真实性。

为什么"你知道吗"问句屡试不爽？

因为吸引老练决策者的最快方法，是介绍他们未知，但渴望了解的东西。几十秒时间，他们就长知识了。你证明了你是值得他们花时间的，于是他们充满动力，专心听讲。短短一分钟，你就把成功把自己卖出去了。

（三）现场答辩与反馈

创业者要敏锐预见投资者可能会提出什么问题，为此创业者就可以做好准备。

投资者可能会用很挑剔的眼光看创业计划，这时，创业者可能会很泄气。其实，投资者仅仅是在做分内的事情，提出的问题可能会有很大帮助，会给创业者很大启发的。

回答问题阶段是非常重要，此时投资者往往考察创业者是否挖掘到问题的本质，以及对新创企业了解多少。

现场回答投资者问题要注意：

1. 对投资者问题的要点有准确理解，回答具有针对性而不是泛泛而谈。
2. 能在投资者提问结束后迅速作出回答，回答内容连贯、条理清楚。
3. 回答问题准确可信：回答问题建立在准确的事实和可信的逻辑推理上。
4. 特定方面的充分阐述：对投资者特别指出的方面能做出充分的说明和解释。
5. 整体答辩的逻辑性要求：陈述和回答的内容有整体一致性。

6. 团队成员在回答时有较好的配合，能协调合作，彼此互补，对相关领域的问题能阐述清楚。

【链接】

大学生路演常见问题

下面是大学生路演时容易出现的七个问题：

问题一：不知所云

这是最常见问题，也是最严重的问题。具体表现是在路演过程中以自我为中心，演讲完后，评委还不知道你要干什么事。

对策：尽量用3句话表达清楚，让普通人能听懂要干的是什么。

问题二：技术展示

有时大学生创业者讲起技术滔滔不绝，很少涉及实际运作情况、商业模式和财务数据，导致投资人无法做出判断。

对策：在1分钟之内，论述技术实验的基本原理、研究成果和应用即可。

问题三：盲目乐观

表现为企业负责人对未来市场盲目乐观，自身预期远大于实际情况，导致评委及投资人没有沟通的欲望。

对策：客观冷静的评判项目，建议参赛之前和三位以上的投资人进行相关情况的沟通。

问题四：超出时间

路演的时间是严格控制的，务必在规定的时间内完成路演。通常，评委也认为不能严格把握时间的创业者准备不足，打分上一般会有所考量。

对策：多次练习，严格控制时间。

问题五：弄虚作假

部分大学生，为了吸引注意力，会编造数据或者提供假的证据，这是坚决不允许的。其实，造假行为很容易被发现。一经发现，就严重影响信誉。所以，这一点一定要注意。

对策：实事求是，坦诚面对。

问题六：答非所问

提问环节，需要准确作答。一部分创业者会出现答非所问、有意拖延的情况。这样的回答往往没有太大作用，影响团队印象。

对策：建议在30秒到1分钟的时间内，回答每个问题。一般来讲回答问题越多，越有利于展示团队形象，增进评委了解。

问题七：荣誉说明

参加路演的团队，很多是已取得一定成绩和成就的。一般来讲，团队在介绍荣誉时点到即可，一切的路演论述，需要以项目为核心。

对策：如实说明各个板块，不要喧宾夺主。

课堂活动

活动一　执行概要的拟定

对于投资人或评委来讲，他们希望在概要中看到关于项目商业模式的明确论述，以及对于人员、技术和市场的总体情况，而一个好的概要能让投资人或评委了解这个项目的吸引力所在。项目概要的核心逻辑是该项目比较有创新性和商业价值，团队比较靠谱，把钱投到这个项目上肯定赚钱！

各小组根据前期自己创业项目的论证情况，写一份不超过 1 页纸的项目概要。鼓励用图片加关键词的方式呈现。

活动二　目录框架的确定

BP 的内容组织与撰写，首先要确定目录框架，目录框架要基于项目性质和实际特点而灵活确定。下面是通用的 BP 框架模板，同学们根据此框架拟定一份自己项目的创业计划大纲目录。

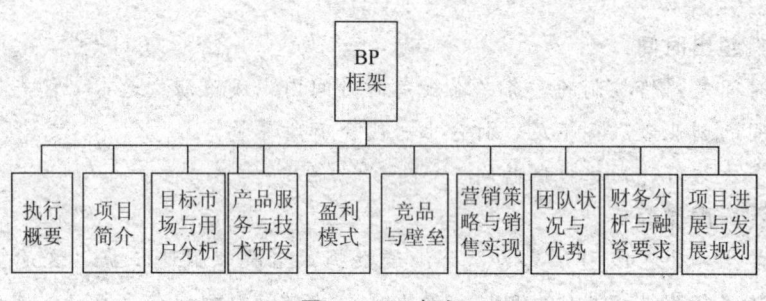

图 7-1　BP 框架

活动三　简版 BP 的设计

推荐的 BP 模板（实际是 PPT），如下图所示：

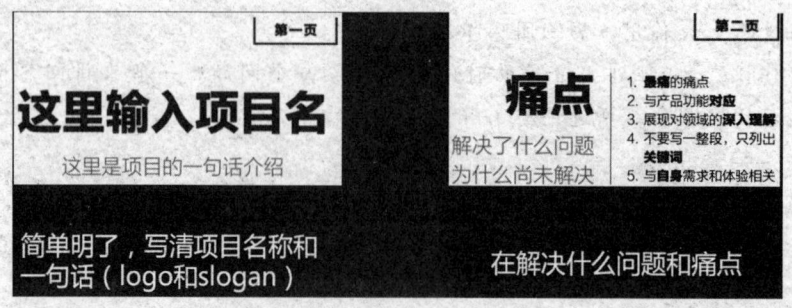

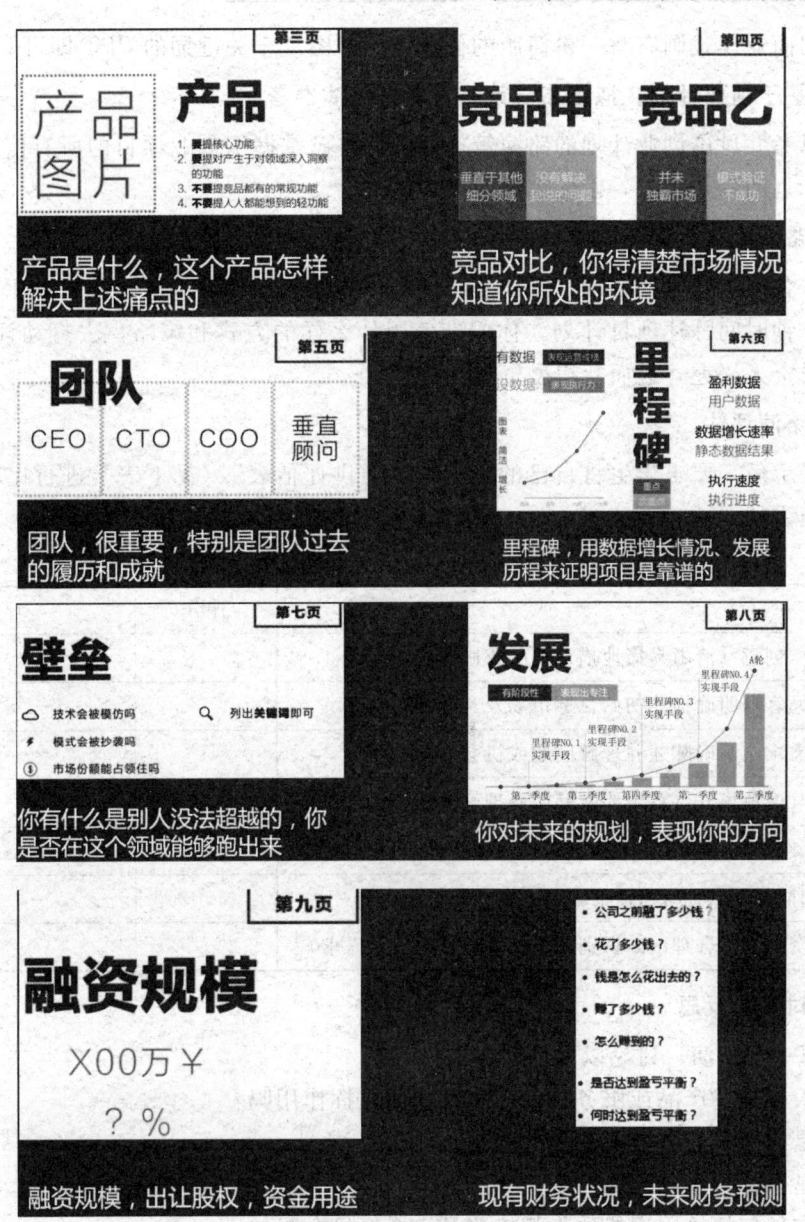

图 7-2　BP 模板

现在，请同学们拟出自己项目的简版计划书的草稿吧。

课外实践与作业反馈

创业计划制订与路演

（一）基于商业模式画布，撰写创业计划（简版）

同学们已经有了项目、团队，评估了风险，论证了资源，设计并验证了商业模式，现在小组根据商业模式画布写一份简版的创业计划（图片＋关键词的 PPT 即可）。

(二) 基于创业计划，拟定路演策略，做好路演准备

认真思考并讨论创业计划的路演策略，确保自己掌握了创业项目的所有信息，然后凝练出创业计划的各个要点，以此来做路演训练。

(三) 路演比赛

现在，各小组同学的"CEO"代表自己的创业团队，各组进行路演展示比赛。路演时间不超 8 分钟时间陈述项目计划。你们准备用什么样的方式和策略，去打动评委投资人，引起评委投资人兴趣，进而获得融资机会呢？

(四) 路演评估

全部展示后，要求学生将自己的笔记与"演讲评估表"（见下表）进行比较，同时完成对每个演讲的评估。

表 7-2 演讲评估表

	评分	评论
创意（清晰易懂地描述产品或服务）		
顾客（明确描述初始目标市场及其规模）		
需求（明确陈述并理解问题或机会匹配）		
商业模式（各个要素是明确理解的）		
差异化（已经识别并证实了某些与目标顾客共鸣的独特特征）		
团队（团队拥有所需的技能、资源和经验）		
资金（融资计划是合理的，识别到了具体数量的资金需求）		

(五) 讨论与反思

针对每一个路演，讨论以下问题：

1. 有人能描述产品或服务是什么以及如何发挥作用吗？
2. 谁是目标顾客以及要解决的问题是什么？
3. 这是个好机会吗？为什么？
4. 存在任何情境因素导致你相信这是一个好机会吗？
5. 该产品是独特的或与竞争产品以及其他替代产品有何不同吗？
6. 项目计划如何赚钱？
7. 团队的技能与企业的需求一致吗？
8. 启动新企业需要什么资源？
9. 你觉得信息沟通的方式如何？
10. 在给定的时间范围内，演讲者可以做些什么来改进演讲内容和沟通方式？
11. 之前的评估与运用"演讲评估表"之后的评估，有哪些区别？

延伸阅读

一、风险投资最喜爱的商业计划书

作为风险投资公司，最希望收到这样的商业计划书。

首先，商业计划书的形式和页数：风险投资公司每天从各种渠道收到的商业计划书很多，每天能用来看商业计划书的时间是有限的。所以第一次给投资人的商业计划书，最好用PPT做。一方面PPT图文排版更方便、表现更丰富，方便讲清楚创业项目；另一方面PPT一般是按页查看，让人更有耐心去了解。内容大概在20页左右。不要刻意控制页数，重在把每块内容说清楚。

第一部分（2~3页）：What——讲清楚自己要做什么

用2~3页PPT讲清楚自己准备干一件什么事。不要整页PPT都是大段文字，应该用一两句话将自己要做的事说清楚。最好能配上简单的上下游图或功能示意图，让人对项目一目了然。

这里核心是要突出专注，表明自己就想做一件事，而且就想解决这件事中的某一个关键问题。不要追求大而全，也不要产业链太长。

第二部分（4~6页）：Why Now——行业背景、市场现状

用4~6页PPT讲清楚行业背景、市场发展趋势、市场空间。要说明自己在正确的时间做正确的事，而且市场空间大。

市场大，不代表有需求。要描述在目前的市场背景下，抓住一个用户的痛点或者为用户带来更高性价比的产品或服务。尽量列出与竞争对手的对比分析，表明当前的商业机会。

第三部分（5~10页）：How——如何做，以及现状

用5~10页PPT讲清楚商业模式实现的具体方案，包括产品的研发、生产、市场、销售策略。

第四部分（2~3页）：Who——你的团队

用2~3页PPT讲清楚团队的股份和分工。团队要有合理分工，需要介绍团队主要成员的背景和特长。强调个人的能力适合该岗位，团队的组合适合创业项目。

第五部分（1~2页）：Why you——优势

用1~2页PPT讲清楚自己的项目和团队优势。"事为先、人为重"，让投资人相信自己要做的事非常有前景，而且自身团队很适合这个项目。回答好两个问题："为什么是现在做这个项目？""为什么能做成功？"

第六部分（2~3页）：How much——财务预测与融资计划

用2~3页PPT讲清楚前三年的财务情况，以及后三年的财务预测。早期项目的盈利不重要，投资人主要对高增长性感兴趣。表明自己的融资计划，需要多少资金，准备稀释多少股份。

二、对天使投资的五大认识误区

1. 天使投资者掌握着生杀大权

为了说服合适的投资者提供投资,你需要积极行动起来,你必须从众多投资者中挑选对公司最有利的投资者,投资者能够给你的公司提供一些重要的帮助,比如人脉资源、背景和知识等。这并不是"乞讨者无权挑选"的故事。你可以而且应该只瞄准那些在你所处的市场领域享有信誉、让你能够信任和放心建立合作关系的天使投资者。

2. 获得天使投资比完成一轮风险投资更容易一些

这种看法是不对的。实际上,真实的情况恰好相反。天使投资者投出的是自己的钱,这会让他们在选择投资对象时更加谨慎。天使投资者很可能还是你所处的行业的专家,这会让说服他们投资变得更为困难。请记住,天使投资者并不一定要投资。换句话说,那不是他们的工作。与靠投资来赚钱的风险投资者不同,天使投资者可以选择投资,也可以选择根本不投资。

3. 天使投资比风险投资好一些/坏一些

事实上,天使投资与风险投资不具有可比性,这是两种不同类型的投资。你决定去寻求风险投资应基于很多不同的因素,包括你需要的资金量、你的公司正处于发展的哪个时期,以及除了资金之外,你还想从你与风险投资者的合作关系中获得些什么,比如行业知识、忠告建议、发展指导,等等。除了考虑你现在需要的资金量之外,你还应将未来可能需要的融资也考虑在内。如果你希望公司能够得到规模较大的投资者的投资,那么风险资本可能比天使投资更适合一些。如果你不太在意分享权力,那么你也许可以选择天使投资。你需要考虑所有的因素,然后再做出最佳的融资选择。

4. 公司被评估的价值越高越好

你不能仅仅因为一位天使投资人给你的估值比另一位天使投资人的估值高就选择前者。你的公司能否获得成功取决于你如何运用手中的钱,而不是你能得到多少钱。资本效率是衡量一家初创公司是否成功的关键指标。更高的评价会导致更多的资金投入,那会造成你的股权被不必要地稀释,规模扩展太快以及期望值过高等不良后果。

5. 如果投资者不愿意为你提供任何帮助,那么你的创意注定会以失败收场

这可不一定哦。即使是某些最成功的公司,一开始也可能没有获得足够的投资,因此,你大可不必为此而气馁。你应该稳扎稳打地实现一个又一个的阶段性目标,朝着最终的目标坚定迈进。请记住,自力更生是一项强大的经营能力,而不是失败的标志。

专家视点

徐小平:中国创投的三大趋势

一、共享经济深入到衣食住行

最近自行车分享领域正发生一场激烈的"大战"。共享单车 ofo、摩拜分别完成数千万美元融资。在这个领域,中国已经走在了世界的前面。因为无论是美国校园还是纽约街头的 Citi Bikes,自行车都是固定在车桩上的,用户需要寻找车桩停车其实非常不方便。

衣橱的分享是新热点。真格基金投资了一家创业公司"衣二三",他们让用户在网上选择心仪的衣服,一次三件寄给用户租用,用完了再寄回来换另外三件。经常看到办公室的女孩穿着很漂亮的裙子,一问都是衣二三上租的。

空间的分享也从办公深入到了住宅。国内优客工厂推出了"共享际"集办公、居住娱乐于一体,国外共享办公的鼻祖 WeWork 今年也开始在纽约运营第一个共享居住空间 WeLive。

二、信息中心由机构持续向个人转移

中国创投的第二大趋势是个人媒体的影响力越来越大,信息传播的中心持续由机构向个人转移,直播就让每个人都成为信息发布中心。

从以前微博的经验来看,如果粉丝达到几十万就可以有非常广泛的影响。自媒体更是如此,在微信上自媒体公众号的订阅数已经超过了机构媒体。在直播、微信以及未来将出现的新技术平台的支持下,每个人都有可能在这个时代脱颖而出。以 Papi 酱为例,刚开始时她也就有 2000 个粉丝,现在已经有 2000 多万粉丝,广告月收入超过千万,具有强大的变现能力。

三、高黑科技全面发力

第三个趋势是高黑科技真切地来到人们身边。大数据、云计算、AR、VR 和人工智能这些领域都开始出现更广泛、多元、贴近人们生活的应用。由此可见,基于新一代技术平台的创业创新将迎来大爆发。

基于移动互联网的创新似乎越来越偏,越来越窄,换句话说,是越来越深,越来越细。基于新一代技术平台的创新服务正在遍地开花。创业者要把握各种各样新的技术手段和应用平台,挖掘技术本身的突破性价值和多元化应用的巨大潜在价值。

第八章 企业创办与初创企业管理

　　创建活动不仅是导致新企业形成的条件，而且是新企业生成过程中的功能性要素。借助创建活动，创业者一方面创造出新企业实体，另一方面也在形成并塑造着新企业的竞争优势。

——斯科特·纽伯特

　　成功企业的 9F 要素：创办人（founder）、抓住重点（focus）、决策迅速（fast）、机动灵活（flexible）、不断创新（forever innovating）、精简机构（flat）、精打细算（frugal）、待人友好（friendly）和充满乐趣（fun）。

——美国学者

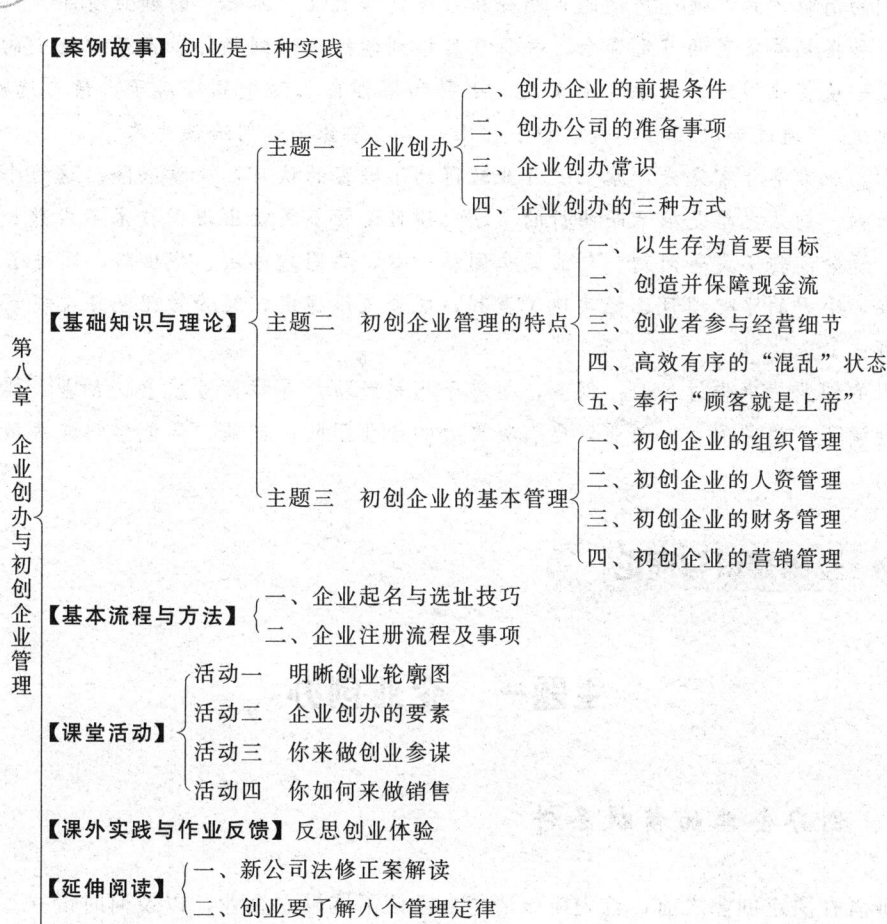

第八章　企业创办与初创企业管理

【本章地图】

第八章 企业创办与初创企业管理
- 【案例故事】创业是一种实践
- 【基础知识与理论】
  - 主题一　企业创办
    - 一、创办企业的前提条件
    - 二、创办公司的准备事项
    - 三、企业创办常识
    - 四、企业创办的三种方式
  - 主题二　初创企业管理的特点
    - 一、以生存为首要目标
    - 二、创造并保障现金流
    - 三、创业者参与经营细节
    - 四、高效有序的"混乱"状态
    - 五、奉行"顾客就是上帝"
  - 主题三　初创企业的基本管理
    - 一、初创企业的组织管理
    - 二、初创企业的人资管理
    - 三、初创企业的财务管理
    - 四、初创企业的营销管理
- 【基本流程与方法】
  - 一、企业起名与选址技巧
  - 二、企业注册流程及事项
- 【课堂活动】
  - 活动一　明晰创业轮廓图
  - 活动二　企业创办的要素
  - 活动三　你来做创业参谋
  - 活动四　你如何来做销售
- 【课外实践与作业反馈】反思创业体验
- 【延伸阅读】
  - 一、新公司法修正案解读
  - 二、创业要了解八个管理定律
- 【专家视点】创业要处理好三个人际圈
- 【网上精品视频课程】新企业开办与计划制订

【案例故事】

创业是一种实践

小尹有着强烈的创业梦想。大一时，他就与同学创建了"创业协会"。他在校内开办旧货交易会，积极进行创业实践。他从同学们手中收集旧衣服、旧书本、运动器材，再帮他们转卖这些旧货。通过这次行动，给小尹积累了不少经验。

小尹又通过"创业协会"组织了创业大赛，从参赛的创业计划书中，获得了很多创业灵感和思路。他相继开办韩语培训班、兼职信息中心、建设淘宝屋等。在短短一年内，小尹尝试了几个不同的行业领域，由于缺乏好的经营模式和创意，这些经营项目最终都停滞了下来。

几次创业失败的经验，让小尹的创业选择逐渐成熟起来。他通过在学校发放问卷，调查同学们的消费方式，通过严谨的市场分析最终选择启动"冰吧"的创业项目。

小尹和搭档筹集了两万元资金，并将项目报到学校，得到领导批示后，他们向学校申请得到了一块营业用地。由于资金不足，小尹和搭档自己动手装修房子，亲自选购原料、设备。他说，"通过那次经历，我学会了货比三家，学会了如何洽谈生意。"

由于创业准备非常充分，冰吧一开业就得到了顾客的认可，生意兴隆。这给小尹带来了很大信心。创业之路是艰辛而曲折的，冰吧项目运营不久就出现了技术不成熟、冰品味道欠佳、资金周转不灵等问题。创业团队团结一心，共同想办法、找出路，闯过了难关。

现在，小尹的冰吧项目已经实现了赢利，现金流很稳定，经营管理也日益规范。

点评：

小尹的创业故事告诉我们：创业，要善于积累经验，寻找商业机会；创业，要做好充分的前期调研，找准项目；创业，要有凝聚力的创业团队；创业，要能经得起失败的心理素质。

基础知识与理论

主题一　企业创办

一、创办企业的前提条件

创业者在决定创业之前，首先应该清楚自己该不该设立企业，以及何时设立。大量的调查表明，企业的设立时机得当与否对新创企业的成功有着重要的影响。一般来说，具备以下一个或几个条件时，企业的设立才有可能成功。

（一）具备了设立企业的外部环境

创业需要有适当的制度环境、政策环境、金融环境、市场环境、科技环境和人文环境等。传统计划经济时期个人无法创业，原因关键在于那时缺少个人创业的经济制度与政策环境。良好的外部环境也为很多创业者提供了设立企业的良好时机。

政府对创业者的帮助和支持表现在对新创企业提供包括房产、水电、通信方面的基础设施，鼓励创业的财政支持和税收等方面的政策支持，以及对特定行业的发展支持等。比如，政府对于高科技企业的创办给予了良好的支持，包括制定具有引导性的政策、制定新的法律法规；建立高新技术创业园区、减免部分新创企业税收；提高新创企业的审批效率；鼓励留学人员创业等。创业者在做出创业决策时，需要考虑新创企业的产品和服务是否符合当地政府的要求，企业的经营业务将受到政府鼓励还是抑制。能够享受哪些优惠政策，需要履行怎样的企业义务。

（二）有了强烈的做老板的意识

很多创业者在强烈的做老板的意识下创立了自己的企业。对很多人来说，在一个公司里做一般甚至高级员工，有较高的薪资或比较舒适的办公环境以及较好的福利，按照公司统一的战略规划及统一的步调进行日复一日、年复一年的那份工作。自己创办企业基本上可以选择自己喜爱的事业去开创，按照自己喜欢的方式去做自己喜欢的事情。在自己创办的企业里为自己工作，做自己喜欢的事情，实现自己的人生理想和抱负，是大多数创业者的创业动因。显然，一个没有做老板的欲望的人是无法创业的。因为他不可能有应对创业之挑战、机遇、困难、烦恼的任何心理准备。即使他受人挑动，或盲目上阵创办企业，也必然会败下阵来。也正是在这种强烈的自己做老板的意识驱动下，很多企业应时而生。

（三）出现了有利的市场机会

很多很好的商业机会并不是突然出现的，而是对于"一个有准备的头脑"的一种"回报"。市场机会的出现是创业者意识到机会的到来，有准备的创业者会适时创立自己的企业。

寻找市场空白，这可能是最直接有效的发掘有利市场机会的方法了。有空白就存在着巨大的消费需求。但问题是创业者本人看到的市场空白别人往往也能看到，即使自己先看到，也容易被后来者模仿甚至超越。在温州有一个拥有千万资产的人叫叶建林，他创业成功的秘密就是"生意一火就转行"。从开酒楼始，到大排档、火锅店，每一次他都创当地行业之先河，而且盈利颇丰。道理就在于他能敏锐地发现和抓住市场空白，捷足先登。

（四）开发了能创造市场的产品

这是创业者起步创业的最为直接的可能性。清华大学材料系学生邱虹云发明了多媒体超大屏幕投影电视，该产品曾在清华大学第二届学生创业大赛获得一等奖及首届全国大学生科技创业大赛一等奖，被专家称之为"具有革命意义的产品"。以这一技术为核心技术，由当时清华大学几名在校学生创立的高科技企业视美乐科技发展公司注册成立了。由于其产品具有广阔的市场潜力，视美乐公司很快获得上海市第一百货商店股份有限公司250万元的风险投资，从此走上了快速发展的道路。

（五）有了能创造市场的商业模式

由于B2C模式在中国已经有了一定的发展。同时，从美国、欧洲等发达国家电子商务已经取得的成绩来看，B2B电子商务在未来具有很好的发展前景，一大批B2B电子商务公司在世界各地不断地涌现出来。由此可以看到，一个有着巨大市场潜力的商业模式也能带动大批企业的创立。

（六）有机会掌握独立创业的独特资源

这里说的独特资源有很多种，例如获得了某种有利于自己独立创业的特许权也是一种独特资源。创业者一旦拥有了这类权利，就不会遇到过多的竞争者，就不会进入一个拥挤的市场，创业成功的概率自然会大大提高。

二、创办公司的准备事项

创业者在创办一家新的公司之前,要做好以下几方面准备:

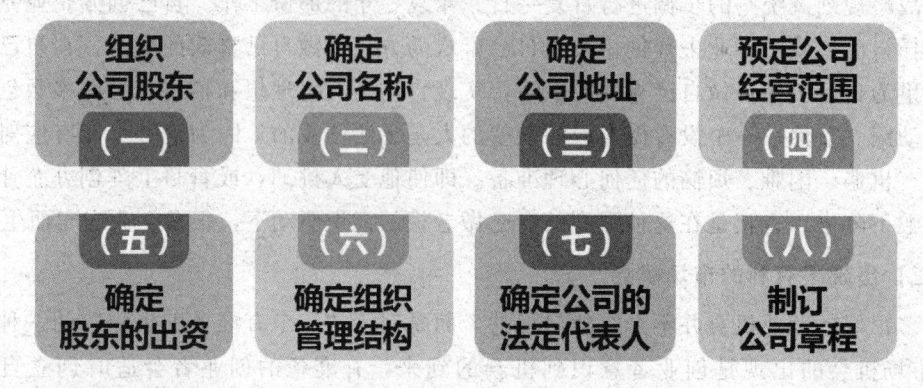

（一）组织公司股东	（二）确定公司名称	（三）确定公司地址	（四）预定公司经营范围
（五）确定股东的出资	（六）确定组织管理结构	（七）确定公司的法定代表人	（八）制订公司章程

（一）组织公司股东

股东即是公司的出资人,也称为投资者,成立一家公司首先就是要组织一定数量的投资者。除国家有禁止或限制的特别规定外,有权代表国家投资的政府部门或机构、企业法人、具有法人资格的事业单位和社会团体、自然人都可以成为公司的股东。

（二）确定公司名称

申请名称预先核准的时候,应当提交下列文件:
1. 全体股东签署的公司名称预先核准申请书;
2. 股东的法人资格证明或者自然人的身份证明。

（三）确定公司地址

第一,公司的地址必须跟递交申请的注册机构的级别相一致。

第二,公司地址所在地必须具备完整的产权证明文件。产权证明文件证明该所在地归谁所有,一般是指房产证。

第三,一个地址只能注册一家有限公司,如果定的地址以前已经有注册过一家公司而且那家公司现在还没有搬走或注销,那么现在就不能用来再注册一家公司。即使是原来的公司搬走了,也要确认那家公司有没有办理地址变更手续。

第四,有些地方的工商局对注册有限公司的房屋档次有所要求,在注册之前必须了解当地的规定,或者到工商局先咨询清楚。

第五,如果公司地址所在地的所有权不属于任何一个股东的,那么必须由其中一个股东跟业主签订一个租赁合同。租赁合同一般要签一年以上。

（四）预定公司经营范围

经营范围是指国家允许企业法人生产和经营的商品类别、品种及服务项目,反映企业法人业务活动的内容和生产经营方向,是企业法人业务活动范围的法律界限,体现企业法人民事权利能力和行为能力的核心内容。根据《公司法》的规定,对公司的经营范围有以下要求：

1. 公司的经营范围由公司的章程规定，公司不能超越章程规定的经营范围申请登记注册。

2. 公司的经营范围必须进行依法登记，公司的经营范围以登记注册机关核准的为准。公司应当在登记机关核准的经营范围内从事经营活动。

3. 公司的经营范围中属于法律、行政法规限制的项目，在进行登记之前，必须依法经过批准。

4. 如果提交的经营范围里面某些项目不符合要求，工商局会要求修改或将它删除。

（五）确定股东的出资

1. 出资方式及比例说明

（1）货币

设立公司必然需要一定数量的货币，用以支付创建公司时的开支和生产经营费用。所以股东可以以货币进行出资。

（2）实物

是指有形物即能看得见，又可摸得到的东西。实物出资一般是以机器设备、原材料、零部件、建筑物、厂房等作为出资。

（3）知识产权

知识产权是一个内容非常广泛的概念，它一般包括：发明专利、实用新型或外观设计专利、著作权、商标服务标记、厂商名称（商号）、货源标记或原产地名称等。

（4）非专利技术

确切地说应当是非专利成果，它是受《中华人民共和国技术合同法》保护的一种无形财产。在广义上，它可以被看作是一种特殊的知识产权。但在狭义上，由于未经法定程序授予，也无独占性和明确的时间、地域限制。

2. 股东出资必须符合下列要求

（1）股东以货币出资的，应当将货币出资一次足额存入准备设立的有限责任公司在银行开设的临时账户。

（2）股东以实物、知识产权、非专利技术、土地使用权出资的，必须进行评估作价，并依法办理转移财产或者使用权的手续。这里的手续是指过户手续，比如以房产出资的必须到房管部门办理转让所有权的手续。

资产评估必须找具有法定评估资格的机构（如资产评估公司或会计师事务所等）来进行，这些机构对资产评估完后会出具资产评估报告书。

以新建或新购入的实物作为投资的，也可以不经过评估，但要提供合理作价证明。建筑物以工程决算书为依据，新购物品以发票上的金额为出资额。

（3）以知识产权、非专利技术作为出资的金额不得超过公司注册资本的百分之二十。但是，国家对于采用高新技术成果有特别规定的除外。

资产评估和验资是不同的，资产评估是指评价出实物、知识产权等的具体价值，验资是指证实具体出资的真实性及合法性。

（六）确定公司的组织管理结构

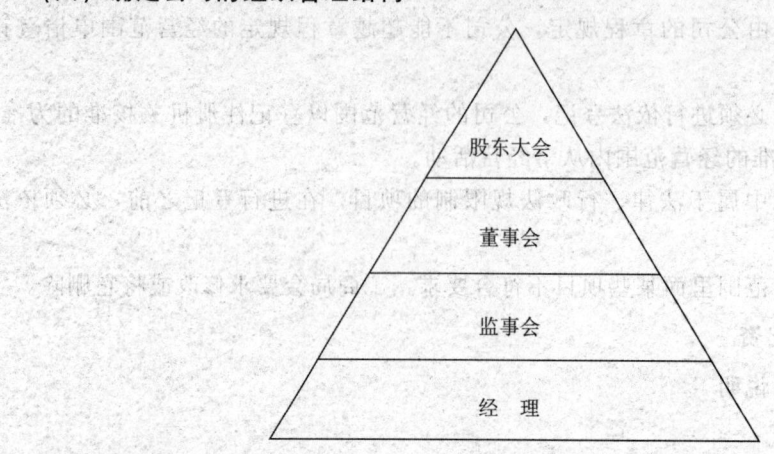

```
        股东大会
        董事会
        监事会
         经理
```

1. 股东大会
股东大会行使下列职权：
（1）决定公司的经营方针和投资计划；
（2）选举和更换董事，决定有关董事的报酬事项；
（3）选举和更换由股东代表出任的监事，决定有关监事的报酬事项；
（4）审议批准董事会的报告；
（5）审议批准监事会或者监事的报告；
（6）审议批准公司的年度财务预算方案、决算方案；
（7）审议批准公司的利润分配方案和弥补亏损方案；
（8）对公司增加或者减少注册资本，作出决议；
（9）对发行公司债券作出决议；
（10）对股东向股东以外的人转让出资作出决议；
（11）对公司合并、分立、变更公司形式、解散和清算等事项作出决议；
（12）修改公司章程。

2. 董事会
董事会的成员为三人至十三人。

董事会设董事长一人，可以设副董事长一至二人。董事长、副董事长的产生办法由公司章程规定。

董事会对股东会负责，行使下列职权：
（1）负责召集股东会，并向股东会报告工作；
（2）执行股东会的决议；
（3）决定公司的经营计划和投资方案；
（4）制订公司的年度财务预算方案、决算方案；
（5）制订公司的利润分配方案和弥补亏损方案；
（6）制订公司增加或者减少注册资本的方案；
（7）拟订公司合并、分立、变更公司形式、解散的方案；

(8) 决定公司内部管理机构的设置;

(9) 聘任或者解聘公司经理（总经理）（以下简称经理），根据经理的提名，聘任或者解聘公司副经理、财务负责人，决定其报酬事项;

(10) 制定公司的基本管理制度。按照《公司法》的规定，如果公司的股东人数较少和规模较小，可以设一名执行董事，不设立董事会。执行董事的职权可以参照董事会职权进行确定。

3. 监事会

监事会也称公司监察委员会，其成员不得少于三人。

监事会由股东代表和适当比例的公司职工代表组成，具体比例由公司章程规定。监事会中的职工代表由公司职工民主选举产生。有限责任公司，股东人数较少和规模较小的，可以设一至二名监事。董事、经理及财务负责人不得兼任监事。

监事会或者监事行使下列职权：

(1) 检查公司财务;

(2) 对董事、经理执行公司职务时违反法律、法规或者公司章程的行为进行监督;

(3) 当董事和经理的行为损害公司的利益时，要求董事和经理予以纠正;

(4) 提议召开临时股东会;

(5) 公司章程规定的其他职权。

4. 经理

经理是公司中对内有业务管理权限、对外有商业代理权限的人。

总经理对董事会负责，行使下列职权：

(1) 主持公司的生产经营管理工作，组织实施董事会决议;

(2) 组织实施公司年度经营计划和投资方案;

(3) 拟订公司内部管理机构设置方案;

(4) 拟订公司的基本管理制度;

(5) 制定公司的具体规章;

(6) 提请聘任或者解聘公司副经理、财务负责人;

(7) 聘任或者解聘除应由董事会聘任或者解聘以外的负责管理人员;

(8) 公司章程和董事会授予的其他职权。副总经理是总经理的副手。当总经理因故不能行使职权时，可授权副总经理代行其职权。一般情况下，协助总经理总揽公司业务工作。

（七）确定公司的法定代表人

以下自然人不得做公司法人：

1. 无民事行为能力或者限制民事行为能力。
2. 因犯有贪污、贿赂、侵占财产、挪用财产罪或者破坏社会经济秩序罪，被判处刑罚，执行期满未逾五年；或者因犯罪被剥夺政治权利、执行期满未逾五年。
3. 担任因经营不善破产清算的公司、企业的董事或者厂长、经理，并对该公司、企业的破产负有个人责任的，自该公司、企业破产清算完结之日起未逾三年。

4. 担任因违法被吊销营业执照的公司、企业的法定代表人,并负有个人责任的,自该公司、企业被吊销营业执照之日起未逾三年。

5. 个人所负数额较大的债务到期未清偿。

6. 国家公务员不得兼任公司的董事、监事、经理,也不得担任公司法定代表人。

(八) 制定公司章程

公司章程是关于公司组织和行为的基本规范。公司章程不仅是公司的自治法规,而且是国家管理公司的重要依据。公司章程具有以下作用:

1. 公司章程是公司设立的最主要条件和最重要的文件。
2. 公司章程是确定公司权利、义务关系的基本法律文件。
3. 公司章程是公司对外进行经营交往的基本法律依据。

公司章程是注册一家公司最主要的文件之一,它由股东共同制定,经全体股东一致同意,由股东在公司章程上签名盖章。

公司章程对公司、股东、董事、监事、经理具有约束力。

三、企业创办常识

(一) 认识企业

企业是从事生产、流通或服务性活动的独立核算经济单位。它是依法设立的经济组织,是在商品经济范畴中,按照一定的组织规律,有机构成的经济实体,一般以赢利为目的,以实现投资人、客户、员工、社会大众的利益最大化为使命,通过提供产品或服务满足社会需求,以换取收入和盈利。企业是社会发展的产物,因社会分工的发展而成长壮大。

(二) 企业的类型

企业根据不同的标准也可以分为不同的类型:

1. **根据企业规模划分**

根据企业规模大小不同,可分为大型企业、中型企业、小型企业。

2. **根据企业组织形式划分**

根据企业组织形式不同,可分为个体企业、合伙制企业、股份制企业。

3. **根据经济成分划分**

根据经济成分不同,可分为国有企业、集体企业和私营企业。

4. **根据资源密集程度划分**

根据资源密集程度不同,可分为劳动密集型企业、资金密集型企业和技术密集型企业。

5. **根据经营性质划分**

根据经营性质不同,可以分为工业企业、商业企业、农业企业、金融保险企业、房地产开发企业、交通运输企业、旅游服务企业、餐饮娱乐企业、邮电企业、中介服务业等。

(三) 企业的法律形式

创业者在创立企业的时候,必须解决的一个重要问题是企业应选择什么样的法律组织形式。这个决策主要取决于创业者和公司投资者的目标,并考虑纳税地位、承担的法律责任及在企业经营和融资活动中的灵活性。

依据我国现行法律规定,个人创立新企业的法律形式主要有有限责任公司、合伙企业、个人独资企业、个体工商户等。不同的企业类型有着不同的设立条件和注册资本限额,以上几种企业类型的具体介绍如下:

1. 有限责任公司

有限责任公司又称有限公司,是指符合法律规定的股东出资组建,股东以其出资额为限对公司承担责任,公司以其全部资产对公司的债务承担责任的企业法人。

2. 合伙企业

合伙企业,是指自然人、法人和其他组织依照《中华人民共和国合伙企业法》在中国境内设立的普通合伙企业和有限合伙企业。合伙企业由各合伙人订立合伙协议,共同出资、合伙经营、共享收益、共担风险,并对合伙企业债务承担无限连带责任。

3. 个人独资企业

个人独资企业,简称独资企业,是指由一个自然人投资,全部资产为投资人所有的营利性经济组织。独资企业是一种很古老的企业形式,至今仍广泛运用于商业经营中,其典型特征是个人出资、个人经营、个人自负盈亏和自担风险。

4. 个体工商户

个体工商户是在法律允许的范围之内,依法经核准登记,从事工商业经营的自然人。

通过以上分析,同学们可以看出企业的不同法律形式之间的区别,创业者选择自己的法律形式时,要从下面四个方面认定:

(1) 业主数量和注册资本;
(2) 成立条件;
(3) 经营特征;
(4) 利润分配和债务责任。

四、企业创办的三种方式

创业者决心投入创业行列时,需要考虑采取何种创业方式,是独创,还是合伙,或是收购。为此,要将自己的经营能力、可动用经营资源与可能创业方式作一番慎重评估,才能最后做出决定。

(一) 独创

独创是指创业者独立创办自己的企业。在现代社会,个人独立创业成为一种很平常的现象,创业者往往通过工艺创新、市场营销创新等非技术创新而成功地创建企业。

独创企业的特点在于产权是创业者个人独有的,相对独立,而且产权清晰,不会与其他个人或团体产生产权。企业由创业者自由掌控，创业者可按自己的思路来经营和发展自己的企业，可以最大限度地发挥个人的智慧与才能；企业利润归创业者独有，无须担心他人分利；同时也不存在其他所有者，无须迎合其他持股者的利益要求和其对企业经营的干扰，这是十分有利的。

但是，独创企业也存在着不利的一面，主要表现在：

1. 创业者需要独自承担风险。虽然创业者个人的利益是独立的，但其风险也是独立的，创业者需要独立承担创业中的任何风险。这在激烈竞争的市场环境中，往往是极为危险的。

2. 创业资金筹备比较困难。由于独创企业在法律上不得不采取业主制的组织形式，在企业组织的存续上存在先天性缺陷。因此，这类企业往往很难得到金融机构的信贷支持。

3. 财务压力大。设立和经营企业的一切费用必须由创业者个人独立承担，创业者将面对较大的财务压力。

4. 个人才能的限制。创业者的智慧和才能终究是有限的，独创企业设立、运营和发展过程必然会受到个人智慧、才能和理性的限制。

5. 难有优秀的管理团队。独创企业很难有优秀的管理团队。一个好汉三个帮，任何具有较强创新与创业精神的员工都不会心甘情愿地长期服务于这样的企业。且由于高层员工不是企业的股东，他们极易与创业者离心离德。

（二）合伙

合伙是指加入他人现有企业或与他人共同创办企业。创业者需仔细考虑采用这种方式发展企业的可行性。合伙企业还可以被看作是弥补企业扩张时的资源不足，对市场竞争和市场机会更快地做出反应的众多方法之一。作为一种扩张策略，有效地利用合伙战略需要创业者认真地评估形势和合作者。

与独创企业相比，合伙企业有以下几个优势：

1. 共担风险。由于合伙企业存在至少两个或两个以上创业者。在风险承担方面可以共同分担，在遇到各种困难时可以一起克服。

2. 融资较易。在合伙企业中吸纳具有融资优势的个人加入，可以减弱以至回避个人独创企业融资难的问题。

3. 优势互补。由于合伙企业的创业者为两人或更多，创业者的智慧、才能、理性以及资源可以互补，只要团队结构协调、合理，即可以形成一定的团队优势。

但是，合伙企业也存在一些问题，主要表现在：

1. 产权关系不明晰，关系难处。在我国有关创业的法律体系不完善的情况下，合伙企业往往会遇到产权关系难以处理的问题。特别是合伙创业起步之初，往往需要某些无形资产持有者的加入，但无形资产的股份难以合理确认，且当企业发展到一定程度，无形资产提供者在企业中的地位和利益往往会遇到挑战。

2. 易产生利益冲突。合伙意味着数个人的利益交织在一起，团队成员之间的利益关系需要反复磨合，在企业设立、运营、发展中不免会产生这样或那样的利益矛盾。一旦利益关系出现了大的不协调，就可能导致企业存续和运营的危机。

3. 易出现中途退场者。当团队内部出现了较大的利益矛盾，或是某些团队成员遇到了更好的盈利机会，还有某些团队成员已有能力独立创业，以及某些团队成员畏惧创业中出现的困难时，这些成员就可能退出现有的创业团队。一旦有人退出，就有可能影响合伙创业的进程，以至影响到新创企业的发展。

4. 企业内部管理交易费用较高。常言道人多嘴杂，企业设立、运营和发展都需要有集体决策，如果团队内部沟通不好，关系不协调，往往会形成大事小事皆议而不决的局面。

5. 企业发展目标不统一。由于各合伙人的商业目的不一致，可能导致企业发展方向不统一。

（三）收购

投资收购现成的企业，包括既有企业并购（经营成功企业并购、待起死回生企业收购）和购买他人智能（知识产权的收购、特许加盟）等方式。客观地看，创业不外乎是培育某种财富生产能力，为自己创造利润，为社会提供福利。因此，投入资金，通过产权交易，直接变他人的财富制造能力为自己所有，也不失为创业的可行途径。

1. 收购企业的优点

（1）迅速进入

新创企业进入市场时总会遇到这样或那样的障碍。诸如技术壁垒、规模壁垒、市场分割壁垒、政府许可壁垒等。收购方式最基本的特性就是可以省掉很长的时间，迅速获得现成的管理人员、技术人员和设备。可以迅速建立一个产销据点，有利于企业迅速做出反应，抓住市场机会。如果被收购企业是一个盈利企业，收购者可以迅速获得收益，从而大大缩短了投资回收年限。

（2）迅速扩大产品种类

收购方式可以迅速增加母公司的产品种类。尤其是原有企业要跨越原有产品范围而实现多样化经营时，如果缺乏有关新的产品种类的生产和营销方面的技术和经验的话，显然采取收购方式更为稳当。

（3）选择性大

目前，我国不少行业的生产能力是过剩的。如在轻工行业，某些产品的生产能力超过市场需求的25%，有些甚至超过100%。其他一些行业也有相似的情况。这就给购买他人的生产能力提供了较大的选择空间。创业者关键是要在可能的购买对象中做出恰当的选择。

（4）利用原有的管理制度和管理人员、技术

采取收购作为直接投资的方式，可以不必重新设计一套适合当地情况的经营管理制度。这样可以避免对该领域或该地区的情况缺乏了解而引起的各种问题。收购技术先进的企业可以获得该企业的先进技术和专利权，提高公司的技术水平。

（5）采用被收购企业的分销渠道

这样可以利用被购企业已经成形的市场分销渠道以及企业同经销商多年往来所建立的信用。

（6）获得被购企业的市场份额，减少竞争

市场份额的增加会导致更大规模的生产，从而实现规模经济。企业可以收购作为竞争对手的企业，然后将它关闭来占据新的市场份额。

（7）获得被购企业的商标

收购一些知名的企业往往可利用其商标的知名度，迅速打开市场。

（8）廉价购买资产

一种情况是，从事收购的企业比目标企业更知道他所拥有的某项资产的实际价值。例如目标企业可能拥有宝贵的土地或按历史折旧成本已摊提了，可是在账簿上还保有的不动产，它有时低估了这项资产的限期重置价值使得收购者廉价地买下这家企业。另一种情况是，收购不盈利或亏损的企业，可以利用对方的困境压低价格。

（9）迅速形成自己的财富生产能力，加快进入市场的速度

在新经济时代，要求企业对市场变化、市场竞争有更高的响应速度。如果新建一种财富生产能力，往往要花数月甚至数年的时间。等到生产能力建成了，市场机会早被他人抓走了。而购买他人现有的生产能力，只需进行必要的技术改造，即迅速提供市场需要的商品，实实在在地抓住某些盈利良机。

2. 收购方式存在的缺点

（1）价值评估困难

其一是，有的目标企业为逃税漏税而伪造财务报表，存在着各种错误和遗漏，有的目标企业不愿意透露某些关键性的商业机密，加大了评估难度；其二是对收购后企业的销售潜力和远期利润的估计困难较大；其三，企业的资产还包括商誉等无形资产，这些无形资产的价值却不像物质资产的价值那样可以轻易用数字表示。

（2）失败率高

失败有很多原因，一个重要的原因是被收购企业的原有管理制度不适合收购者的要求。如果原有的管理制度好，收购企业可以坐享其成，无需很大的改变；若原来的管理制度不适合要求，收购后对其进行改造时习惯原有经营管理方式的管理人员和职工往往对外来的管理方式加以抵制。母公司在被收购企业内推行新的信息和控制体系常常是一个困难而又缓慢的过程。另外企业虽然可以通过收购方式获取市场份额和产品技术，但如对被收购企业的产品种类过于缺乏经验，可能无法进行有效的管理。这也会导致收购的失败。

（3）现有企业往往同它的客户、供给者和员工有某些契约关系或传统关系

例如现有企业可能同某些老客户具有长期的特殊关系。该企业被收购后，如果结束这些关系可能在公共关系上代价很大，然而继续维持这些关系可能被其他客户认为是差别待遇。与供给者之间的关系也可能会碰到类似的情况。

（4）转换成本高

一般而言，收购对方的生产能力后，总要对所购入的生产能力进行某些技术改造，这就涉及所谓转换成本问题，包括技术改造成本、原有某些设备提前报废的损失、原有人员进入新岗位的培训费用增加等。这是购买现有企业生产能力时不得不考虑的问题。

（5）选择收购对象是个难点

要恰当地选择目标企业，进而购买它，不是一件容易的事情。通常在选择购买对象

时，创业者应该考虑如下问题：目标企业目前的市场地位、未来的市场地位，目标企业目前的技术能力、技术能力的成长性，目标企业的负债状况，目标企业目前的经营业绩，目标企业要求的出资方式及其方便性，并购后技术改造需要的增量投资，可能随之增加的企业社会负担等。

(6) 原有企业的包袱会随之而入

创业者如果收购某个企业，常常也不得不随之收购现有企业原本承担的某些社会义务。收购也可能导致人力资源管理上的麻烦。现有企业被收购以后，由于企业的整顿往往会产生大量的剩余人员，对这些人员的安置和报酬的支付，在企业的经济效益上或在道义和法律上都会碰到麻烦。

收购过程没有正规的程序，目前尚无确定正确的步骤，以及各种情况下的最好选择。因此，在收购过程中，个人理念、良好的商业感觉以及对每个机会谨慎乐观的探索都是无可替代的。有人提出成功收购一个企业的框架，认为必须经过这样几步：确认目标、价值评估以及交易谈判。

三种方式的优劣对比见下表：

	优势	劣势
独创	产权为创业者个人独有，相对独立产权清晰； 企业由创业者自由掌控，最大限度发挥个人才能； 企业利润归创业者独有，无须担心他人分利； 无须迎合其他持股者的要求或干扰。	创业者独自承担风险； 探索性很强； 创业资金筹备比较困难； 财务压力大； 个人才能的限制； 难有优秀的管理团队。
合伙	共担风险； 融资较易； 优势互补。	产权关系不明晰，关系难处； 易产生利益冲突； 易出现中途退场者； 企业内部管理交易费用较高； 企业发展目标不统一。
收购	①迅速进入。 ②迅速扩大产品种类。 ③选择性大。 ④利用原有的管理制度和管理人员、技术。不必重新设计。 ⑤采用被收购企业的分销渠道。 ⑥获得被收购企业的市场份额，减少竞争。 ⑦获得被收购企业的商标。 ⑧廉价购买资产。 ⑨迅速形成自己的财富生产能力，加快进入市场的速度。	①价值评估困难。 ②失败率高。 ③现有企业往往同它的客户、供给者和员工有某些契约关系或传统关系。 ④转换成本高。 ⑤选择收购对象是个难点。 ⑥原有企业的包袱会随之而入。

主题二　初创企业管理的特点

一	二	三	四	五
以生存为首要目标	创造并保障现金流	创业者参与经营细节	高效有序的"混乱"状态	奉行"顾客就是上帝"

创业需要"无中生有",实现"从0到1"
新创企业的管理要实现从小到大,由弱变强,完成从1到N的蜕变

一、以生存为首要目标

新创企业的首要任务是从无到有,把自己的产品或服务卖出去,掘到第一桶金,从而在市场上找到立足点,使自己生存下来。在创业阶段,生存是第一位的,一切围绕生存运作,一切危及生存的做法都应避免。最忌讳的是在创业阶段提出不切实际的扩张目标,盲目铺摊子、上规模,结果只能是"企而不立,跨而不行"。那么如何生存呢?只有赚钱。在创业阶段,亏损,赚钱,又亏损,又赚钱,可能要经历多次反复,直到最终持续稳定地赚钱,才算是度过了创业的生存阶段。创业企业要超越已有的竞争对手,一定要探索到新的成功的生存模式,这是新创创业管理的本质所在。

【链接】

初创企业的生存法则

- 一、顾客满意法则
- 二、成本领先法则
- 三、人本管理法则
- 四、社会责任法则
- 五、营销创新法则
- 六、博弈双赢法则
- 七、资源整合法则
- 八、资本回报法则
- 九、技术领先法则
- 十、和谐生财法则

一、顾客满意法则

"顾客满意",就是客户接受有形产品或无形产品后感到需求得到满足,实现了价值。

商品销售的现实目标是实现销售利润。企业在提供产品、服务的时候，要提高顾客的接受程度。顾客对商品价值的接受程度来源于产品质量、服务水平、企业形象及员工素质等方面的价值观；也取决于顾客为获得这种产品所支出的成本的总和，包括货币数量、时间长短、精力大小、心理感觉等方面的成本观。顾客在建立自己期望值的过程中总是趋向于用最小的成本获取最大的价值。经营者要运用经营技巧控制好节奏，使顾客在降低期望值的同时增加感受值的比重，提高接受程度，加大成本投入，做成生意。

"顾客满意"就是努力为顾客提供产品和服务，使企业经营实现利润，使顾客实现价值。在企业内部，下一道工序是上一道工序产品的顾客；在企业外部，买受人是产品的顾客。企业的内外顾客都能够满意地、忠诚地、长期地与"产品"有固定的联系，则企业经营就能够获得效益。产品满意是前提，服务满意是保证。企业对员工的管理工作要卓有成效，生产的产品成本较低，价廉物美且具有特色差异，适销对路，才能实现盈利。

二、成本领先法则

企业经营管理的核心目标是实现利润，所以，规划价值取向和实施价格定位必须坚持成本领先的策略。经营项目投资前要认真做好调查研究，分析成本、费用结构及价值规律。在测算成本和利润的时候留有一定的空间。企业生存发展的基本法则是理财有术、生财有道、聚财有法。只有在关键阶段、环节，把价值链条中的成本控制好，利润空间最大化，才能实现高经济效益。

商品价格是决定企业经营销售成功或者失败的重要因素，定价技巧更显得重要。设定价格要瞄准二把标尺，一是顾客购买力及同类产品市场价位的标尺，二是企业产品市场地位、成本及盈利比率的标尺。价格超值、吸引顾客，是经营者逐鹿市场获得成功的不二法宝。企业只有严格控制成本，商品价廉物美；又有创新精神，提高服务质量，追赶时尚，实现超时空的价值，才能牢牢把握市场，取得经营成果。

三、人本管理法则

企业生存的秘密武器是什么？是"以人为本"的管理机制形成的员工向心力，是建章立制和按规章制度办事形成的"组织执行力"。人本管理重视人的作用，重视对员工的教育、培训。企业依靠员工建设企业文明，在抓紧物质建设的同时，抓好精神建设，企业员工能力得到超常发挥，使员工的智力、知识、技术与资金相结合，为企业创造价值而努力工作。企业经营的成功意味着员工个人能力的充分发挥和职业生涯的辉煌业绩。人本管理形成员工队伍的向心力，必然会带来企业内部团结奋斗的好气势，为企业生存发展增加活力。"以人为本"还要根据员工的个人特征进行准确的职业定位，人尽其才。

四、社会责任法则

创业成名者中相当多的一部分，仅仅名噪一时，随即销声匿迹。原因错综复杂，其中有一条，就是没有自觉地去建设责任文化，不懂得如何对社会负责任，不能创新守成。没有从社会责任感的高度去执着地创业、守成，建立责任文化，小心谨慎地不断地创造条件适应环境，建设环境，努力实现长治久安。

责任文化要求企业崇尚经营伦理："赚钱是利润美德的结果，财富是经营能力的表现。"遵守经营道德："精打细算谋求最好利益，积极交易创造社会福祉。"建章立制管理："无条件执行法规制度，有目的组织创新竞争。"强制员工执行："努力实现岗位价值，争取服务对象满意"。

五、营销创新法则

营销使企业生产的产品变成商品，通过交易流动实现销售价值，获取现金的过程。这一过程是决定企业经营成功或者是失败的关键环节。这个产品变现金的道理，做起来却很难，其中的关键问题就是销售渠道问题。产品流通依靠销售渠道，这条渠道到底通不通，决定于找什么人来卖，如何卖。所以销售流通渠道的第一要素是人，是销售人员，是销售团队。选择好了，组织建设好了，推销能力强，就能牵动市场。如果选择不好，这条渠道不畅通，不管你的产品好坏，都不会有好的经营结果。

广告传播是全程营销战略的一个重要环节，是最有力的促销措施之一，是产生品牌知名度的重要手段。广告制作、宣传要精心设计，恰到好处，既要使产品、品牌让众人知道，又要使经济效益明显，达到扬名的效果。市场商战形成了顾客追逐品牌形象的游戏规律，根据这个规律设定品牌地位，进行广告宣传，迎合客户心理，满足客户欲望的需要。同时提高服务质量，使顾客实现价值，心甘情愿付出金钱买了商品又说你好话。

六、博弈双赢法则

从事经营活动，面对社会生态环境各类实际的问题竞争，实质是企业生命活动中的诸多方面的博弈。要么是零和，要么是双赢。面对现实中各种各样的竞争，方方面面的博弈，企业必须站在双赢的高度采用竞争策略，按合乎规范的要求进行商业化行动，适应环境变化，遵守商业道德，努力争取双赢。

现代市场竞争涵盖的意义是社会生态系统，商业活动是由市场生态链的相互依存关系构成的，其中的生产制造商、流动营销商、客户等，形成系列冲突，竞争，并不是"你死我活"的关系，而是"你活我活，你死我死"的相互依赖的关系。随着全球经济一体化的日趋明显，国家、企业、企业内各部门以及客户大众，这种互为依存的关系更是表现无遗。任何企业都是市场经济生态系统中的一个环节或者是一个小节点，相互影响，相对独立，相互作用，相生相克，互利互惠，共同生存。企业经营只有遵守经商道德，才能立于不败之地，企业只有适应社会进化的潮流，才能生存和发展。

七、资源整合法则

企业竞争最大的优势在于不可替代的资源优势。难于替代的资源有两种，一是生产要素的硬件资源，如土地、资金、社区环境；另一种是软件资源，如技术、人才、人脉、企业文化等。企业硬件资源都是确定的、有限的；而软件资源却是不确定的，有巨大的潜力可以挖掘。比如说，企业内部的人力资源。据报道：调查研究的结果表明，一般来说，企业中的人力资源还有70%没有得到挖掘使用；优秀企业的人力资源效能使用率也只有50%。企业必须努力探索有效措施让有限的资源发挥最大的效用。

在市场竞争中经营项目取胜的策略就是把优势的硬件资源、软件资源，选择、整合，充分发挥资源优胜功能。必须认识到，在市场经济的条件下，任何稀缺的可动性资源都可以买到；而软件资源（比如企业文化、品牌形象之类）却是难以用钱买来的，要靠经营者不断地挖掘、建设。所以，吸纳优秀的经营人才是企业最宝贵的资源，是他们决定企业的前途命运。把优秀的经营人才选择整合好，形成坚强的凝聚力，使用好硬件设备，实现"资源富集"效应，企业经营就可以获得成功。

企业必须根据自己的实际情况，把握好"资源比较优势"的原则，选择有潜力、有资源优势的经营项目，进行创新设计，创新经营。

八、资本回报法则

对于任何一个企业，资本总是有限的，要扩大生产必须进行有效的"集资"，用经营效益给予投资者回报。企业要制订出具体的集资方法，确定回报比率，规定投资回报期限。必须讲诚信，准时给予回报，集资渠道畅通，才能拉动集资链条，才能获得大量资本。

资本与成本是相关联的。在所有资本中，人才是最重要的"资本"；在所有成本中，人力是最难以把握的"成本"。对企业来说，人力、人才是双刃剑。人力资源充分发挥效能，就是企业最有价值的"资本"，不能发挥效能则会成为企业最昂贵的"成本"。优秀员工的薪酬是低廉的，他对企业的贡献与他的所得成反比；而劣质员工的薪酬是最昂贵的人力资源用不好会造成大量资金成本的浪费甚至有可能给予企业以灭顶之灾。作为员工，要争做企业的人才资本，才能不断进步；而作为企业，要挖掘人才资本，创造条件让人才充分发挥效能，为企业盈利多做贡献。

资本是企业的血液。投资只是手段，效益回报才是追求的目标。手段为实现目标服务，在正常的情见下，投入和产出，总是成正比例的。投资回报成正比，对资本才会有吸引力。但也必须认识到，当今世界，产品极其丰富，买方市场已经形成，产品销售往往不能按照预期目标实现价值，造成亏损，投入产出成反比。企业经营要懂得市场的生存法则在于"百分之一百的风险意识与最积极的求生行动"，并且能够运用智慧防范经营陷阱，实现投资回报高经济效益。

九、技术领先法则

在市场经济体制的条件下，企业真正强大的力量是拥有先进技术与资本的有效结合。纵观世界各国的文明进步历史，也充分证明了这个共同的特点。对于国家来说，任何时代都是拥有"最先进技术"的国家君临天下，领导世界。有人认为，有了资本就可以买来技术，吸引技术人才，这是片面的，错误的。技术永远不会是资本的奴隶而是资本的主人。在企业生存竞争的发展过程中，"先进技术"居于支配地位，这已经是普遍存在的道理。

"先进技术"是企业生存、发展最重要的支持力量。企业为了生存，必须学习经营能力，学习管理技术。中小企业通过学习应用先进的经营管理科学技术，可以收到立竿见影的效果。这是一种投资少见效快的办法，应该引起企业经营者的重视。企业拥有先进的经营管理技术和先进的生产能力，又拥有一定的资本，二者结合，就可以形成生存、发展的巨大力量，创新进取，不断地稳定地发展壮大。

十、和谐生财法则

市场是企业经营的载体,其间的活动必然是紧紧围绕竞争展开。社会是人们生存的载体,其最佳的活动状态就是和谐相处的氛围。所以市场文化的核心是竞争,社会文化的核心是和谐。市场和社会,一个鼓励竞争,一个强调和谐,形成一个动态平衡的系统。还要认识到,企业运转,强调员工的向心力和凝聚力;而员工向心力和凝聚力的形成则是通过内部管理架构合作与外部环境和谐来实现的。

市场、社会、企业三者关系环环相扣,相互制衡。首先,市场经济体制竞争的本质决定了企业自诞生之日起就必须按照市场经济规律、规则,参与竞争,是市场那个"看不见的手"把握着企业的前途命运。其次,市场是社会稳定的一个组成部分,有维护社会稳定的权利和义务,也有使之和谐相处,协调发展的责任。处在市场和社会之间的企业,是参与竞争和维护稳定的一个分子,其内部结构包含着市场和社会的二重性,既要鼓励内部竞争,又要营造安定和谐的企业环境、氛围。企业在市场、社会三角维度中,以生存为第一要务,需要和谐,与人和睦相处,"得人和者",才能协调发展。

二、创造并保障现金流

现金对企业来说就像是人的血液,企业可以承受暂时的亏损,但不能承受现金流的中断,这也是为什么强调"赚钱"而不是"盈利"的原因。什么是企业的现金流呢?就是不包括融资,不包括资本支出,以及不包括纳税和利息支出的经营活动净现金流。现金流一旦出现赤字,企业将发生偿债危机,可能导致破产。现金流的大小直接反映企业的赚钱能力,它不仅是创业阶段也是成长阶段管理的重点,区别在于对新创企业管理来说,由于融资条件苛刻,只能主要依靠自有资金运作来创造现金流,从而管理难度更大。新创企业管理要求创业者必须锱铢必较,像花自己的钱那样花企业的钱,千方百计增收节支、加速周转、控制发展节奏。

【链接】

融资困境与解决办法

1. 申请创业基金

中央政府各部门和地方政府,为了鼓励创新创业,设立了很多各种形式的创业基金。创业者可根据项目性质和实际运作情况,对比申请条件进行申请。除了政府设立的各种创业基金,各种社会机构、投资机构与投资人等也有很多创业基金,比如有些高校专门针对本校学生创业设有天使基金。

2. 申请风险投资基金

如果小企业的创业者感觉自己的产品有一定的科技含量,并且符合风险投资的原则就可以申请该基金。风险投资基金无需风险企业的资产抵押担保,手续相对简单,它的经营方针是在高风险中追求高收益。风险投资基金多以股份的形式参与投资,其目的就是为了帮助所投资的企业尽快成熟,取得上市资格,从而使资本增值。一旦公司股票上市后，风险投资基金就可以通过证券市场转让股权而收回资金，继续投向其他风险企业。

3. 吸纳资金雄厚的人或企业入股

如果项目很好，而又没有申请到任何基金，那么还有一种渠道就是与有财力的人或企业合作。由于资金有限，合伙可以以技术股、市场份额股等形式灵活合作，只要对企业发展有利，也可以自己不控制股份，采取退而求次之的融资方式。

4. 联合多人筹措资金

多方联合的方式能够获得相对较多的资金，但一定要提前制订出公司规则和章程，严格按程序办事，规范和约束公司内部的"例外人士"。否则就容易造成猜疑和争吵，多方共管、意见很难一致使决策效率低下，对小企业的创业不利。

三、创业者参与经营细节

创业过来人大都有过这样的体验：曾经直接向顾客推销过产品，亲自与供应商谈折扣，亲自到车间里追踪过顾客急要的订单，在库房里卸过货、装过车，跑过银行，催过账，策划过新产品方案，制订过工资计划，被经销商骗过，让顾客当面训斥过，等等。这才叫创业，要不一切怎么会从无到有？由于对经营全过程的细节了如指掌，才使得生意越做越精。

【链接】

管理你最重要的员工：你自己

一、评估你的长处和短处

没有人擅长做一切事情。因此，正如你对新员工做的那样，应该首先评估自己最有可能成功的地方（你的优势）以及你最有可能需要别人帮助的地方在哪里（你的短处）。

客观地评价你的优点和缺点最简单的方法就是请一个你信任的人，这个人有机会观察你的行动，更重要的是，这个人应该愿意对你坦诚相待。

一旦你获得了对自己的客观评价，可以退一步问自己："如果我来管理这个人，我将如何利用这些优点，又该怎么面对这些弱点？"

二、设置合理的和更高一级的目标

每一个经理都知道，必须要让每一个员工都有目标。然而，目标却是很棘手，因为如果太容易实现，员工的付出就会最小化，但是如果太难实现，员工又会变得很沮丧。

解决这个困境的最好方法就是设定两套目标：最低目标代表着你对自己的合理期望，更高一级的目标代表着困难，但是仍然有可能实现的目标。

合理目标的中间步骤比较少，你知道你能够完成每一个步骤。而可能达成的目标总是由一系列时间安排紧凑的中间步骤组成，你必须按时完成所有的步骤才能够达成目标。

三、停止对自己的微观管理

自我微观管理者总是让他们的待办事项列表不断延长，一直延长到任何人都不可能完成列表上所有的事情为止。解决的方法是思考你想要的结果而不是你应该完成的任务。

与其列一个待办事项列表，还不如列一个有待达成目标的列表。然后当你计划达成某个目标，找出最快最简单的方法。同时，继续前进，让事情自然过滤。

当你关注真正重要的事情（而不是一个任务列表），几乎所有真正重要的事情都会首先被完成。

四、定期评估成绩

绝大部分公司都有绩效考核，绩效考核能够帮助管理者和员工更好地理解成功与失败，以及如果想要在未来创造成功需要做些什么。

如果你希望很好地管理自己，你必须创建一个正式的流程，根据你之前设定的目标，检查你的成绩，然后对目标进行调整。

如果你无法做到这一点，仅仅依靠你的"直觉"判断自己是否走在正道上，我可以向你保证你最终会（可能很快）就会昏昏然。

五、管理你的情绪

控制你的情绪的关键在于停止将你的情绪看成"我感觉到的东西"，作为对事情的反应。相反，将你的情绪当成"你的行为"，以此作为对事情的反应。

两者之间的不同至关重要：你感觉到的总是在你能控制之外的。例如，如果空气很冷，你的皮肤感觉到寒冷。相反，你做的事情总是在你的控制范围之内，你能够决定是否去做这样的行为。

例如，假设你丢了一家大客户。当你将情绪看成行为的时候，你就会意识到这是你自己的选择：是表现得充满恐惧和愤怒，（"该死的！"）还是表现出你的好奇和深思熟虑。（"我想知道我们为什么丢掉了这家客户。"）

六、为你自己的决定负责

做决策是好的管理者该做的事情，同时要为结果负责。

虽然你无法控制事情，可是你确实可以控制你自己做出的、对这些事情负有责任的决定。它们曾经是（现在也是）你的决定，这个决定的结果也是属于你的，而不是别人。

伟大的企业家和伟大的领导者们都明白这一点。他们永远不会责怪其他人，而是会伸出指头指向未来。只有当他们像管理其他人一样管理自己的时候，才能够做到这一点。

四、高效有序的"混乱"状态

新创创业管理是充分调动"所有的人做所有的事"的团队管理方式。新企业在初创时，尽管建立了正式的部门结构，但很少有按正式组织方式运作的。典型的情况是，虽然有名义上的分工，但运作起来是哪急、哪紧、哪需要，就都往哪里去。这种看似的"混乱"，实际是一种高度"有序"的状态。每个人都清楚组织的目标和自己应当如何为组织目标做贡献,没有人计较得失,没有人计较越权或越级,相互之间只有角色的划分,没有职位的区别,这才叫作团队精神。即使将来事业发展了,组织规范化了,这种精神仍在,成为企业的文化。在创业阶段,创业者必须尽力使新企业成为真正的团队,否则是很难成功的。

【链接】

创业初期的优势与问题

创业初期的优势主要有:①竞争者较少,投资回报率相对于其他阶段要高出许多,企业销售收入快速增长;②承担风险的代价不大,勇于冒险,创业者充满探索精神;③创业者充满对未来的期望,往往能够容忍暂时的失误,这一时期的创业者对未来的期望值大于已有成就;④内部结构简单,办事效率较高等。

创业初期容易出现的问题有:

1. 资金不足

比如把短期贷款用于较长时间才能产生效益的投资项目;折扣太大以至于不足以弥补变动成本;股份转让给对"事业"毫无怜悯心的风险资本家等情况下,容易出现资金不足的问题。

2. 制度不完善

由于创业初期企业的行动导向和机会驱动,一般管理上采取权宜之计,没有完善适用的制度来保障企业的运营,这会使企业养成"坏习惯"。

3. 因人设岗

创业团队建立初期,为弥补人才的不足和管理上的简单高效,创业初期往往采用因人设岗的办法,即看谁比较适合做什么工作,就设置什么样的部门和岗位,以满足公司业务需要。

五、奉行"顾客就是上帝"

创业的第一步,就是把企业的产品或服务卖给顾客,这真是一种惊险的跨越。如果不是顾客肯付钱,怎么收回成本还加上利润?企业是发自生存的需要把顾客当作衣食父母的。经历过创业艰难的企业家,一生都会把顾客放在第一位,可以说是铭心刻骨。再有,谁会借钱给没听说过的企业?谁会买没听说过的企业的东西?谁会加入没听说过的企业?企业靠什么迈出这三步?靠的是诚信,也只有靠诚信。所以,一个企业的核心价值观不是后人杜撰的,是创业阶段自然形成的。

【链接】

初创企业老板应抓好三方面的管理

管理是对经营的配套,初创企业老板想要运作好企业,必须从管理角度抓好以下三项关键工作。

1. 关键人才

人才是企业发展之本。初创企业老板要善于管理企业最重要的经营要素——人才，特别是对企业高层团队、中层干部及业务骨干，老板要成为一个优秀的导师和合格的人力资源管理者，让企业人才有层次和梯队，并最终形成企业人才的群体效应。

2. 制度建设

企业要发展，一定不能靠人治，要有规范、有制度，靠法制，建立现代企业管理制度才能让企业健康成长。

3. 绩效模式

初创企业老板必须善于激励，特别是核心人才和关键人才的激励必须要亲自来做，增强团队荣誉感、归属感，让团队成员将企业当成自己的事业平台，让他们充分释放出能量，并实现与企业协同发展。没有适合企业特征的绩效模式，企业在激励管理方面永远处于被动局面。

主题三 初创企业的基本管理

一、初创企业的组织管理

在管理领域，有一句经典的话："好的制度让坏人坏不了事，而不好的制度则让好人做不了事。"由这句话，可以懂得管理制度的重要性。而在企业管理制度的健全和表现上，关键在于企业组织管理。企业组织管理是指在企业内部建立健全管理机构，合理配备人员，制订各项规章制度等管理工作的总称。企业组织结构的合理设计与组织管理的合理分工是企业成功的前提。

具体来说，企业组织管理就是为了有效地配置企业内部的有限资源，为了实现一定的共同目标而按照一定的规则和程序构成的一种责权结构安排和人事安排，其目的在于确保以最高的效率来实现企业的目标。在初创企业中，基本的组织管理模式一般包括功能部门管理和项目管理两种。

（一）功能部门管理

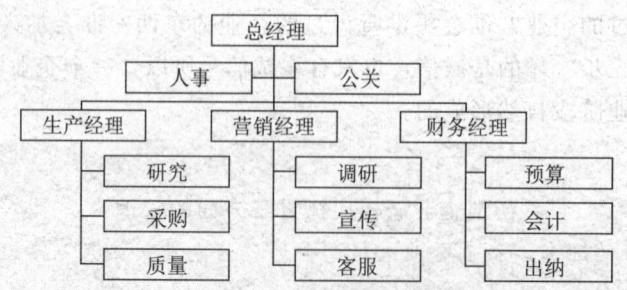

```
                    总经理
                   /      \
                人事      公关
        /          |          \
   生产经理    营销经理    财务经理
     研究        调研        预算
     采购        宣传        会计
     质量        客服        出纳
```

功能部门管理就是通过建立一定的功能部门，形成特定的企业组织结构，对各功能部门规定职务或职位，明确责权关系，以使企业各部门成员互相协作配合、共同劳动，有效实现企业目标的过程。功能部门管理，又称岗位管理，是企业最常见的基本管理模式。

功能部门管理的工作内容，概括地讲，包括四个方面：第一，确定实现企业目标所需要的活动，并按专业化分工的原则进行分类，按类别设立相应的工作岗位；第二，根据企业的特点、外部环境和目标需要划分功能部门，设计组织机构及其结构；第三，规定企业组织机构中的各种职务或职位，明确各自的责任，并授予相应的权力；第四，制订规章制度，建立和健全企业组织机构中纵横各方面的相互关系。

功能部门管理应该明确企业中有什么工作，谁去做什么，工作者承担什么责任，具有什么权力，与组织结构中上下左右的关系如何。只有这样，才能避免由于职责不清造成的执行中的障碍，才能使组织协调地运行，保证组织目标的实现。每一个公司的部门分配应该是不一样的，它与这个公司的业务范围、发展阶段有关系，既要稳定又要灵活。

（二）项目制管理

功能部门管理是按工作职能（平行结构）组织起来的管理模式，而项目管理则与之相对，是以任务（垂直结构）组织起来的管理模式。项目管理是第二次世界大战后期发展起来的管理技术之一，是以项目为对象的系统管理方法，通过一个临时性的专门的柔性组织，对项目进行高效率的计划、组织、指导和控制，以实现项目全过程的动态管理和项目目标的综合垂直协调与优化。项目管理是以项目经理负责制为基础的目标管理。

项目管理的主要任务一般包括项目计划、项目组织、质量管理、费用控制、进度控制等五项。日常的项目管理活动通常是围绕这五项基本任务展开的。项目管理自诞生以来发展很快，当前已发展为三维管理：时间维，即把整个项目的生命周期划分为若干个阶段，从而进行阶段管理；知识维，即针对项目生命周期的各不同阶段，采用的研究不同的管理技术方法；保障维，即对项目人、财、物、技术、信息等的后勤保障管理。

项目制运作一般适用于特定行业的企业创立初期采用，此类企业业务的灵活性、不确定性很强，专业程度一般比较高，如技术类、咨询类公司，摄影或设计工作室等。但在其发展到规模较大，对经营管理的日常性、规范性要求较高的阶段之后，一般还是应建立一定的功能部门，使得管理规范化。但在承接具体的业务时，仍可根据实际情况采用项目制运作。

【链接】

企业初创时期的战略定位

小企业在创业初期，企业战略和市场的正确定位能帮助小企业尽快走出困境。以下是小企业在创业初期常用的三种对策。

一、差异性弥补对策

本着"人无我有，人有我优"的原则，寻找市场空白，凭借自身的灵活性抢占大企业生产的空缺，明确适合自身发展的市场定位。小企业一定要突出自己的特色，在夹缝中寻求自己的市场，捡漏补缺，产品差异化策略不仅能使小企业在大企业间生存，而且只要服务到位，利润也是很可观的。虚心做一个市场填补者，避免与同行的大企业直接拼搏，避免虎口夺食的危险，才能把握生存和发展的机会。

二、培养自己独特的竞争优势要从服务开始

对于小企业的创业初期，服务的到位是至关重要的，创业者要时时了解客户的真正需求，如果真能做到急用户所急，想用户所想，想方设法帮助用户解决问题，关注客户困扰的每一个细节，从服务开始，挖掘客户目前的真正需求，有了需求，市场自然就有了。灵活、及时、到位的服务是进入客户市场的最好时机，这是小企业创业成功的不二法宝。

三、避免与大企业竞争

小企业在创业时，必须学会韬光养晦。为了避免与大企业竞争，小企业还可以把自己的生产经营相对固定地纳入到某个大企业的体系中，如为其加工某个部分或某个零件，成为他们的配套厂家，或者专门从事某种工艺的加工处理，成为大企业生产的一个组成部分。小企业规模虽然小，但是相对于某个工艺来说有自己的"比较优势"，在这些专门的领域里，小企业实力可能不大但至少不低于大企业的某一工序，就可以达到规模经济的要求。这里的小企业以大企业为自己最大的消费者，将有限的资源最大限度地集中在某一特定的细分市场或某一产品上，能够以大企业的优势来弥补小企业的不足，既可以使小创业者避开与大企业的竞争造成市场压力，还可以集中自己的力量发挥专业化的优势，为企业创业和生存提供可靠的基础。

二、初创企业的人资管理

对创业者而言，如何组成、发展、凝聚团队，做好员工的选、用、育、管、留，已成为一项必要的创业管理能力。创业者要掌握好企业的初创期、发展期和成熟期用人的不同标准和方法。初创期要的是"跨马能够闯天下"的人才。而发展到一定的程度后就需要"提笔能够定太平"的人物。企业在发展过程中，只有在保持基本稳定的同时，不断地"吐故纳新"，企业才能保持旺盛的生命力。

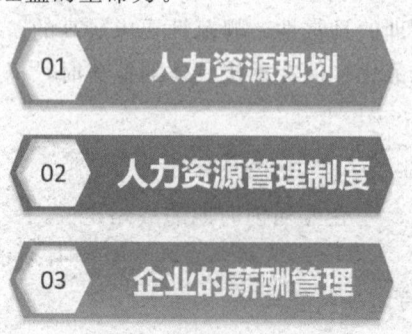

01 人力资源规划

02 人力资源管理制度

03 企业的薪酬管理

（一）人力资源规划

人力资源规划是指通过对人力资源需求和供给的预测，制订人力资源补充计划、晋升计划、人员配置与挑战计划、培训开发计划以及薪酬计划等。创业初期的人力资源规划，需要抓住几个核心要点：企业业务定位、企业规模、企业发展计划、人力资源运行模式。

1. 创业初期的人力资源规划，应该主要从业务开展的层面（包含技术、生产、营销等几个主要方面）以及企业整体运营来进行思考，同时结合企业的长远发展来进行规划。

2. 从人力资源规划的角度而言，企业要建立一个比较完善的薪酬分配制度，即利益分配机制，这是最基本的游戏规则，先有规则再请人。也就是说，这里有个前提，就是要设什么部门，设什么岗位，这个岗位的职责是什么，请来的人需要完成哪些基本目标或任务等。这些问题明确了，再谈分配制度就顺理成章了。

3. 人力资源规划方面需要考虑的一个重要因素是企业的业务规模的定位问题。提前预估企业生产能力和销售前景是比较关键的。如果预估失准，要么会造成人力资源的浪费，要么会造成人员的紧缺。

4. 关于企业的战略定位，从整体而言，企业人力资源的规划也肯定受其影响。可能受制于多方面的因素，很多新创办的企业开始往往没有战略规划；如果有战略，人力资源规划肯定是企业整体战略的一部分。

（二）人力资源管理制度

一个新公司，制度并非大而全就好，而是一些关键的制度不能少。初创企业的人力资源制度，主要有四个方面：基本的薪酬分配制度、考勤制度、人员招聘制度、奖惩制度。其他如培训制度、考核制度等实用就可以了。人力资源制度一定要结合企业的实际情况来制订，尤其是薪酬制度，要花点时间和精力，要确实能起到激励员工的作用。

（三）企业的薪酬管理

明确工作岗位所需的技能和学历以及工作的难易程度等，从而判断每个工作岗位的相对价值，以此作为薪酬管理的依据，制订公平合理的薪酬制度。

企业的薪酬管理一直困扰着很多企业领导，如果没有一套非常适合本企业的薪酬管理制度，企业领导人或者人事负责人往往会遇到很多棘手问题。初创企业必须学会建立一套科学实用的薪酬管理体系。

初创企业应如何处理薪酬问题呢？

1. 判断岗位价值

公司成立之初，虽然规模小，但依然要明确每个岗位的要求。建议首先确立各岗位的要求：如胜任该岗位的基本条件——学历、工作经验、技能要求等；基本职责——工作内容、应负责任、享受的权利等；基本职位晋升途径——薪资增长、职位提升、知识培训等。

这样，每个岗位有了一个可以衡量的数据化的要素比较图，然后形成各岗位的价值比，根据价值比确定各岗位的基本薪酬，根据企业预算及对岗位的期盼值，设立每个岗位的加薪频率与幅度。

2. 了解市场行情

看市场行情不仅仅看薪资总额，更要看薪资的组成部分、薪资的稳定性、薪资所涵盖的岗位要求。只有了解市场薪酬行情才可以轻松应付每一位应聘者的薪资谈判，从薪资行情及结合自身企业的定位找到最适合自己企业的员工。

了解市场行情的途径大致有：对应聘资料进行分析，通过人才中介机构寻找相关数据，通过分析专业人才网站的薪资行情信息等途径。

3. 薪酬的周全性

员工可以分为投资型、契约型与利用型。投资型员工视为企业战略合作伙伴，注重长期合作及风险分担，可用赠予股份与让其投资少部分风险金相结合，以满足其薪酬要求；契约型员工主要指确实有能力但很"现实"的那部分员工，企业可以对其提出的要求与企业对其的要求结合起来，并通过合约的方式确立双方的权利与义务，明确违约责任；利用型员工要求员工根据企业的制度来执行，并根据员工的动态及企业要求灵活调整制度以满足企业与员工的要求。

4. 薪资谈判方式

一般企业在招聘时采取一对一的薪资谈判方式，有以下策略供参考：

与应聘者一起探讨他进入公司后可能产生的作用、能力、业绩等及公司主动配合给他的资源，如政策、培训机会、晋升机会等。在双方相互认同及愉快的氛围中再谈薪资问题，一般会比较顺利。

【链接】

快捷高效招到人才

根据招聘需求，选择好的招聘渠道，是快捷高效招到合适人才的关键。

一个好的招聘渠道应该具备以下特征：

（1）招聘渠道具有目的性。即招聘渠道的选择是否能够达到招聘的要求；

（2）招聘渠道的经济性。指在招聘到合适人员情况下所花费的成本最小；

（3）招聘渠道的可行性。指选择的招聘渠道符合现实情况，具有可操作性。

选择招聘渠道的步骤：

（1）分析单位的招聘要求；

（2）分析招聘人员的特点；

（3）确定适合的招聘来源；

（4）选择适合的招聘方法。

招聘什么样的人员选择什么样的招聘渠道，不同的人才猎取的方式也不一样，要下对药才行。

途径	优点	缺点	适合招聘人员
招聘会	比较直观，可见到应聘本人，可了解应聘者本人的一些相关的信息，现场进行选拔；参加招聘会的人员较多，可选择余地大	时间短，不能当场对应聘者进行详细的审查和评测，需要进行下一个面试或者笔试环节；现场招聘者个人因素，易造成对应聘人员把握不准，造成真正优秀人员的流失	基层管理人员；文职类；技术类员工
网络招聘	时间短，不能当场对应聘者进行详细的审查和评测，需要进行下一个面试或者笔试环节；现场招聘者个人因素，易造成对应聘人员把握不准，造成真正优秀人员的流失	招聘者的工作量大，想要从成千上万的求职者信息中搜索出合适的人选，需要大量的时间；通过网上的简历尽量把自己包装得尽量完美一些，造成招聘企业资源的浪费	中基层管理人员；文职类人员
猎头公司推荐	效率高，招聘有的放矢，节省人力；在人员的从业素质、职业道德上也有一定的保证。人才不愿意主动投递简历，猎头公司可以平衡企业和人才的需求	成本过高（猎头成功推荐的人员年薪的20%-30%）；	企业中高层管理人员；部分要求较高的基层管理人员
熟人介绍	成本较低，节奏较快，经推荐招聘到的人员工作上手较快，由于和推荐人本身存在一定关系，融入团队的速度也会较快。	可选择的面较小，由于内部人员推荐，所以招聘者在审查方面会有些松懈，造成所招聘人员素质参差不齐；容易和推荐者形成"团队"，给以后的管理工作造成困难；	中基层管理人员；技工人员，基层服务员
媒体公开招聘（如报纸、电视、电台广告）	受众面广，一般会收到较多的应聘资料；为企业本身打了一次广告	招聘费用相对较大；时效性较短；对应聘者信息的真实性较难辨别，人力资源部门在这方面需花费大量的人力物力；	中基层和技术职位的员工
内部选拔	成本较低，选拔出的人员对企业的产品和企业文化都已经驾轻就熟，不存在像"空降兵"存在融入问题，忠诚度较高，对企业内部人员的有激励作用。	过程比较漫长，需经过无数次的审查和讨论，经过谨慎的考核才最终实现；获得提升的人员在提升以后，同样会给原来的岗位留下一个空缺，同样还得历经招聘的过程；内部个别人员心理失衡，影响工作效率。	中基层管理人员

三、初创企业的财务管理

（一）规范记账方法
（二）成本控制
（三）现金管理

（一）规范记账方法

记账方法是指根据记账凭证，运用一定的记账符号和记账规则将经济业务登记在账户上的技术方法。

记账方法是根据单位所发生的经济业务（或会计事项），采用特定的记账符号并运用一定的记账原理（程序和方法），在账簿中进行登记的方法。

出纳人员为了对会计要素进行核算，反映和监督企业的经济活动，在按一定原则设置了会计科目，并按会计科目开设了账户之后，就需要采用一定的记账方法将会计要素的增减变动登记在账户中。

按照登记经济业务方式的不同，记账方法可分为单式记账法和复式记账法。复式记账法又因其构成要素的不同而分为借贷记账法、增减记账法和收付记账法。借贷记账法是目前世界上通用的记账方法。收付记账法和借贷记账法都是由单式记账法逐步发展、演变为复式记账法的。

我国现行税收会计采用"借贷记账法"。这是以税务机关为会计实体，以税收资金活动为记账主体，采用"借""贷"为记账符号，运用复式记账原理，来反映税收资金运动变化情况的一种记账方法。其会计科目划分为资金来源和资金占用两大类。它的所有账户分为"借方"和"贷方"，左"借"右"贷"，"借方"记录资金占用的增加和资金来源的减少，"贷方"记录资金占用的减少和资金来源的增加。

税收会计的记账规则是：对每项税收业务，都必须按照相等的金额同时记入一个账户的借方和另一个账户的贷方，或一个账户的借方（或贷方）和几个账户的贷方（或借方），即"有借必有贷，借贷必相等"。

（二）成本控制

成本控制是一个复杂的系统学科，对于众多小本创业者来说，有成本控制的想法是很重要的。与此同时，成本控制中的几个原则也应引起重视。

1. 经济原则

因推行成本控制而发生的成本不应超过因缺少控制而丧失的收益。有些企业为了赶时髦，不计工本，搞了一些华而不实的烦琐手续，效益不大，甚至得不偿失。经济原则很大程度上决定了在重要领域中选择关键因素加以控制。经济原则要求能降低成本，纠正偏差，具有实用性。

2. 因时制宜原则

对大型企业和小型企业、老企业和新企业、发展快和相对稳定的企业、这个行业和那个行业的企业，以及同一企业的不同发展阶段，管理重点、组织结构、管理风格、成本控制方法和奖励形式都应当区别。例如，新企业的重点是销售和制造，而不是成本；正常经营后管理重点是经营效率，要开始控制费用并建立成本标准；扩大规模后管理重点转为扩充市场，要建立收入中心和正式的业绩报告系统；规模庞大的老企业，管理重点是组织的巩固，需要周密的计划和建立投资中心。适用所有企业的成本控制模式是不存在的。

3. 全员参与原则

对领导层的要求：

(1) 重视并全力支持；

(2) 具有完成成本目标的决心和信心；

(3) 具有实事求是的精神，不可好高骛远，更不宜急功近利、操之过急，唯有脚踏实地，按部就班，才能逐渐取得成效；

(4) 以身作则，严格控制自身的责任成本。

对员工的要求：

(1) 具有控制愿望和成本意识，养成节约习惯；

(2) 合作；

(3) 正确理解和使用成本信息，据以改进工作，降低成本。

（三）现金管理

如下七个步骤可改善现金流，确保初创企业的现金流健康、顺畅。

1. 为客户开发产品或项目时，向他们收取预付金，让他们而不是你自己，为该项目提供资金。

2. 设置一个交货后全部收回账款的期限，比如要求在交货后 30 天内或 60 天内付款。尽可能快地收回资金。

3. 和供应商谈判，争取获得 30 天或更长的付款期限。先从顾客那里收到钱，再付款给供应商。

4. 预先设置一个收款的程序。如果顾客延期付款，就要不断催款。

5. 银行的贷款利率通常要比供应商收取的滞纳金要少。在紧急情况下，不妨向银行贷款，还清供应商的钱，这也能在短期内弥补现金流的不足。

6. 收账代理机构可以帮忙，不必等 30 天或 60 天，立即就可以拿到现金。但是使用代收服务需要费用，在使用代收服务前，要先想想哪种方式更划算。

7. 个人需要花的钱，尽量不要从公司支取。从公司拿走钱，也就减少了现金流的总量，而它本来可以促进公司的发展。

【链接】

财务管理问题与应对办法

据有关创业初期的小企业调查显示：在创业初期企业财务上的内部控制制度总的来说

残缺不全，比如财务清查制度、成本核算制度、财务收支审批制度等基本制度不健全，或者虽然建立了相关制度，但也不能落实在行动中，形同虚设。财务内部控制的后果之一就是作为内部控制的环境要素，会计资料的真实性和完整性令人怀疑。

财务问题的解决办法主要有以下几种：

1. 加强专业化
2. 会计记录的准确完整
3. 建立财务职务分离制度
4. 避免任人唯亲
5. 建立完善的资产管理制度
6. 加强授权审批的管理

1. 加强专业化管理

聘请专业的财务人员，加强财务部门的管理，培训或学习必要的财务知识，防止在创业初期酿成大错。

2. 保持会计记录的准确完整

建立必要的会计制度，加强对员工的专业培养和后续教育，防止出现会计记录混乱、错误或不完整，这是财务管理其他职能的前提。

3. 建立健全财务职务分离制度

对于记账、出纳、保管等不相容的职务实行分离，应尽量由不同人员担任，减少错误和舞弊出现的可能性。根据分工原则，做到账务清晰，分工明确，不留死角和漏洞。

4. 避免任人唯亲

特定的亲属关系会弱化企业内部相互制约的力量，使创业初期企业内部控制制度的作用得不到充分发挥，极易产生不公平感，影响企业整体的激励机制。

5. 建立完善的资产管理制度，加强资产保全

小企业创业期事多而杂乱，使企业处于忙碌和混乱状态。资产的买入、售出，手法手续不规范，常常因为有意或无意使宝贵的资产浪费，资产的保全是加强内部财务控制的重要任务。首先要建立控制制度，在物资采购、领用、销售等方面建立合理的操作程序，从制度上保证操作规范，堵住漏洞，维护安全。其次，财产管理和财产记录一定要分开，形成有力的内部牵制，不能把财务管理、记录、检查核对等一系列工作交由一个人来处理。最后，要定期检查，揭露问题，促进管理的改善及责任的加强。

6. 建立严格的授权审批制度，加强授权审批的管理

企业初始创业时往往有几个合伙人发起，每个人都应该承担责任和义务，并且这几个人之间能够做到相互制约、相互促进、相互平衡最好。及时沟通消除障碍，有利于小企业的成长。

四、初创企业的营销管理

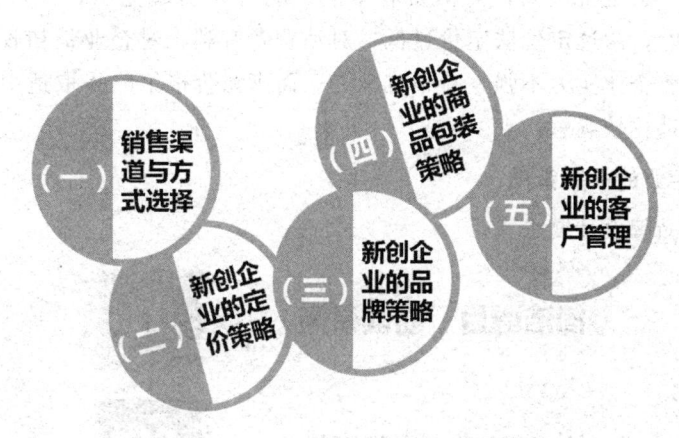

```
(一) 销售渠道与方式选择
(二) 新创企业的定价策略
(三) 新创企业的品牌策略
(四) 新创企业的商品包装策略
(五) 新创企业的客户管理
```

(一) 销售渠道与方式选择

销售渠道是企业把产品向消费者转移的过程中所经过的路径。这个路径包括企业自己设立的销售机构、代理商、经销商、零售店等。对企业来说,销售渠道起到物流、资金流、信息流、商流的作用,完成厂家很难完成的任务。不同的行业、不同的产品、企业不同的规模和发展阶段,销售渠道的形态各不相同。合理选择分销渠道的实质,是合理选择中间商,它对企业生产经营活动和发展市场经济具有十分重要的意义。

合理的销售渠道有利于企业降低营销费用,扩大销量,提高供给能力和经济效益,可以帮助企业掌握市场供求信息,扩大服务项目,提高市场占用率,还可以有效地平衡供求关系,简化流通渠道,方便顾客购买。

网络销售、电话订购和电视购物频道等模式的成熟,给渠道带来新的变革,消费者的行为习惯也随之发生改变。若创业企业能抓住新的机遇,及时调整营销渠道、战略方向,与时俱进、不断创新,必然取得创业成功。

(二) 新创企业的定价策略

新产品的定价是营销策略中一个十分重要的问题。它关系到新产品能否顺利进入市场,能否站稳脚跟,能否获得较大的经济效益。新产品的定价策略,主要有三种:

1. 取脂定价策略

取脂定价策略,又称撇油定价策略,是指企业在产品寿命周期的投入期或成长期,利用消费者的求新、求奇心理,抓住激烈竞争尚未出现的有利时机,有目的地将价格定得很高,以便在短期内获取尽可能多的利润,尽快地收回投资的一种定价策略。其名称来自从鲜奶中撇取乳脂,含有提取精华之意。

2. 渗透定价策略

渗透定价策略,又称薄利多销策略,是指企业在产品上市初期,利用消费者求廉的消费心理,有意将价格定得很低,使新产品以物美价廉的形象,吸引顾客,占领市场,以谋取远期的稳定利润。

3. 满意价格策略

满意价格策略，又称平价销售策略，是介于取脂定价和渗透定价之间的一种定价策略。由于取脂定价法定价过高，对消费者不利，既容易引起竞争，又可能遇到消费者拒绝，具有一定风险；渗透定价法定价过低，对消费者有利，对企业最初收入不利，资金的回收期也较长，若企业实力不强，将很难承受。而满意价格策略采取适中价格，基本上能够做到供求双方都比较满意。

（三）新创企业的品牌策略

新创企业的品牌设计要求：

01 简洁醒目，易读易懂

02 构思巧妙，暗示属性

03 富蕴内涵，情意浓重

04 避免雷同，超越时空

第一，简洁醒目，易读易懂，使人在短时间内产生印象，易于理解记忆并产生联想。

【案例】

"M"这个很普通的字母，对其施以不同的艺术加工，就形成表示不同商品的标记或标志：棱角圆润、鲜艳金黄色拱门的"M"是麦当劳的标记，给人以亲切之感，已出现在全世界 73 个国家和地区的数百个城市的闹市区，成为人们喜爱的快餐标志；而棱角分明、双峰突起的"M"是摩托罗拉产品的标志，突出了自己在无线电领域的特殊地位和高科技的形象。

第二，构思巧妙，暗示属性。品牌应是企业形象的典型概括，反映企业个性和风格，产生信任。

【案例】

Benz（本茨）先生作为汽车发明人，以其名字命名的奔驰车，100 多年来赢得了顾客的信任，其品牌一直深入人心。那个构思巧妙、简洁明快、特点突出的圆形的汽车方向盘似的特殊标志，已经成了豪华优质高档汽车的象征。

第三，富蕴内涵，情意浓重。品牌可引起顾客强烈兴趣，诱发美好联想，产生购买动机。

【案例】

"红豆"是一种植物，是人们常用的镶嵌饰物，是美好情感的象征。同时，"红豆"也是江苏红豆集团的服装品牌和企业名称，其英文是"The seed of love"（爱的种子）。提起它，人们就会想起王维的千古绝句和牵动人的思乡及相思之情。红豆服装正是借助"红豆"这一富蕴中国传统文化内涵、情意浓重的品牌"红"起来的。

第四，避免雷同，超越时空。在我国品牌雷同的现象非常严重。据统计，我国以"熊猫"为品牌名称的有311家，"海燕"和"天鹅"两个品牌分别由193家和175家同时使用。

超越空间的限制是指品牌要超越地理文化边界的限制。由于世界各国的历史文化传统、语言文字、风俗习惯、价值观念和审美情趣不同，对于一个品牌的认知、联想必然会有很大差异。

（四）新创企业的商品包装策略

1. 包装要求

在新创企业市场营销中，为适应竞争的需要，包装要考虑不同对象的要求。

运输商的要求 + 消费者的要求 + 分销商的要求 + 政府要求

运输商的要求。运输商考虑的是商品能否以最少的成本安全到达目的地。所以要求包装必须便于装卸、结实、安全，不至于在到达目的地前损坏。

消费者的要求。由于社会文化环境不同，不同的国家和地区的消费者对产品的包装要求不同。因此，包装的颜色、图案、形状、大小、语言等要考虑不同国家、地区、民族等消费者的习惯和要求。

分销商的要求。分销商不仅要求外包装便于装卸、结实、防盗，而且内包装的设计要合理、美观，能有效利用货架，容易拿放，同时能吸引顾客。

政府要求。随着人们绿色环保意识的加强，要求企业包装材料的选择要符合政府的环保标准，节约资源，减少污染，禁止使用有害包装材料，实施绿色包装战略。同时要求标签符合政府的有关法律和规定。

2. 包装策略

类似包装　等级包装　异类包装
配套包装　再使用包装　附赠品包装　更新包装

类似包装策略。指企业生产的各种产品,在包装上采用相同的图案、相近的颜色,体现出共同的特点,也叫产品线包装。它可以节约设计和印刷成本;易树立企业形象,提高企业声誉及新产品推销。但某一产品质量下降会影响到类似包装的其他产品的销路。

等级包装策略。一是不同质量等级的产品分别使用不同包装,表里一致;二是同一商品采用不同等级包装,以适应不同购买力水平或不同顾客的购买心理。

异类包装策略。指企业各种产品都有自己独特的包装,设计上采用不同风格、不同色调、不同材料。它使企业不致因某一种商品营销失败而影响其他商品的市场声誉,但增加了包装设计费用,新产品进入市场时需更多的销售推广费用。

配套包装策略。指企业将几种相关的商品组合配套包装在同一包装物内。它方便消费者购买、携带与使用;利于带动多种产品销售及新产品进入市场。

再使用包装策略。指包装物内商品用完之后,包装物本身还可用作其他用途。它通过给消费者额外的利益而扩大销售,同时包装物再使用可起到延伸宣传的作用。但这种刺激只能收到短期效果。

附赠品包装策略。指在包装物内附有赠品以诱发消费者重复购买。

更新包装策略。指企业的包装策略随市场需求的变化而改变的做法。可以改变商品在消费者心目中的地位,进而收到迅速恢复企业声誉之效。

> **【案例】**
>
> **改变包装带来的利润**
>
> 20世纪80年代初,内地的一些商人将一种粉末用品以大包装卖给沿海人,沿海人将大袋改装成10袋装,总价值提高了3倍;尔后卖给香港人,香港人又把1袋装了10盒,又提高了3倍的价值卖给日本人;日本商人以精美的小瓶子装,一盒装了10瓶,又提高了6倍的价值。
>
> 我们想想,如果当初就用小瓶子装呢?

(五)新创企业的客户管理

客户是创业企业生存与发展的根本,客户管理不仅是创业企业获得稳定销售收入的保障,而且也是创业企业提高竞争力的有效手段。创业企业开展客户管理的过程中,需要注意以下原则:

| 动态管理 | 突出重点 | 灵活运用 | 专人负责 |

第一,动态管理。客户关系建立后,置之不顾,就会失去它的意义。因为客户的情况是在不断地发生变化的,所以客户的资料也要不断地加以调整,剔除过时的或已经变化了的资料,及时补充新的资料,对客户的变化要进行跟踪,使客户管理保持动态性。

第二,突出重点。不同类型的客户资料很多,我们要透过这些资料找出重点客户。重点客户不仅要包括现有客户,而且还应包括未来客户或潜在客户。这样可为企业选择新客户、开拓新市场提供资料,为企业进一步发展创造良机。

第三，灵活运用。客户资料的收集管理，目的是在销售过程中加以运用。所以，在建立客户资料卡或客户管理卡后，不能束之高阁，应以灵活的方式及时全面地提供给推销人员及其他有关人员，使他们能进行更详细的分析，使死资料变成活资料，提高客户管理的效率。

第四，专人负责。由于许多客户资料是不宜流出企业的，只能供内部使用。所以，客户管理应确定具体的规定和办法，应由专人负责管理，严格客户情报资料的利用和借阅。

【链接】

客户管理方法

客户是创业企业生存与发展的根本，客户管理不仅是创业企业获得稳定销售收入的保障，而且也是创业企业提高竞争力的有效手段。

销售人员必须根据客户的不同特点有针对性的开展工作。为此，一般应建立完善的客户档案，对其分类管理，以便确定不同的拜访时间、拜访方式和销售方式，并通过必要的保证措施，实现销售任务。

1. 客户的分类及客户资料的搜集

要对客户进行管理，首先应搞清楚客户到底包括哪些？他们又是如何分类的？客户可以按不同的方法分类，常用的主要方法有以下几种：

按客户的性质分
- 政府机构（以国家采购为主）
- 特殊公司（如与本公司有特殊业务等）
- 普通公司
- 顾客个人和商业伙伴等

按交易过程分
- 曾经有过交易业务的客户
- 正在进行交易的客户
- 即将进行交易的客户

按时间序列分
- 老客户
- 新客户
- 未来客户

按交易数量和市场地位分
- 主力客户（交易时间长、交易量大等）
- 一般客户
- 零散客户

按客户的性质分，可以划分为政府机构（以国家采购为主）、特殊公司（如与本公司有特殊业务等）、普通公司、顾客个人和商业伙伴等。

按交易过程分，可以为曾经有过交易业务的客户、正在进行交易的客户和即将进行交易的客户。

按时间序列分，可分为老客户、新客户和未来客户。

按交易数量和市场地位分，可分为主力客户（交易时间长、交易量大等）、一般客户和零散客户。

客户资料的内容应尽量完整，归纳起来主要有以下几项。

基础资料：即客户最基本的原始资料。主要包括客户的名称、地址、电话、所有者、经营管理者、法人代表及他们个人的性格、兴趣、爱好、家庭、学历、年龄、能力等，创业时间、与本公司交易时间、企业组织形式、业种、资产等。

客户特征：主要包括服务区域、销售能力、发展潜力、经营观念、经营方向、经营政策、企业规模、经营特点等。

业务状况：主要包括销售实绩、经营管理者和业务人员的素质、与其他竞争者的关系，与本公司的业务关系及合作态度等。

交易现状：主要包括客户的销售活动现状、存在的问题、保持的优势、未来的对策，企业形象、声誉、信用状况、交易条件以及出现的信用问题等。

2. 客户档案的建立

经过对准客户资格的鉴定，剔除各种不合格的顾客，就可以确定一张准客户名单，以备产品销售时使用。将通过鉴定的各类准客户名单积累起来并装订成册，建立档案，就可以做成各类分析表格供销售人员进行客户分析时使用。

一般，通过长期的档案积累，可以将自己的客户分为三类，即现有客户、过去客户、将来客户。对其进行详尽分析，可取得许多有价值的资料。

3. 客户资料的利用

首先，根据以上有关资料，销售人员可以将准客户分为A、B、C、D级，根据不同的级别，确定访问的相应频率，具体参见表8-1。

表8-1 准客户的四个等级及访问计划

项目 等级	具备准客户要求条件的程度	计划访问次数	计划购买产品的时间
A级	具备完整的购买条件	1周访问1~2次	计划当月就购买产品
B级	虽未具备完整的购买产品的条件，但是具有访问价值	隔周须访问1次	2~3个月内购买产品
C级	尚不具备完整购买产品的条件，偶尔可以访问	应该每月访问1次	半年内购买产品
D级	尚不具备完整购买产品的条件，但从长远看有一定的开拓潜力	顺路访问或电话访问即可	1年内购买产品

其次，根据客户资料，销售人员可以随时掌握客户购买本企业产品的情况、订货次数，并通过分析，掌握客户的购买进度以及采购时机，发掘该客户的潜在购买能力；还可以依此分析与每位客户每笔交易所花费的销售费用，了解销售费用占产品总销售额的合理比例，以此衡量以后销售业务的投入水平与产出效益。

第三，销售人员利用客户资料还可以定期地对客户进行综合评价，及时发现销售过程中存在的问题，并提出改进措施。表8-2就是一则利用客户资料编制的客户综合评价表，对销售人员完成配额任务非常有用。

表 8-2 客户情况的综合评价表

	客户资料	评语	存在的问题	改进措施
1	客户的基本情况			
2	每次订购产品的数量			
3	订购产品的次数			
4	占公司销售总额的比例			
5	销售费用水平			
6	贷款费用水平			
7	客户对本公司的评价			
8	客户对销售业务的支持程度			
9	访问计划			
10	延迟的情况			

基本流程与方法

一、企业起名与选址技巧

（一）为企业起名时需要考虑的十个问题

如何挑选一个朗朗上口，同时又恰到好处地与自己业务类型相配的公司名称，是一个挑战。

以下，是同学们在权衡各式各样的名称时需要考虑的十个问题。

1. 公司有哪些方面是希望以这个名称来完善的

一个好名称能将自己的公司与竞争对手区别开来，同时强化自身的品牌形象，这是一家命名公司的创始人史蒂夫·曼宁的观点。他明确建议，在为公司命名之前，先明确自己的品牌定位——就好像苹果公司这个命名，足以把自己同那些企业式的冠冕堂皇的名称，比如 IBM 和 NEC，区别开来。苹果公司寻求的好名称是要能够支持品牌定位策略的，能让人感觉到平实、温暖，有人情味，有亲切感又与众不同。

2. 这个名称是否会太有局限性

不要太过自我束缚，要避免选择那种会限制公司扩大产品线或者扩展新方向的名称。以 Angelsoft.com 为例，这个公司成立于 2004 年，最初目标是帮助起步公司和天使投资人之间建立联系。数年之前，这个公司意识到它同样需要吸引风险资本和其他类型的投资者。所以它付出了昂贵的代价将品牌重塑为 Gust.com，这个名称没有之前的名称那么具体化，同时也塑造了一个不错的"风中帆船"的形象。

3. 这个名称的意义是否涉及公司的业务内涵

对于大部分的企业来说，选择的名称最好还是能够提供有关自身的产品和服务的信息。这并不意味着它不能同时具备朗朗上口的优点。举个例子：百度——这对于一个网络搜索业务来说是个好名称，因为它能吸引人们的注意力，同时也明确地联系上了这个公司的服务范围。不寻常的词汇，比如 Yahoo 和 Fogdog，有时候也能出效果，不过古怪的名称是有风险的。

4. 这个名称是否容易记住

名称越短越好。建议公司老板把名称限制在两个音节之内，同时避免使用连字符或者其他的特殊字符。尽量不要选缩略词，因为对于大部分人来说不存在任何含义。在选择一个公司或者一个产品的命名的时候，平实和直截了当更能树立起自己的风格，以更低成本塑造品牌。

5. 这个名称是否容易拼写

有些公司会刻意选择那些消费者没那么容易拼写对的名称。这是一个有风险的策略。名称的拼法和读法应该完全一致，这一点非常重要。否则，当念出自己公司名称或者自己公司的电子邮件地址或者网站地址的时候，就永远需要对别人把它大声拼读出来。

6. 公司的潜在客户第一次看到公司的名称是在什么情形下

"易于拼写原则"也有例外情况，特别是在大多数人会在印刷品或者在线广告上第一次看见你的名称的情况下。以 Zulily 为例，这个为妈妈和孩子提供日常交易品的网上公司。如果你只是听到这个名称，你可能猜不出要怎么拼写它。但是，这家公司来势汹汹的在线广告活动注定了大部分人第一次看到它的时候就已经是拼出来的形态了。而回报就是，这个名称不同凡俗的读音和拼写方式塑造出了一个非常鲜明的品牌形象。

7. 这个名称是否好听或好读

名称的发音对于传达出一种活力和兴奋的感觉是很重要的，同时也必须确保潜在的客户能够很容易地念出自己公司的名称。人们能够拼写、拼读和记住的名称，就是他们熟悉的名称。比如 Apple，Oracle 和 Virgin 等例子。

8. 公司的名称是否只对自己有意义

一个隐藏意义或者仅有私人意义的名称，不能在顾客心中树立起任何对于自己品牌的印象。比如火舌公关公司，创始人霍利甚至使用了消防队长的头衔，她把她的办公室叫做消防队，也开始提供被命名为诸如"炼狱""控制火势""火柴盒"之类的公关软件包，她的整个品牌就是围绕着这个名称本身，把相关意象无休止的扩展开来。

9. 此名称是否在视觉上有吸引力

大部分人可能都希望自己公司的名称看起来像一个标志、广告，或者广告牌。举个例子，Volvo——完全没有低行字母，Xerox——以相同字母开头和结尾，具有对称美。

10. 公司命名前是否进行了适当的商标检索

如果已经有人声明了对此名称的所有权，那么这个名称再好也毫无价值。同学们可以做一个粗略的网络检索，看看这个名称是否已经被使用了。接着，聘请一名商标代理律师来做一次更彻底的筛查，如果这个名称未被别人命名，同学们就可以去专利和商标局进行注册。

（二）企业选址策略

对于那些刚刚开始创业的人来说，SOHO（Small Office & Home Office，指小工作室或家庭办公室）办公也许是一个好的开始，但当你已经需要成立一个公司，开始走上真正的创业之路的时候，有一个真正属于自己的正规的办公场所显得十分重要。

创业企业都需要有经营场所，企业的选址与未来的经营发展有着很大的关系。对于创业者来说，将创业的地点选在哪个城市、哪个区域是一件先决性的事情。尤其是以门店为主的商业或服务型企业，店面的选择往往是成功的关键。好的选址等于成功了一半。

大多数创业者都会选择在熟悉的市、地（家乡或者学习的城市等）开展创业。在选定目标城市后，还需要进一步选择具体的经营地点。不同类型的创业企业，在选址上优先考虑的因素是不同的。

1. 生产性质的创业企业选址

这类创业企业在选址时要考虑具备生产条件：交通方便，便于原料运进和产品运出；生产用电要满足，生产用水要保证；生产所使用的原料基地要尽量离企业不远；所使用的劳动力资源要尽量就地解决；考虑当地税收是否有优惠政策等。如果是一些可能对环境造成影响的生产项目，还须考虑环保因素。

2. 商业性质的创业企业选址

这类创业企业在选址时应考虑创业地的实际情况、客流量、店铺租金等。如在城市，若干个商业圈往往带动圈内商业的规模效应，选择在商业圈内会较易经营。但与繁华商圈寸土寸金的消费能力相应，店铺租金或转让费也是寸土寸金，往往会让创业者捉襟见肘，想要得一立足之地倍感困难。因而可以在商业圈内利用联合经营、委托代销等方式，或者在商业圈边缘选址，转向"次商圈"，将因此而节约下来的资金用于货品升级、提升服务等。在选址时要有"借光"的意识，比如在体育馆、展览馆、电影院旁边选址等。如果选择商圈之外的经营场所，则要注意做出特色，形成自己独特的风格，以达到"酒香不怕巷子深"的效果。

3. 服务性质的创业企业选址

这类创业企业在选址时要根据具体的经营对象灵活选址，但对客流量要求较高。"天下熙熙，皆为利来；天下攘攘，皆为利往"，客流一定意义上就等于财流。在车水马龙、人流量大的地段经营，成功的概率往往比在人迹罕至的地段要高得多，但也应结合企业的目标消费群体特点，如针对居民的应设在居民社区附近，针对学生的则应设在学校附近。如果以订单为主，低成本、高效能的办公楼成为首选。

目前，创业的年轻人多以从事服务性和知识性产品的创业者为主，集中在网络技术、电子科技、媒体制作和广告等产业。这些性质的公司可以选在行业聚集区或较成熟的商务区以及新兴的创意产业园区。

在选择经营场地时，各行业的考虑重点各不相同，其中有两项因素是不容忽略的，即租金给付的能力和租约的条件。经营场地租金是最固定的营运成本之一，即使休息不营业，也得支出。有些货品流通迅速、空间要求不大的行业，如精品店、高级时装店、餐厅等，负担得起高房租，就设于高租金区；而家具店、旧货店等，因为需要较大的空间，最好设在低租金区。

二、企业注册流程及事项

（一）企业开办的注意事项

1. 法人资格

法人是具有民事权利能力和民事行为能力，依法独立享有民事权利和承担民事义务的组织法人企业或机构都必须由董事会任命法人代表，内资企业法人代表可以是有选举权的守法中国公民，不一定占有股权。法人代表不应有税务不良记录，否则会带来不必要的税务困难。

2. 注册资金

个体户和分公司是不需要注明注册资金的，注册资本实行认缴制后，取消了最低注册资本的要求，而且首次不需要实际出资，也无需再提供验资报告，这大大降低了注册公司的成本。换句话说，现在是近乎零成本注册公司。

3. 公司住所

根据《公司法》和《物权法》的规定，公司注册的商业产权证上的办公地址最好是写字楼。对大学生创业者来说，目前有很多经济园区或孵化机构可以免费或优惠提供公司住所。

4. 银行开户

领取营业执照后，需去银行开立基本账号，各个银行开户，要求略有不同，开基本户需要提前准备好各种材料，一般包括营业执照正本原件、身份证、公财章、法人章等。基本存款账户是存款人因办理日常转账结算和现金收付需要开立的银行结算账户。基本存款账户是存款人的主办账户，存款人日常经营活动的资金收付及其工资、奖金和现金的支取，应通过该账户办理。

5. 税务登记

税务是公司注册后涉及比较重要的事务，一般要求在申领营业执照后的30天内到税务局办理税务报到程序，核定税种税率，办理税务登记证时。另外，每个月要按时向税务申报税，即使没有开展业务不需要缴税，也应进行零申报。

(二）企业注册流程

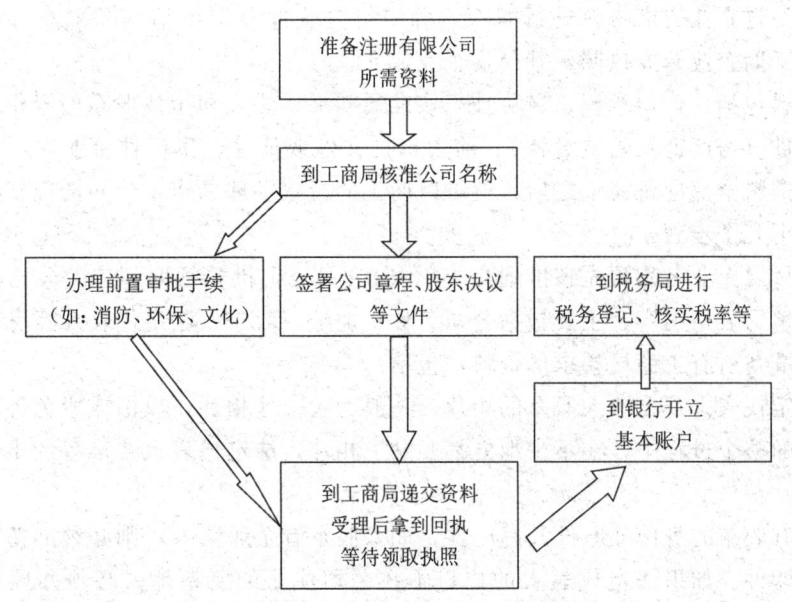

图 8-1　国内有限公司注册流程

企业注册的一般步骤如下：

第一步：核名

注册公司第一步就是公司名称审核，即查名。创业者需要通过市工商行管理局进行公司名称注册申请，由工商行政管理局三名工商查名科注册官进行综合审定，给予注册核准，并发放盖有市工商行政管理局名称登记专用章的"企业名称预先核准通知书"。

此过程中申办人需提供法人和股东的身份证复印件，并提供公司名称2—10个，写明经营范围，出资比例。公司名称要符合规范，例如：北京（地区名）＋某某（企业名）＋贸易（行业名）＋有限公司（类型）。

第二步：租房

根据《公司法》和《物权法》的规定，公司注册的商业产权证上的办公地址最好是写字楼。对大学生创业者来说，目前有很多经济园区或孵化机构可以免费或优惠提供公司住所。去专门的写字楼租一间办公室，如果你自己有厂房或者办公室也可以，有的地区不允许在居民楼里办公。租房后要签订租房合同，并让房东提供房产证的复印件。

第三步：编写公司章程

可以在工商局网站下载"公司章程"的样本，参照进行修改。章程的最后由所有股东签名。

第四步：特殊经营范围审批

如新创企业的经营范围中涉及特种行业许可经营项目，则需报送相关部门报审盖章。特种许可项目涉及旅馆、印铸刻字、旧货、典当、拍卖、信托寄卖等行业，需要消防、治安、环保、科委等行政部门审批。特种行业许可证办理，根据行业情况及相应部门规定不同，分为前置审批和后置审批。

第五步：办理公司登记注册

工商局经过企业提交材料进行审查，确定符合企业登记申请，经工商行政管理局核定，即发放工商企业营业执照，并公告企业成立。

相关材料包括：公司章程、名称预先核准通知书、法人和全体股东的身份证、公司住所证明复印件（房产证及租赁合同）、前置审批文件或证件、生产性企业的环境评估报告等。当以上资料全部准备完整之后，就可以向工商行政管理局申请公司的登记注册了，它主要包括以下几个步骤：

第一，凭《企业名称预先核准通知书》，向公司登记机关领取相应的公司登记注册申请表，然后填写表格内容，主要包括公司名称、地址、股东、法定代表人等信息。

第二，准备所有工商局要求的资料，包括：

（1）法定代表人及自然人股东的相片，一般为大一寸相片，黑白或彩色都可以（在办理一家公司的整个过程中，在不少地方都要贴上相片，法定代表人要准备约十张，股东要准备约三张）。

（2）所有股东的身份证原件及复印件，如果股东有企业法人，则必须准备其营业执照的原件及复印件。如果法定代表人的户口不在公司注册的所在地，必须办理在当地的暂住证。

（3）公司董事长签署的设立登记申请书。

（4）全体股东指定代表或者共同委托代理人的证明。

（5）公司章程。

（6）载明公司董事、监事、经理的姓名、住所的文件以及有关委派、选举或者聘用的证明。

（7）企业名称预先核准通知书。

（8）公司住所证明（房屋产权证或能证明产权归属的有效文件。租赁房屋还包括使用人与房屋产权所有人直接签订的房屋租赁协议书或合同）。

（9）有的工商局还会要求提供其他一些证明，如自然人股东的计划生育证明（结婚证或未婚证）、特殊行业的前置审批及其相关文件，最好在注册之前先到工商局问清楚，使材料能够一次性准备齐全。

第三，由公司全体股东（发起人）指定的代表或共同委托的代理人将上面所有的材料递交给工商局。工商局收到申请人的全部材料后，发给《公司登记受理通知书》。

第四，工商局发出《公司登记受理通知书》后，对提交的文件、证件和填报的登记注册书的真实性、合法性、有效性进行审查，并核实有关登记事项和开办条件。

第五，予以核准的，工商局则会在核准登记之日起15日内发《企业法人营业执照》，公司法定代表人按规定的时间到登记机关办理领照手续、缴纳登记费及有关费用后，公司法定代表人持缴纳费用的凭证、《公司登记受理通知书》和身份证在领照窗口领取《企业法人营业执照》。如法定代表人因事不能前来办理领照手续的，可委托专人持法定代表人亲笔签名的委托书及领照人身份证（原件）代领。

领取《营业执照》时，必须按规定缴纳登记费，标准如下：

(1) 领取《企业法人营业执照》的，设立登记费按注册资本（金）总额的千分之一缴纳；

(2) 注册资本（金）超过 1000 万元的，超过部分按千分之零点五缴纳；

(3) 注册资本（金）超过 1 亿元的，超过部分不再缴纳。

第六步：办理公章、财务章

凭工商局审核通过后颁发的营业执照，到公安局指定的刻章社去刻公章、财务章。（后面步骤中，均需要用到公章或财务章。）章主要包括：

(1) 公司公章；

(2) 财务专用章；

(3) 法定代表人私章；

(4) 合同专用章；

(5) 发票专用章。

第七步：去银行开基本户

领取营业执照后，需去银行开立基本账号，各个银行开户，要求略有不同，开基本户需要提前准备好各种材料，一般包括营业执照正本原件、身份证、公章、财务章、法人章等。基本存款账户是存款人因办理日常转账结算和现金收付需要开立的银行结算账户。基本存款账户是存款人的主办账户，存款人日常经营活动的资金收付及其工资、奖金和现金的支取，应通过该账户办理。

第八步：办理税务登记并申领发票

税务是公司注册后涉及比较重要的事务，一般要求在申领营业执照后的 30 天内到税务局办理税务报到程序，核定税种税率，办理税务登记证等。另外，每个月要按时向税务申报税，即使没有开展业务不需要缴税，也应进行零申报。

办理税务登记必须准备以下材料：

(1)《企业法人营业执照》（一般是副本）原件及复印件；

(2) 法定代表人身份证原件及复印件；

(3) 公司财务人员的会计证；

(4) 办税人员身份证原件及复印件；

(5) 银行开户许可证复印件；

(6) 银行账号证明文件；

(7) 公司章程复印件；

(8) 公司住所的产权证明；

(9) 填写税务登记表（可以事先向所在地税务局领取），并加盖公司公章。税务局（国税局和地税局）收到以上材料后，进行审核，如果通过则发《税务登记证》（国税和地税是分开的两份证）。

如果你的公司是销售商品的，应该到国税局申请发票，如果是服务性质的公司，则到地税局申领发票。

课堂活动

活动一　明晰创业轮廓图

下面的创业轮廓图将帮助你明确自己的创业目标。

1. 企业名称及建立的日期：
   _____
2. 企业形式为：□个体　□有限责任公司　□股份有限公司
3. 我的顾客主要是：□个人　□团体　□公共机关　□其他（简述）
4. 目前的产品和服务包括：
   _____
5. 我的五个最主要的竞争对手是：
   _____
6. 可能的竞争来自：□其他公司　□技术　□行业人员
7. 我的竞争地位：□弱　□较弱　□平均水平　□较强　□强
8. 对我的产品或服务的需要在递增/递减：
   _____
9. 我可能引进的产品或服务是：
   _____
10. 我可能进入的市场是：
    _____
11. 本企业与众不同的是：
    _____
12. 当前企业最大的营销障碍是：
    _____
13. 我最大的营销机会是：
    _____
14. 我的总体经营目标和增长计划是：
    _____

活动二　企业创办的要素

下面是"一次性水杯和餐具"的创业案例，请仔细阅读回答问题：

随着时代的不断进步，人们的环保意识也在不断的提高。一次性的餐盒、水杯的大量使用，虽然很方便卫生，但是这不可降解的"白色污染"也着实令人头疼。现在环保部门正逐步要求用纸质餐具替代不可降解的塑料泡沫餐具，意欲消除"白色污染"。

据统计，现在我国每年仅一次性水杯和餐具的消费量就有 270 亿只。纸质餐具的利润率，最低也在 100% 以上。还有两个重要的信息：第一，纸质餐具的成本与塑料餐具相当，在价格上有竞争力；第二，在不久的将来，纸质餐具将完全取代塑料餐具，既能赚钱，又支持了环保事业，确实是一个好项目。

实施方案：

（1）选址：在离市区较近的近郊租一间 50～60 平方米的厂房。
一是可以节约租金，二是方便运输，节约成本。
（2）装修：厂房进行一般的装修即可。
（3）采购：购置纸质餐具成型机两台，其他用具若干。
（4）办证：办理营业执照等。
（5）雇工：雇请员工两名即可。
（6）投资预算：首期投资表、厂房租金（两押一租）6000 元、装修 3000 元、设备购置（纸质餐具成型机等）40000 元、证照办理 1000 元、流动资金 10000 元、投资总额 60000 元、收益分析、每月运营表、房租 2000 元、雇工（1 人）1600 元、固定支出、原料进货 2000 元、杂费 500 元、月生产额 12000 元、月利润 5900 元。

营销要点：

（1）办小型纸质餐具加工厂，首先要办理生产经营的手续，所以证照办理一定要齐全。
（2）一定要保证产品质量，因为商家都喜欢质量好又便宜的产品。
（3）可以与一些快餐店做好联系，因为快餐店用这种餐具的大客户。

【回答问题】：

在该创业案例中，涉及创业要素的具体内容是：
（1）资源：_____
（2）创业者能力：_____
（3）市场：_____
（4）产品和服务：_____
（5）技术需要：_____
（6）组织团队要求：_____
（7）商业机会：_____

活动三　你来做创业参谋

假如你爸爸、叔叔、舅舅三人准备分别出资 30 万（现金）、20 万（专利技术折价）、10 万合办一家服装厂。现请你为他们选择一种企业形式，并为他们顺利办成和经营做参谋。

回答以下问题：

1. 你为他们选择哪种企业形式？为什么？

2. 现在，要给服装厂起一个名字，你有什么好的建议？

3. 服装厂的选址你有什么建议？

4. 公司股份结构如何安排？股东会和董事会你觉得如何安排比较妥当？

5. 你认为公司注册过程中应注意哪些问题？

活动四　你如何来做销售

情境：

现在，有一只签字笔，给你 10 分钟的时间，先来进行产品再设计、制订营销策略和销售策略、意向客户筛选和制订销售流程与计划等准备工作，然后面向学习小组或班级其他成员，开展你的销售工作。

比一比，看谁的销售业绩最棒！

问题：

在此项活动中，你有哪些心得感悟？获得了哪些销售经验和技能？

课外实践与作业反馈

反思创业体验

请回忆团队成员参与体验过的某个真实或模拟的创业活动。运用以下问题激发自己在体验中和体验后对自身的表现、感受及想法进行反思。可以用任何自己喜欢的形式自由地写下反思，不必局限于下列问题，可以发表更多见解。

1. 我在这次创业活动中的表现如何？哪些方面表现特别突出？哪些方面不如期望的好？我觉得在哪些方面可以做一些改进？

2. 在参与活动期间，我与其他人有过哪些互动？我的意图是什么？我的沟通与参与对这次活动或他人产生了哪些影响？

3. 在活动期间或活动后，我从他人那里得到了哪些反馈？

4. 在这次活动体验中，主要收获有哪些？

5. 从这次反思中，我学到了什么？

6. 现在，关于自己或创业，还有哪些问题没有得到解决？

> 延伸阅读

一、新公司法修正案解读

2013年12月28日十二届全国人大常委会第六次会议审议并通过了公司法修正案草案，修改了现行公司法的12个条款。新公司法自2014年3月1日起施行。

《中华人民共和国公司法》12处修改：

（一）删去第七条第二款中的"实收资本"。

（二）将第二十三条第二项修改为："有符合公司章程规定的全体股东认缴的出资额。"

（三）将第二十六条修改为："有限责任公司的注册资本为在公司登记机关登记的全体股东认缴的出资额。"

"法律、行政法规以及国务院决定对有限责任公司注册资本实缴、注册资本最低限额另有规定的，从其规定。"

（四）删去第二十七条第三款。

（五）删去第二十九条。

（六）将第三十条改为第二十九条，修改为："股东认足公司章程规定的出资后，由全体股东指定的代表或者共同委托的代理人向公司登记机关报送公司登记申请书、公司章程等文件，申请设立登记。"

（七）删去第三十三条第三款中的"及其出资额"。

（八）删去第五十九条第一款。

（九）将第七十七条改为第七十六条，并将第二项修改为："有符合公司章程规定的全体发起人认购的股本总额或者募集的实收股本总额。"

（十）将第八十一条改为第八十条，并将第一款修改为："股份有限公司采取发起设立方式设立的，注册资本为在公司登记机关登记的全体发起人认购的股本总额。在发起人认购的股份缴足前，不得向他人募集股份。"

第三款修改为："法律、行政法规以及国务院决定对股份有限公司注册资本实缴、注册资本最低限额另有规定的，从其规定。"

（十一）将第八十四条改为第八十三条，并将第一款修改为："以发起设立方式设立股份有限公司的，发起人应当书面认足公司章程规定其认购的股份，并按照公司章程规定缴纳出资。以非货币财产出资的，应当依法办理其财产权的转移手续。"

第三款修改为："发起人认足公司章程规定的出资后，应当选举董事会和监事会，由董事会向公司登记机关报送公司章程以及法律、行政法规规定的其他文件，申请设立登记。"

（十二）删去第一百七十八条第三款。

此外，对条文顺序作相应调整。

这次公司法修改主要涉及三个方面：

首先，将注册资本实缴登记制改为认缴登记制。

也就是，除法律、行政法规以及国务院决定对公司注册资本实缴有另行规定的以外，取消了关于公司股东（发起人）应自公司成立之日起两年内缴足出资，投资公司在五年内缴足出资的规定；取消了一人有限责任公司股东应一次足额缴纳出资的规定。转而采取公司股东（发起人）自主约定认缴出资额、出资方式、出资期限等，并记载于公司章程的方式。

其次，放宽注册资本登记条件。

除对公司注册资本最低限额有另行规定的以外，取消了有限责任公司、一人有限责任公司、股份有限公司最低注册资本分别应达3万元、10万元、500万元的限制；不再限制公司设立时股东（发起人）的首次出资比例以及货币出资比例。

第三，简化登记事项和登记文件。

有限责任公司股东认缴出资额、公司实收资本不再作为登记事项。公司登记时，不需要提交验资报告。

据了解，此次修法为推进注册资本登记制度改革提供了法制基础和保障。下一步，工商总局将研究并提出修改公司登记管理条例等行政法规的建议，同时积极构建市场主体信用信息公示体系，并完善文书格式规范和登记管理信息化系统。

二、创业要了解八个管理定律

（一）劣币驱逐良币

当一个国家同时流通两种实际价值不同而法定价值一样的货币时，实际价值高的货币（良币）必然要被熔化、收藏或输出而退出流通领域，而令实际价值低的货币（劣币）充斥市场，这就是劣币驱逐良币定律。

举例来说，薪酬、晋升是企业中员工最关心的两件事情，有些人通过拍马屁、拉关系等手段获得加薪和晋升，就会造成那些兢兢业业、努力工作的人的不满，开始只是牢骚，久而久之就会消极怠工，然后就是离开这个公司，或者干脆同流合污，良币变成了劣币。

（二）沉没成本

沉没成本是指业已发生或承诺、无法回收的成本支出，如因失误造成的不可收回的投资。沉没成本是一种历史成本，对现有决策而言是不可控成本，不会影响也不该影响当前的行为或未来决策。从这个意义上说，在做决策时应排除沉没成本的干扰。

设想你是一位电脑销售商，你买进的100台单价为8000元/台的电脑现在已经过时了，某学校愿意以4000元/台的价格买下，你会卖吗？许多零售商不愿意，因为他们认为这样就每台都亏损了4000元。但如果你是一个理性决策者，你完全不应当考虑这8000元的原价，它是已经成为过去式的沉没成本。你应当考虑的是将来你是否能以高于 4000 元的价格卖掉你的电脑。如果不能，那么这 4000 元/台的价格就是你最佳的卖出价。

（三）破窗效应

一栋建筑少许破损的窗户如果不被及时修理好，将会有更多的窗户被破坏，最终破坏者甚至会闯入建筑内进行更严重的破坏。破窗理论强调着力改善错误行为，对错误行为进行及时指正、改进，避免带来负面的羊群效应。

比如企业中的考勤，如果企业实施的不是宽松的上班时间，如果有人总迟到却没有相应的管理、惩罚措施，那就会有越来越多的人迟到，并且还觉得完全不是自己的问题，是企业管理的问题，会心安理得地迟到。

（四）墨菲定律

会出错的事总会出错。如果你担心某种情况发生，那么它就更有可能发生。

墨菲定律提醒我们：面对人类的自身缺陷，我们最好还是想得更周到、全面一些，采取多种保险措施，防止偶然发生的失误导致的灾难和损失。在企业中就要做好细节管理，任何一个细节上的失误，都可能导致严重的后果。同时我们必须学会如何接受错误，并不断从中学习成功的经验。

（五）二八法则

二八法则是 20 世纪初意大利统计学家、经济学家维尔弗雷多·帕累托提出的，他指出：在任何特定群体中，重要的因子通常只占少数，而不重要的因子则占多数，因此只要能控制具有重要性的少数因子即能控制全局。比如 80% 的公司利润来自 20% 的重要客户。但这一法则也不是放之四海而皆准：有的企业认为，20% 的员工创造了 80% 的价值，领导者把关注的焦点放在 20% 优秀员工身上，这会对企业文化等方面造成不好的影响。

（六）木桶原理

木桶原理又称短板理论，其核心内容为：一只木桶盛水的多少，并不取决于桶壁上最高的那块木块，而恰恰取决于桶壁上最短的那块。但无论从个人的发展还是企业的发展来看，依照木桶原理的每块板都均衡发展是很难实现的，也很容易进入平庸化的误区。

后来又出现了反木桶原理：木桶最长的一块木板决定了其特色与优势，在一个小范围内成为制高点；对组织而言，凭借其鲜明的特色，就能在市场上具有一定的影响力而占据一定的优势，而且这种先发优势也有利于后续其他方面、其他板块的完善。对于创业企业来说，更是如此。

（七）长尾理论

长尾理论是伴随着互联网的兴起而出现的，由美国前《连线》杂志主编克里斯·安德森提出。简单来说就是随着互联网的普及及配套服务的发展，以前一些需求和销量不高的产品所占据的共同市场份额，可以和主流产品的市场份额相媲美，甚至规模更大。长尾实现的是许许多多小市场的总和等于甚至大于一些大市场。

比如目前很热的市场，这个群体收入虽然不高，但体量巨大，也有一定的消费能力。即使是BAT这样的互联网巨头来说，屌丝也是他们盘中的一块大蛋糕。但也有不少人不认同长尾理论，认为它太理想化了，实现其目标并非易事。

（八）马太效应

马太效应是指好的越好，坏的越坏，多的越多，少的越少的一种现象。任何个体、群体或地区，一旦在某一个方面（如金钱、名誉、地位等）获得成功和进步，就会产生一种积累优势，就会有更多的机会取得更大的成功和进步。这也反映了贫者愈贫，富者愈富，赢家通吃的经济学现象，比如中国互联网界的百度、阿里、腾讯三巨头。

专家视点

创业要处理好三个人际圈

创业的首要问题是与谁合作，与企业相关的有三种角色：股东、员工和朋友。股东是企业的所有者，为企业注入资金以及提供资源支持；员工是企业经营的参与者，不论是经营层还是普通员工，大家的工作创造了企业的产品和服务；朋友是企业的支持者，对企业的发展至关重要，多一些朋友少一些敌人，企业的发展才会更顺畅。

记得20年前听柳传志先生说过，办企业一定要处理好企业的股东圈、员工圈和朋友圈的关系，三个圈子的人不能错位，否则后果很严重。有些人能够给予企业发展至关重要的一些帮助，这是企业的朋友圈。朋友圈的人不应该变成股东或者员工，他只有在企业之外，在他拥有现有的位置、资源、身份时才能为企业提供帮助，一旦进入企业成了股东或者员工，很可能不但无法再帮到企业，还会带来各种管理难题。因为一旦进入了企业，他就成了下属，需要管理和考评，而当他只是朋友时，只需要尊重和维护。

如果应该是员工的人成了股东，有可能造成股东会和董事会志不同道不合，最令人难受的是，企业越是重大的事情越可能需要全体股东同意，如果有股东意见不一致，就会出现多数股东被少数股东"绑架"的情况。所以古语说"门当户对"是非常有道理的，只有门当户对的股东才能志同道合。股东之间如果价值观不一致，企业很难走长久。

同理，如果应该成为股东的人没有成为股东，他也会与企业渐行渐远，不在其位不谋其政，不再继续为企业尽心尽力。

雷军曾经说，中国是一个人情社会，做企业要广交朋友。的确如此，企业经营是社会科学，一加一不一定等于二。对企业而言，创始人的情商甚至比智商还重要。那些人缘好、有很多朋友相助的企业都是发展比较顺利的。企业家要多交朋友、交"好的"朋友，简单的利益交换不是交朋友，交朋友的目的不是为了"走后门""占便宜"，而是为了获得朋友合理合法的支持和帮助。创始人平时要多花时间和朋友在一起，开阔自己的眼界，了解最新的资讯，联络感情。

网上精品视频课程

新企业开办与计划制订

用手机"扫一扫"下面的二维码,用浏览器打开相应网址,进入视频课程学习。

参考文献

[1] 高桥,王辉.大学生职业发展与就业指导教学指南[M].北京:现代教育出版社,2008.

[2] 杜汇良,刘宏,薛徽.高校辅导员九项知能教程[M].北京:高等教育出版社,2009.

[3] 朱坚,陈刚.规划未来——大学生职业生涯设计与就业指导[M].北京:现代教育出版社,2009.

[4] 迟永吉,欣荣.大学生职业生涯规划与发展[M].北京:高等教育出版社,2009.

[5] 周章斌,黄路明.大学生职业发展与就业指导[M].北京:现代教育出版社,2011.

[6] 史梅.赢在起点:大学生职业生涯规划与职业素质拓展[M].北京:高等教育出版社,2010.

[7] 何平.大学生职业生涯规划与就业创业指导[M].北京:现代教育出版社,2011.

[8] 刘雪梅,赵平.大学生职业生涯规划与就业指导[M].北京:现代教育出版社,2013.

[9] 郑晓明.大学生职业发展与就业指导实务[M].北京:现代教育出版社,2013.

[10] 张福建.大学生创业基础教程[M].北京:现代教育出版社,2013.

[11] 张宗恩,朱克勇.大学生创业训练教程[M].北京:现代教育出版社,2010.

[12] 夏伯平,朱克勇,闫咏.大学生职业发展与就业指导体验式课程教学手册[M].北京:现代教育出版社,2013.

[13] 朱坚强,周静.大学生职业生涯规划[M].北京:现代教育出版社,2013.

[14] 徐迅.从零开始:大学生创业基础教程[M].北京:现代教育出版社,2013.

[15] 李家华,郑旭红,张志宏.创业有道:大学生创业指导[M].北京:高等教育出版社,2011.

[16] 贺俊英.大学生创业基础与实训教程[M].北京:高等教育出版社,2010.

[17] 沙淑清.大学生职业生涯规划与就业指导[M].北京:现代教育出版社,2013.

[18] 史梅.赢在规划——大学生职业规划与职业素质拓展[M].北京:现代教育出版社,2014.

[19] 史梅.走向成功——大学生就业与创业指导[M].北京:现代教育出版社,2013.

[20] 张延东.大学生就业指导与创业教育[M].北京:现代教育出版社,2012.

［21］李家华.创业有道——大学生创业指导［M］.北京：高等教育出版社，2011.

［22］李家华.创业基础［M］.北京：北京师范大学出版社，2013.

［23］（美）彼得·德鲁克.创新与企业家精神［M］.北京：机械工业出版社，2007.

［24］张耀辉，朱锋.创业基础［M］.广州：暨南大学出版社，2013.

［25］李秋斌.大学生创业指导［M］.北京：北京大学出版社，2013.